U.P.plus

Intersectionality:
Interlocking Power Relations
in the Contemporary World

インターセクショナリティ

現代世界を織りなす力学

土屋和代・井坂理穂 編
TSUCHIYA Kazuyo
ISAKA Riho

東京大学出版会

UP plus
Intersectionality : Interlocking Power
Relations in the Contemporary World

Kazuyo TSUCHIYA and Riho ISAKA, Editors

University of Tokyo Press, 2024
ISBN978-4-13-013160-5

インターセクショナリティ——現代世界を織りなす力学　目次

II　インターセクショナリティから読み解く現代世界

インターセクショナリティ——現代世界を織りなす力学

装幀——水戸部功

序　「インターセクショナリティ」に何ができるのか

土屋和代

（つちや　かずよ）
東京大学大学院総合文化研究科教授
専門はアメリカ現代史、人種・エスニシティ研究、ジェンダー研究
著書に *Reinventing Citizenship: Black Los Angeles, Korean Kawasaki, and Community Participation* (University of Minnesota Press)、共訳書に『アメリカ黒人女性史——再解釈のアメリカ史・1』（勁草書房）などがある。

多様性に満ちた現代社会を理解するうえで最重要概念のひとつと呼ばれる「インターセクショナリティ（交差性）」。この概念＝分析枠組みを切口としたとき、さまざま地域・時代の現象をかたちづくる力学をどのようにとらえるができるのだろうか。本書では、インターセクショナリティという新しい分析枠組みを用いることで、各地域の歴史、社会、文化のいかなる諸相が浮き彫りとなるのかを、具体的な事例をもとに学際的に検討する。ここではまずインターセクショナリティという概念が生まれた背景について素描し、つぎにこの概念に対してこれまでにどのような疑問や批判が寄せられてきたのかを論じたい。

1　キンバリー・クレンショーとインターセクショナリティ

インターセクショナリティ（交差性）とは人種、階級、ジェンダー、セクシュアリティ、国籍、世代、アビリティなどのカテゴリーがそれぞれ別個にではなく、相互に関係し、人びとの経験を形づくっていることを示す概念＝分析枠組みである。その言葉を編み出し、世に知らしめたのは法学者で活動家のキンバリー・クレンショーである。クレンショーは一九八九年に発表した論文のなかで、フェミニストの理論と反人種差別闘争の双方の場において、黒人女性の経験が周縁化されてきたことを指摘し、人種、あるいはジェンダーといった「単一軸にもとづく分析」では黒人女性の経験の拡がりをとらえきることができないと述べた。そして黒人女性の原告の訴えに対して、裁判所がどのような判断を下してきたのかを分析し、セクシズムの判例においては白人女性の経験が、レイシズムの判例においては黒人男性の経験が基準となってきたことを示した（Crenshaw 1989；土屋 二〇二二）。

クレンショーがインターセクショナリティの具体的なイメー

ジとして用いたメタファーのひとつが交差点である。四方向から車が往来する交差点で事故が発生する場合、ある方向から疾走してきた車によって引き起こされるケースもあるし、ときには全方向から交差点へ向かう車が衝突して起きる可能性もある。車の往来と社会に蔓延《はびこ》る差別を重ねて考えてみるとよい、とクレンショーは提案する（Crenshaw 1989）。

　複数の道が交わる交差点のイメージゆえに、「人種」「性」といったカテゴリーが、互いに関係なく別個に存在し、それらが交差する場に黒人女性が位置しているという誤解を抱きやすい。しかし、クレンショーは一九八九年の論文と、その二年後に記した論文（一九九一）のなかで、抑圧を単一の争点によって区分けできるという考え方そのものが「複合的差別の複雑さ」を見えなくしている点を強調し、「人種と性による従属」を相互に補強し合うものとしてとらえている（Crenshaw 1989, 166-67; Crenshaw 1991, 1283）。クレンショーが目を向けるのは、分かち難いかたちで結びついたレイシズムとセクシズムの闘いから零《こぼ》れ落ちてしまう人びと（黒人女性）の〈生〉と複合的差別を見えなくする力学である。それらの力学に抗い、いかに差別と闘うための「コレクティヴな行動」を想像／創造するのかを問うたのだ。

2　「制度的な記憶喪失」に抗う
——「インターセクショナリティのような思想」の歴史

インターセクショナリティという言葉を編み出したのはクレンショーだが、その言葉には、奴隷制下から現代に至るまで、黒人、女性、移民、貧困層、性的マイノリティの権利を求めて声を上げ続けた黒人女性の声が重ねられてきた。「インターセクショナリティのような思想」（Hancock 2016, 24）に注目するならば、そこにはさまざまな人びとが、その時代のコンテクストのなかで相互に形成し合う差別や不平等のあり方を問題にしてきた過程が浮かび上がる。複合的な差別を問うことはブラック・フェミニストの「特徴」であり続けた（King 1988, 43）。「黒人女性の存在を消す、あるいは再・周縁化させる」、ネオコロニアルでポスト・ブラック・フェミニスト的なインターセクショナリティ論が席巻する状況に危機感が表明されるなか、インターセクショナリティに至る歴史を忘却する「制度的な記憶喪失《アムネジア》」に抗い、どのような歴史的背景のもとでこの概念が生まれたのかを考える必要があるだろう（コリンズ&ビルゲ 二〇二一、一四七）。

　たとえば、黒人女性が経験する重層的な差別に目を向け、インターセクショナリティという概念の形成に大きな影響を与えた人物として知られるのが、作家で教育者、活動家のアナ・ジュリア・クーパーである。クーパーは著書『南部の声』（一八九二）のなかで、「今日の黒人女性は、この国で独特の立場にある。……彼女は、女性の問題と人種問題の両方に直面している。しかしどちらにおいてもまだ知られていないか、認められていない」と語り、黒人女性がアメリカ社会のなかで特有の位置に置かれていることを指摘した（Cooper 1988, 133-34; 土屋

を明らかにした研究をいくつか紹介したい。

一九七〇年代以降の論考のうち、黒人女性が経験するのはレイシズム、セクシズムといった抑圧の「和」ではなく「積」であり、こうした抑圧がいかに相互に連動し合うものであるのかを明らかにした研究をいくつか紹介したい。

3　「二重の危険」から「三重の危険」へ

一九七〇年代以降の論考でとくに注目されてきたのがフランセス・M・ビールの「二重の危険──黒人と女性であること」（一九七〇）である。学生非暴力調整委員会（SNCC）の「黒人女性解放委員会」（のちに「黒人女性同盟」、さらに「第三世界女性同盟」に名称を変更）のメンバーであったビールは、アメリカの黒人女性は二重の意味で奴隷化された存在であると強調した。「資本主義という抑圧的なシステム」から黒人が解放されるためには、ブラックパワーが唱えられ、黒人男性が起ち上がる必要があることは十分に理解できる、とビールは述べる（Beal 1970, 385）。しかし、ビールは、黒人社会に根深く存在する家父長制とセクシズムを厳しく批判することを忘れなかった。「残念なことに、今日の運動においていったい誰が誰を虐げているのかという点について、いくらか混乱が生じているようである。ブラックパワーの出現以降、黒人男性はこの国での正義を求めるわれわれの闘争において、より人目につく、指導的役割を担ってきた。彼らは大部分においてはシステムの真の姿をとらえている。しかし多くの問題についてシステムの価値観や道徳観を拒絶する一方、こと女性に関してはまるで『レディース・ホーム・ジャーナル』誌〔アメリカでもっとも古い歴史を持つ女性誌のひとつであり家庭実用誌。家事や子育てなどをテーマに、主婦を中心に女性読者の支持を獲得し、発行部数を増やした〕のガイドラインに従っているかのようである。黒人男性は社会によって去勢され、弱体化させられたが、黒人女性はなんらかのかたちでこの迫害を逃れ、その弱体化に貢献すらしている、と主張し続ける者さえいるのだ」（Beal 1970, 385；ベリー&グロス 二〇二二、二六四）。ビールは同時に、帝国主義とレイシズムに目を向けない白人のフェミニストも厳しく批判し、「反帝国主義と反レイシズムのイデオロギーを打ち出さない白人女性の集団」の運動は、黒人女性の闘いと一切関わりのないものだと喝破した（Beal 1970, 393）。

「黒人女性解放委員会」（のちの「黒人女性同盟」）が「第三世界女性同盟」に組織替えとなるなか、「二重の危険」はレイシズム、帝国主義、セクシズムという「三重の危険」へと変化した。「第三世界女性同盟」が発行した「三重の危険」と題された雑誌の創刊号は、資本主義に加えて帝国主義を「主たる敵」とみなすと宣言していた。そして「第三世界」として連帯すること、すなわち「アジア系、黒人、チカーナ、ネイティヴ・アメリカン、プエルトリカンのシスターたちの間に差異があるが、皆に共通の、皆に関わる抑圧から、皆が影響を受けていること」を知り、「黒人女性同盟」を「第三世界女性同盟」へと拡大するに至ったという。レイシズムと帝国主義に対する闘いは、女性解放のための闘いと同時に行わなければならない点がこの記事のなかで強調されている（Third World Women's Alliance 1970）。

なお、「第三世界女性同盟」の例が示すように、「インターセクショナリティのような思想」は黒人女性以外の有色の人びとによっても育まれてきた点は重要である。たとえば、グロリア・アンザルドゥア（一九八七）は、人種や階級を超えて人びとが接触し、親密さが生み出されるなかで築かれる空間を「ボーダーランズ／ラ・フロンテーラ」と名づけ、そこで育まれる人びとの感覚を「メスティーサ意識」と呼んでいる（Anzaldúa [1987] 2012）。アンザルドゥアの『ボーダーランズ／ラ・フロンテーラ』は、人種、階級、ジェンダー、セクシュアリティを研究するうえで今日に至るまで「核心的な文献」と位置付けられている（コリンズ&ビルゲ 二〇二一、一二六）。

4 コンバヒー・リヴァー・コレクティヴ
——「相互に連動し合う」構造

レイシズム、セクシズム、異性愛主義、資本主義と対峙し、「あらゆる抑圧の構造」と同時に闘うことで包括的なブラック・フェミニズムのヴィジョンを提示したのがコンバヒー・リヴァー・コレクティヴである。

一九七三年、人種と性によって二重に差別を受けてきた黒人女性のニーズにこたえるため、全米黒人フェミニスト組織（NBFO）が結成された。しかし、専門職に従事するヘテロセクシュアルな女性が実権を握り人種統合を推し進めるなか、NBFO本部の立場に賛同できなかったボストン支部のメンバーが袂を分かち、一九七四年に別組織を結成するに至った。

コンバヒー・リヴァー・コレクティヴの共同創設者のひとりバーバラ・スミスは、黒人自由闘争と白人フェミニストの運動の双方で周縁化されるなか、「自分たちの場」を生み出す必要があったと語る（Taylor 2017, 60）。スミスは公民権団体におけるセクシズム、女性嫌悪に加えて、NBFOのような黒人女性の団体におけるホモフォビアにも向き合わざるをえなかった。一方、白人中産階級が主導する女性解放運動においても黒人女性は沈黙を強いられた。このような状況下で、自分たちの重層的なアイデンティティに向き合い、そこから政治的な理論と実践を行なう〈場〉を創り出す必要があった。

コンバヒー・リヴァー・コレクティヴの声明（一九七七）は、レイシズム、セクシズム、資本主義だけでなく、ヘテロセクシズムの問題を正面から問うた点できわめて重要である（Combahee River Collective 1977）。黒人でレズビアンの女性はレイシズム、セクシズムといった抑圧を同時に経験しており、これらの女性が解放されるためには、レイシズム、セクシズムといった問題に個別に取り組むだけでなく、その「相互に連動し合う（interlocking）」姿に注目しなければならない。抑圧を生み出す既存のカテゴリーを超えた「統合的分析」こそが、「同時進行の」抑圧に抗うためには必要であると強調したのである。

5　「複合的な危険」から「支配のマトリックス」へ

ビールの「二重の危険」を批判し、黒人女性が経験するのは、レイシズムとセクシズム（さらに資本主義、帝国主義、ホモフォビア）の「和」ではなく、「積」であると訴えたのはデボラ・キングである。キング（一九八七）は、ビールの「二重の危険」が「複合的差別のダイナミクス」を伝えきれていないと指摘し、さまざまな差別を「足し算」のように想定している点を批判する。それぞれの差別が単独で存在し、影響を与えているかのように考えるのは誤った認識であり、レイシズム、セクシズム、階級差別が「三つの相互に依存し合う、支配のためのシステム」であるという事実を無視するものだと語る。しかも、こうした単純化された議論は、「どの差別がより深刻であり、より重要か」という不毛な議論を招きかねない。黒人女性が経験する「複合的な危険」に目を向け、複数の抑圧が「掛け算」として起こる姿にこそ、注意を払うべきだと指摘したのである（King 1987, 46–47）。

さらにレイシズム、セクシズム、階級にもとづく差別を「相互に連動し合う抑圧のシステム」として明確に提示したのが社会学者のパトリシア・ヒル・コリンズである。コリンズは、代表作『黒人フェミニストの思想』（一九九〇）を、自身と「社会のなかで尊厳を否定され、沈黙を強いられてきた」アフリカ系アメリカ人女性の「声」を取り戻すために執筆したと語った。そして、黒人女性に対してさまざまなステレオタイプが生み出されてきたことを指摘し、このステレオタイプを「支配イメージ」呼んだ。たとえばシングルマザーの福祉受給者に対する「自堕落で、性的に奔放で、福祉に依存する母親」像がその典型である。黒人女性の「声」を掻き消そうとする試みが繰り返されてきたが、それは黒人女性が「声」を持たなかったことを意味しない。黒人女性はむしろ、抑圧に抗い、自身のエンパワーメントのために「対抗の知」を生み出してきた。この抑圧と知の創造の相克こそ、ブラック・フェミニストの思想の中核を成すものだと指摘した（Collins 1990；土屋 二〇二二、二四六）。キングと同様に、コリンズはレイシズム、セクシズムといった抑圧を別個のものではなく、「支配のマトリックス」を構成するさまざまな特徴・様相ととらえ、それらの抑圧が「足し算」ではなく「掛け算」として機能する姿をとらえるような、統合的なアプローチの必要性を訴えた。

インターセクショナリティは、アメリカにおけるレイシズム、セクシズム、貧困と格差、異性愛主義、排外主義、健常者中心主義などを批判するブラック・フェミニストや有色女性の思想と運動のなかで生み出された。今日、インターセクショナリティはさまざまな学問分野、社会運動、政策に影響を与えるものとなり、アカデミズムを超えて、社会運動の担い手によって、さらには政策立案者によっても採用される「多様な知的・政治的プロジェクト」となった（コリンズ&ビルゲ 二〇二一、一五）。

しかしアメリカの黒人および他の有色女性の経験を超えて、

学知の場で「多様な知的・政治的プロジェクト」が何を意味するのかを問うとき、つぎの三つの問いについて考える必要があるだろう。

6　複雑さを中心に据える

まず検討したいのは、複雑さを中心に据えた社会運動、学術研究とはいったいどのようなものか、という点である。コリンズとビルゲは、「複雑性」――世界の複雑さを理解し、分析すること――をインターセクショナリティの核となるアイディアのひとつとみなす（コリンズ&ビルゲ 二〇二一、五七）。インターセクショナリティという分析枠組みは、「単一争点」の運動のなかでかき消されてきた声を響かせる、あるいはその声に耳を傾けるよう人びとに促すもの――ブラック・ライヴズ・マター運動の共同創設者のひとりアリシア・ガーザのことばを借りれば「誰も取り残されない」ための思想――である（ガーザ 二〇二一、一九一）。しかし、インターセクショナリティという枠組みは、ともすると「単一争点」の運動を細分化し、焦点を曖昧にすることで、「単一争点」の運動が発揮しうる威力を減じるものになりかねない点に度々懸念が表明されてきた。もしその細分化された集団が差別と不平等の度合いをめぐって競い合うならば、アクティヴィストで著述家のエリザベス・マルティネスが「抑圧のオリンピック」と名付けたものが生じかねない（Martinez 1993）。しかし、ガーザが指摘するように、インターセクショナリティは「他のグループが現実に抱える問題をないがしろにしてもよいということではないし、自分の体験が真の差別であるかどうかを決めるものでもない」（ガーザ 二〇二一、一九五）。

ここで思い起こしたいのは、クレンショーがインターセクショナリティを「人種と性による従属」を相互に補強し合うものと考えたように、あるいはコリンズが「相互に連動し合う抑圧のシステム」としてとらえたように、インターセクショナリティは「単一争点」の運動やその基盤となる特定のカテゴリー自体が関係性のなかで築かれ、「相互に連動し合う」姿をとらえようとする試みであるという点である。それは「別個」と考えられてきた社会運動やカテゴリーが、「独立した相互排他的な存在」ではなく、相互に形成し合う点に注目する（コリンズ&ビルゲ 二〇二一、一六）。「単一争点」と思われる運動には複数の争点が織り込まれており、その結果、必然的に他の「単一争点」とみなされる運動から切り離すことはできない。コンバヒー・リヴァー・コレクティヴが訴えたように、レイシズム、セクシズム、資本主義、ホモフォビアが連動し、自分たちを苦しめているのであれば、不可分のそれらを同時に解体することをめざすほかない。

それでは、社会運動内にあるさまざまな力学をあぶり出し、「別個」と考えられてきた運動間の関係にも目を向けながら、差別と不平等に抗う社会運動をどのように想像することができるのか（そもそものような運動は実現可能なのだろうか）。人種や階級、カースト、ジェンダー、セクシュアリティ、国籍といったカテゴリー内の差異と不平等、さらに構築されたカテゴリー間の関係に注意を払いながら、社会的・歴史的事象や、文化・文学作品をいかにとらえることができるのだろうか。

7　「インターセクショナリティ」をグローバルな文脈で考えることの問題

そもそも、アメリカにおける、黒人や他の有色女性の経験のなかから生み出された分析枠組みを他地域の事例にあてはめることに問題はないのだろうか。アメリカという、世界でもっとも豊かで強大な軍事力を持つ国において、アメリカを筆頭とする「西洋の植民地主義的、帝国主義的、資本主義的支配」に抗する人びととの連帯を掲げたコンバヒー・リヴァー・コレクティヴのような組織が編み出した思想は、グローバル・サウスにおいて、いったいどのような意味を持ちうるのだろうか。コリンズとビルゲは、「議論をより複雑なものにするためには、グローバル・サウスの研究者や活動家との対話を育み、インターセクショナリティの焦点の一部ではないと思われてきた社会問題を検討することが必要となる」と指摘する（コリンズ&ビルゲ 二〇二一、三三五）。

しかし、「対話を育む」とはいったい何を意味するのだろうか。社会学者のタル・ペレスも、アメリカのグローバルな覇権を考慮するならば、インターセクショナリティを無批判に他地域に適用することは「アメリカの概念やカテゴリー」を必ずしもそれが重要ではない、あるいは望ましくない対象に「こっそりと持ち込む」状況になりえないと警鐘を鳴らす。人種、階級、ジェンダーといったアメリカで重視されてきたカテゴリーをただあてはめるのではなく、対象地域の社会的、歴史的、地理的コンテクストをふまえてそのカテゴリーがいかなる意味を持ちうるのか、あるいは別のカテゴリーを用いうるのかを検討すべきであり、インターセクショナリティもコリンズが打ち出した「支配のマトリックス」も、さまざまなかたちを取り得るため、複数形で論じるべきではないかと強調する（Peretz 2021, 3, 7）。

本書はヨーロッパ、イスラエル／パレスチナ、南アジア、東南アジア、東アジア、中南米、アメリカ合衆国という各地域の具体的な事例のなかで考えたときに、インターセクショナリティという概念＝分析枠組みを用いることで何が明らかになるのかを検討する。インターセクショナリティという概念を用いて、あるいはインターセクショナリティをめぐる議論を通じて、各地域の特徴をあぶり出すだけでなく「構築の途上」にあるといわれるこの概念のいかなる特徴や課題が浮かび上がるのかを考察する。

8　社会運動と学知との関係

最後に問わなければならないのは社会運動と不平等に関する学術研究との関係である。インターセクショナリティは社会運動のなかから生まれた、社会的不平等を批判するための分析枠組みである。クレンショーをはじめ、多くの研究者がインターセクショナリティという枠組みの最大の特徴は、社会運動との結びつきにあると繰り返し指摘してきた（Crenshaw 1989; Collins 2019）。先にあげたガーザは、「インターセクショナリティとは、実体験から切りはなして知的なレベルで語るべき問題ではない」と喝破する（ガーザ 二〇二一、一九五）。

しかし、インターセクショナリティが学問として制度化されるとき、いったいどのような意味を持ちうるのだろうか。インターセクショナリティという言葉が独り歩きし、「バズワード」に成り果てたのではないか、と危惧する声はアメリカで度々あがってきた（Davis 2008）。たとえばアフリカ系アメリカ人、ジェンダー、セクシュアリティ研究者のジェニファー・C・ナッシュは、女性学においてインターセクショナリティという枠組みが白人中心のフェミニズムを克服した「証左」として利用されてきたと批判する（Nash 2019; 土屋 二〇二二、二四九）。インターセクショナリティという言葉に埋め込まれたブラック・フェミニズムの歴史が捨象され、不平等や不正を問うという本来の目的が失われることへの危機感から、インターセクショナリティが「白人のものにされる」ことを批判する声はアメリカにおいて根強い。

さらにインターセクショナリティは「ダイバーシティ」や「インクルージョン」と並び、「開かれた大学」の姿を学内外に向けてアピールするための標語としても用いられてきた。新自由主義のもと、大学間、あるいは大学内で生き残り戦略が練られるなか、インターセクショナリティは聞こえのよい「流行り言葉」のひとつとして、消費されうる（されつつある）のだろうか。もしそうであるならば、「ダイバーシティ・マネジメントのツール」に回収される危険性から目をそらすことなく、承認の可能性を奪われてきた人びとを支える思想にするためには、いったい何が求められているのか（詳しくは第10章参照）。本来あわせ持っていた「社会正義の精神《エートス》」（コリンズ＆ビルゲ 二〇二一、三二九）を持ち続けることはいったい何を意味するのだろうか。

9　本書の構成

このような問いを念頭に置きつつ、「インターセクショナリティが何であるかよりも、インターセクショナリティが何をするのか」（何ができるのか）が重要であるという法学者のスミ・チョウ、先述のクレンショー、社会学者のレスリー・マコールの指摘に従い、この概念＝分析枠組みを用いることで、何が明らかになるのか、あるいはこの概念のどのような課題が浮かび上がるのかを考えたい（Cho, Crenshaw, & McCall 2013）。

第Ⅰ部「インターセクショナリティをめぐる「過去」と「現在」」が問うのは、インターセクショナリティという概念＝分析枠組みを用いたときに、「過去」のいかなる姿が浮かび上がるのか、それは「現在」とどのように結びついているのか、という点である。インターセクショナリティを軸に据えることで、文学作品や映画の解釈はどのように変容しうるのか。暴力と収奪、差別の歴史と向き合い、新たな未来を想像するうえで、インターセクショナリティは一助となりうるのか。

第1章「権力性の交差の場としての物語――クライスト「聖ドミンゴ島の婚約」（一八一一）における「メスティーツェ」の表象」（速水淑子）は、一九世紀初頭にプロイセンで出版された短編小説「聖ドミンゴ島の婚約」の分析を通して、文学作品の分析においてインターセクショナリティ概念がどのように有効であるか、同概念に対して文学研究がどのような貢献をなしうるかを描き出す。グスタフがトーニに語る一対の逸話（黒人少女の物語と白人少女の物語）、および作品の中核にあるグスタフとトーニの悲劇を通して、物語は複数の権力関係が交差する様を描き出すだけではなく、交差する権力を作り上げる装置でもある点をあぶり出す。

第2章「二〇〇年前の「交差点」と「地下室」――『フランケンシュタイン』とインターセクショナリティ」（アルヴィ宮本なほ子）は、コロニアリズム、レイシズム、ジェンダーの問題を複合的に取り上げた先駆的作品であるメアリ・シェリーの『フランケンシュタイン、あるいは現代のプロメテウス』を、キンバリー・クレンショーが用いた二つの比喩――「交差点」と「地下室」――をもとに読み解く。「怪物」呼ばわりされた（人造）「人間」は、ヨーロッパ人でないだけでなく同じ種族が自分だけという究極のマイノリティであるが、その男性の（人造）人間の影のなかで忘れ去られてきた二人の女性――キリスト教徒のアラビア女性とヴィクター・フランケンシュタインによって八つ裂きにされる女性の（人造）人間――に注目することで、複合的に累乗される人種とジェンダーがもたらす困難が浮かび上がる。

第3章「リプロダクティヴ・ジャスティスとインターセクショナリティ――ロレッタ・J・ロスの思想と運動を中心に」（土屋和代）は、リプロダクティヴ・ジャスティス（性と生殖をめぐる正義）という性と生殖をめぐる権利に社会正義を重ね合わせた政治運動・思想がいったい何を意味するのかを、この運動を牽引してきたロレッタ・J・ロスの言説を通して検討する。ロスらが打ち立てたリプロダクティヴ・ジャスティスが「プロチョイス」の運動、さらには「プロチョイス」対「プロライフ」という枠組みそのものの限界をいかに示したのか、性と生殖に関する健康と権利を考えるうえでなぜ「包括的でインターセクショナルなアプローチ」が求められているのかが示される。

第4章「社会運動、司法言説、歴史叙述――フィリピン人元「慰安婦」をめぐる権力の交差性について」（岡田泰平）は、日本軍「慰安婦」にさせられたフィリピンの人々をめぐる運動を通して、インターセクショナリティという概念がアメリカ社会の文脈以外でどのような意味を持ちうるのか、過去の著しい暴力にいかに適用できるのかという核心的問いに迫る。新聞やミニコミ誌、判決文に添付された「被害事実等目録」、マリア・ロサ・ヘンソンの自伝三カ国版を丹念に渉猟し、フィリピン人「慰安婦」の凄惨な経験を浮き彫りにするとともに、史料そのものをテクストとして分析する。司法という重要な局面においては、当事者を取り巻く複数の権力を表わすことよりも「慰安婦」体験に焦点があてられ、彼女らが被った著しい人権侵害が強調された点が浮き彫りとなる。

第5章「現代インドから「インターセクショナリティ」を考える――ヒンディー語映画『第一五条』を手がかりに」（井坂理穂）は、インターセクショナリティの概念を用いながら、ダリト女性に対する性暴力事件を扱ったヒンディー語の映画『第一五条』（二〇一九）の内容とその背景とを分析する。ここではインターセクショナリティの概念がインドの研究者たちの間でどのように論じられてきたのかが紹介されたのちに、この映画作品が製作された背景や意図、物語の内容・表現・構造が詳細に分析され、ジェンダー、カースト、階層、宗教、地域などの軸の絡み合いから形づくられる、現代インドのさまざまな抑圧構造が明らかにされる。同時に、カーストの流動性、自己認識と他者認識とのずれ、戦略的本質主義に伴う危険など、同概念を用いる際の留意点も示されている。

第Ⅱ部「インターセクショナリティから読み解く現代世界」はインターセクショナリティという概念＝分析枠組みを用いることで、中南米、イスラエル／パレスチナ、中国、フランス、日本社会の〈いま〉がどのように問い直されるのかを検討する。インターセクショナリティはこれらの地域で、あるいは地域を超えて、いかに受け止められ批判されてきたのか。フェミニズムやクィアの政治、動物の権利運動、階級闘争にどのような意味を持ちうるのか。

第6章「インターセクショナリティ（交差性）に関する四つの疑問――インターアクション（交互作用）効果を用いた概念の拡張性の検討」（和田毅）は、インターセクショナリティの可能性と限界を考えるうえで重要な四つの疑問に迫る。インターアクション・エフェクト（交互作用効果）という統計ツールを導入することで、「相乗効果」という、インターセクショナリティの核となるアイディアが明らかになる。制度的障壁（差別）を可視化する概念図をもとに、インターセクショナリティは異なる時空間や差別構造を対象にした研究にも十分役立つ概念であること、統計分析を含めるかたちでインターセクショナリティの研究を多角化していく必要があることが示される。

第7章「イスラエルにおける性的少数者／動物の権利運動と動パレスチナ問題――単一争点か複数争点か」（保井啓志）が取り上げるのは、イスラエルにおける性的少数者の権利運動と動物の権利運動である。両者とも規模を拡大・主流化していくなかで、パレスチナ問題との連帯を打ち切り、単一争点を志向してきた。性的少数者の権利運動において、同性愛者が「良き」市民、あるいは「良き」兵士として位置付けられる一方、パレスチナの占領や徴兵制、イスラエル軍隊への批判はそぎ落とされていった。アノニマスやヴィーガン・フレンドリーといった団体に代表されるように動物の権利運動においても、パレスチナ問題への言及を避け、脱政治化されたヴィーガニズムを志向した点が描かれる。

第8章「エイズから新型コロナ、白紙運動からフェミニズム運動へ――中国における構造的な差別への抵抗とインターセクショナリティの予感」（阿古智子）は、現代中国社会において、都市と農村、民族、所得格差、ジェンダー、セクシュアリティなどのカテゴリーが複雑に関わり合うなかでいかに抑圧の構造が生じているのかを、HIV集団感染事件を題材に論じる。同事件から二〇年以上経ち、ゼロコロナ政策への抵抗から起こった白紙運動はこうした抑圧の構造に見直しを迫るものであり、周暁璇（ニックネーム「弦子」）をはじめとするフェミニストたちの＃MeToo運動は中国におけるインターセクショナリティのうねりを予感させるものである点が示される。

第9章「インターセクショナリティに抗するフランス？――共和国の普遍主義の盲点を突く視座の有用性と前途多難な定着の可能性」（伊達聖伸）は近年のフランスで、インターセクショナリティという言葉が人口に膾炙する一方、共和国の普遍主義とは本質的に相容れないという強い拒否反応が見られる点を指摘する。フランスでの受容と反発を通して、普遍主義に到達するためには個人の属性や特殊性を括弧に入れる必要があると考えられがちなフランス共和国の特徴とともに、フランス共和主義の盲点を突くインターセクショナリティという思想が、ジェンダー、階級、人種の関係とダイナミクスの観点から不可視化されてきた差別に光をあてるものである点が提示される。

第10章「安心をもたらさないインターセクショナリティへ――共生に向けた小さな覚書」（清水晶子）は、ジェンダー研究、クィア・スタディーズにおけるインターセクショナリティをめぐる近年の議論を紐解きながら、「私たち」の同一性を脅かし続ける他者性の不安を解消不可能なまま抱え、「私たち」から排除したり、安心に回収したりしようと試みることなく、どのように共生していくのかを考えることこそが、インターセクショナリティという思想が私たちに問う課題である点を浮き彫りにする。インターセクショナリティが差異を作り出し、主体として同定したうえでその包摂を推進する機能を担う可能性があることを批判的に検討しながら、「安心をもたらさないインターセクショナリティ」への扉を開く論考である。

「インターセクショナリティ」に何ができるのかという問いにさまざまな地域、時代、分野から挑んだ本書が、「複雑性」と格闘する活動家や研究者、地域・時代・分野を超えてさまざまなかたちの社会的不平等について考え異議申し立てをしてきた、あるいはこれからしようとする人びとに、少しでもエールを送るものとなるよう、願うばかりである。

参考文献

和泉真澄、坂下史子、土屋和代、三牧聖子、吉原真里（二〇二二）『私たちが声を上げるとき――アメリカを変えた10の問い』集英社新書。

ガーザ、アリシア（二〇二一）『世界を動かす変革の力――ブラック・ライブズ・マター共同代表からのメッセージ』人権学習コレクティブ訳、明石書店。

コリンズ、パトリシア・ヒル、スルマ・ビルゲ（二〇二一）『インターセクショナリティ』下地ローレンス吉孝監訳、小原理乃訳、人文書院。

清水晶子（二〇二一）「「同じ女性」ではないことの希望――フェミニズムとインターセクショナリティ」岩渕功一編『多様性との対話――ダイバーシティ

推進が見えなくするもの』青弓社、一四五―六四頁。

下地ローレンス吉孝ほか（二〇二二）『現代思想　特集＝インターセクショナリティ――複雑な〈生〉の現実をとらえる思想』第五〇巻五号、青土社。

土屋和代（二〇二二）「ブラック・フェミニズムとインターセクショナリティ――人種・階級・ジェンダー・セクシュアリティ」藤永康政、松原宏之編『「いま」を考えるアメリカ史』ミネルヴァ書房、二二七―五三頁。

フックス、ベル（二〇一七）『ベル・フックスの「フェミニズム理論」――周辺から中心へ』野崎佐和・毛塚翠訳、あけび書房。

ベリー、ダイナ・レイミー、カリ・ニコール・グロス（二〇二二）『アメリカ黒人女性史――再解釈のアメリカ史・1』兼子歩・坂下史子・土屋和代訳、勁草書房。

Anzaldúa, Gloria. 2012. *Borderlands: The New Mestiza＝La Frontera*, 1987. 5th ed. San Francisco: Aunt Lute Books.

Bay, Mia, Farah J. Griffin, Martha S. Jones, and Barbara D. Savage, eds. 2015. *Toward an Intellectual History of Black Women*. Chapel Hill: University of North Carolina Press.

Beal, Frances M. 1970. "Double Jeopardy: To Be Black and Female." In *Sisterhood Is Powerful: An Anthology of Writings from the Women's Liberation Movement*, edited by Robin Morgan, 382–96. New York: Vintage Books.

Bilge, Sirma. 2013. "Intersectionality Undone: Saving Intersectionality from Feminist Intersectionality Studies." *Du Bois Review* 10, no. 2: 405–24.

Cho, Sumi, Kimberlé Crenshaw, and Leslie McCall. 2013. "Toward a Field of Intersectionality Theory, Applications, and Praxis." *Signs* 38, no. 4 (Summer): 785–810.

Collins, Patricia Hill. 1990. *Black Feminist Thought: Knowledge, Consciousness, and the Politics of Empowerment*. Boston: Unwin Hyman.

Collins, Patricia Hill. 2019. *Intersectionality as Critical Social Theory*. Durham: Duke University Press.

Combahee River Collective. April, 1977. *The Combahee River Collective Statement*.

Cooper, Anna Julia. With an Introduction by Mary Helen Washington. 1988. *A Voice from the South*, 1892. New York: Oxford University Press.

Cooper, Brittney C. 2017. *Beyond Respectability: The Intellectual Thought of Race Women*. Urbana: University of Illinois Press.

Crenshaw, Kimberlé. 1989. "Demarginalizing the Intersection of Race and Sex: A Black Feminist Critique of Antidiscrimination Doctrine, Feminist Theory and Antiracist Politics." *University of Chicago Legal Forum* 1989, iss. 1, article 8: 139–67.

Crenshaw, Kimberlé. 1991. "Mapping the Margins: Intersectionality, Identity Politics, and Violence against Women of Color." *Stanford Law Review* 43, no. 6 (July): 1241–99.

Davis, Kathy. 2008. "Intersectionality as Buzzword: A Sociology of Science Perspective on What Makes a Feminist Theory Successful." *Feminist Theory* 9, no.1: 67–85.

Hancock, Ange-Marie. 2016. *Intersectionality: An Intellectual History*. New York: Oxford University Press.

Hull, Gloria T., Patricia Bell Scott, and Barbara Smith. 1982. *All the Women Are White, All the Blacks Are Men, but Some of Us Are Brave: Black Women's Studies*. New York: Feminist Press.

Jones, Alethia, and Virginia Eubanks, eds. With Barbara Smith. 2014. *Ain't Gonna Let Nobody Turn Me Around: Forty Years of Movement Building with Barbara Smith*. Albany: State University of New York Press.

King, Deborah K. 1988. "Multiple Jeopardy, Multiple Consciousness: The Context of a Black Feminist Ideology." *Signs* 14, no. 1 (Autumn): 42–72.

May, Vivian M. 2007. *Anna Julia Cooper, Visionary Black Feminist: A Critical Introduction*. New York: Routledge.

Moraga, Cherríe, and Gloria Anzaldúa, eds. Foreword by Toni Cade Bambara. 1981. *This Bridge Called My Back: Writings by Radical Women of Color*. Watertown, MA: Persephone Press.

Martinez, Elizabeth. 1993. "Beyond Black/White: The Racisms of Our Time." *Social Justice* 20, 22–34.

May, Vivian M. 2007. *Anna Julia Cooper, Visionary Black Feminist: A Critical*

Introduction. New York : Routledge.
Nash, Jennifer C. 2018. *Black Feminism Reimagined : After Intersectionality*. Durham : Duke University Press.
Peretz, Tal. "Locally Specific Matrices of Domination : Towards A Global Theory of Intersectionalities." *Women's Studies International Forum* 89 (2021) 102540 : 1–8.
Puah, Jasbir K. 2012. "'I Would Rather Be a Cyborg than a Goddess' : Becoming-Intersectional of Assemblage Theory." *philoSOPHIA : A Journal of Feminist Philosophy* 2, no. 1 : 49–66.
Rosenberg, Rosalind. 2017. *Jane Crow : The Life of Pauli Murray*. New York : Oxford University Press.
Taylor, Keeanga-Yamahtta, ed. and intro. 2017. *How We Get Free : Black Feminism and the Combahee River Collective*. Chicago : Haymarket Books.
Third World Women's Alliance. 1971. "Women in the Struggle." *Triple Jeopardy* 1, no.1 (September-October) : 8–9.

I

インターセクショナリティをめぐる「過去」と「現在」

1 権力性の交差の場としての物語
——クライスト「聖ドミンゴ島の婚約」（一八一一）における「メスティーツェ」の表象

速水淑子

（はやみ　よしこ）
東京大学大学院総合文化研究科准教授
専門は政治思想史、ドイツ文学
著書に『トーマス・マンの政治思想——失われた市民を求めて』（創文社／講談社）、共訳書にハーバーマス『ヨーロッパ憲法論』（法政大学出版局）などがある。

はじめに

一九六〇年代から七〇年代にかけて、合衆国における黒人女性の社会運動は、ジェンダー、セクシュアリティ、人種、階級、アビリティ、シティズンシップなど、複数のカテゴリーが交差することで単一属性に由来する場合とは異なる抑圧経験が生じる点に、注目を促した。そうした属性の重なりを、法学者クレンショーが一九八九年の論文で「インターセクショナリティ」と呼んで以来、この言葉は重層的な差別と抑圧の様態を可視化し、変革に導くための概念として広く用いられてきた（コリンズ、ビルゲ　二〇二一；Crenshaw 1989）。

同時期に欧米圏で頻繁に用いられた近接概念として、「アイデンティティ」と「差異」が挙げられよう。この二つの概念と比較して、インターセクショナリティ概念はいくつかの利点を持つように思われる。アイデンティティを掲げる政治がともすればカテゴリーを固定化し内部の均一性を前提とする危険を持つのに対して、インターセクショナリティ概念のもとではカテゴリーの可変性と内部の差異が重視される。差異を前面化する政治はアイデンティティの政治における本質主義的側面を批判し個別性を重視したが、その代償として相対主義による現状追認に帰結する傾向も持っていた（向山　二〇〇八）。それに対しインターセクショナリティを強調する運動は、個別の抑圧状況を法的・政治的・社会的・文化的に階層化された諸属性の交差によるものとして記述するため、正義を求める連帯に結び付きやすい。個別の抑圧状況の可視化と構造的な変革に向けた連帯という二つの可能性を併せ持つ点が、この概念の利点といえるだろう。

本章では、一九世紀初頭にプロイセンで出版された短編小説

「聖ドミンゴ島の婚約」（Heinrich von Kleist, „Die Verlobung in St. Domingo", 1811）を例に、文学作品の分析においてインターセクショナリティ概念がどのように有効であり得るか、また同概念に対して文学研究がどのような貢献をなし得るかを考えたい。ハイチ革命を舞台としたこの恋愛悲劇の主人公は、トーニという「混血」の少女である。彼女は革命の戦士である黒人ホアンゴのもとで、やはり「混血」の母親とともに暮らしている。トーニは革命の最中に、スイス人の仏軍将校である白人のグスタフに恋をし、窮地に陥ったグスタフを救うが、最終的にグスタフの手で撃ち殺されてしまう。

「聖ドミンゴ島の婚約」は「ドイツ文学史において最も頻繁にポストコロニアルな観点から論じられてきたテクスト」（Bay 2005, 73）であり、すでに七〇年代から、社会史的視点を持つ論者によって、作品ないし作者が人種主義的であるか否か、黒人蜂起に対して批判的であるか肯定的であるかが議論の対象となってきた（Horn 1975; Angress 1977; Fischer 1988）。九〇年代に入りポストコロニアリズムがドイツでも受け入れられるようになると、作品における植民地言説とジェンダー規範の交差にも光があたりはじめる（初期の研究として Uerlings 1991; Weigel 1991、主なモノグラフとして Zantop 1997; Uerlings 1997; Gribnitz 2002 がある）。本章ではそれらの研究成果を参照しつつ、物語の持つ権力性という観点から、差別言説が重なり合って複合的な物語を作り上げ、個人がその物語に自らの行動規範を見出すことで、インターセクショナルな権力構造が機能する様子を示す。

出来事や事柄を一定の結合、順序、文体、視点、速度で語ること——すなわち「物語」（ナラティヴ）は一般に、私たちの存在と行動に意味を与え、読み手や聞き手、そして語り手を特定の行動に促したり引き留めたりする働きを持つ。そのなかには、特定の範疇に分類された者に対して、他の範疇に属す者にとって有利な振舞いをするよう促し、それ以外の行動・意志・欲望を抑制させるような物語も存在する。そうしたいわば権力性を帯びた物語はしばしば、物語の信憑性を支える科学的・政治的・経済的言説と制度を背景に持っている。以下では、「聖ドミンゴ島の婚約」における権力性の交差を二つの位相において可視化したい。まず、グスタフがトーニに語る一対の逸話を取り上げ、この「物語のなかの物語」が「混血」の少女トーニに対してどのように作用しているかを分析する。続いて作品の中核にあるグスタフとトーニの物語に視点を移し、それが作品外の世界にどのように抑圧的、あるいは解放的に機能し得るかを考えたい[1]。

1　背景としてのハイチ革命

作品分析に入る前に、小説の舞台であるハイチ革命について簡単に振り返ろう（cf. 浜 一九八四; 浜 一九九八）。カリブ海アンティール諸島に属するイスパニョーラ島では、一六世紀半ばまでにスペイン人征服者が先住民を絶滅に追いやり、アフリカ大陸の住民を強制的に連行して過酷な奴隷労働につかせるようになった。一七世紀半ば以降にはフランス人による島の占有が進み、仏領サン＝ドマングとなった島西側にも、奴隷制に支えられたプランテーションが広がった。

白人植民者の大半が男性であったことから、サン＝ドマングをはじめとしたカリブ海仏領では白人男性と有色女性の間にムラート（フランス語でミュラートル）と呼ばれる人々が多く生まれ、彼らの地位の曖昧さが問題化していった。一六八五年に制定された「アメリカ諸島の治安に関する黒人法典」（黒人法典）は、奴隷化された黒人を動産とみなし拷問や身体切断を含む扱いを定めるものだった。そこでは自由民男性と奴隷身分女性の子は奴隷身分とすると定められたが（一三条）、「所有者」が「奴隷」を解放することは可能だったため（五五条）、父親は自分の子を解放することができた。また自由民男性と奴隷身分女性がカソリックに則って婚姻関係を結ぶことは許され、その場合（一七三六年以降は内縁の場合でも）、妻は奴隷身分から解放され子供も自由民とみなされた（九条）。こうしてサン＝ドマングにおいては、圧倒的マジョリティである黒人の大部分は奴隷化されたままであったのに対して、「混血」の人々の多くは自由民であった。ムラートという語は、身分にかかわらず混血の人々を示すと同時に、黒人を含めた有色自由民を指す語としても用いられた。革命が生じた一八世紀末には、ムラートの人口は白人に匹敵する規模に拡大し、自由な白人と奴隷化された黒人という二元的秩序に収まらず、肌の色においても身分においても中間的位置を占める人々が増えていった。この「人種混交性」は、ヨーロッパ人の目に植民地における「認識論的不確実性の象徴」（Daut 2015, 38）と映ることになる。

フランス革命初年の一七八九年に採択された人権宣言は、あらゆる人間および市民の権利の平等をうたったが、それは植民地における有色人の実態とはかけ離れていた。これに対して一七九〇年、かねてから法的平等の実現を求めていたムラート自由民がサン＝ドマングで蜂起し、翌年には黒人が蜂起する。たしかに一時はムラートと白人が同盟し、奴隷制維持のため黒人蜂起を弾圧した時期もあった。しかし、一七九四年にいったんは国民公会で奴隷制廃止を決議したフランスが、一八〇二年には奴隷貿易再開を宣言し、奴隷制維持のためサン＝ドマングに軍を派遣したことで、黒人とムラートは団結し、一八〇三年にはフランス軍を完全撤退に追い込むにいたった。クライストの小説はこの一八〇三年、白人軍が黒人・ムラート軍に完全な敗北を喫する年を舞台にしている。[2] 小説が執筆・発表されたのは、一八〇四年にサン＝ドマングがハイチとして独立を宣言して間もない一八一一年のことである。

カリブ海の黒人蜂起は、ヨーロッパにとって大きな意味を持っていた。サン＝ドマングは最も豊かな仏領植民地かつ世界最大の砂糖生産地であり、ハイチ革命自体が、フランス革命戦争下にあるフランス、イギリス、スペイン間のアメリカ植民地をめぐる権力闘争という側面を有していた。世界経済・政治における重要性ゆえに、一八〇〇年前後のドイツ語圏の知識人にとっても、サン＝ドマングの動乱は主要な話題の一つであった

（Schüller 1992; Blänkner 2013）。クライストの小説も、そうしたドイツ語圏における受容の一つといえる。一八世紀後半から一九世紀初頭のこの時期、ドイツ語圏は植民地を持たず、統一国家さえ形成されていなかった。しかしハイチをはじめアメリカ植民地をめぐる文学作品、科学論文、哲学論文、政治的論説等はドイツ語でも多く書かれた。そしてこうした言説の総体が「植民地主義的な想像力と心性を作り上げ、思想を行動に移すよう促した」（Zantop 1997, 3）、すなわち一九世紀末以降のドイツ帝国からナチ・ドイツにいたるまでの植民地獲得政策と人種主義的政策を間接的に準備することになったのである。

2　階層化された諸属性

前節でみたように、革命前のサン＝ドマングでは白人が非白人を搾取する構造が厳然と続く一方で、自由な白人と奴隷化された黒人という二元論に収まりきらない人々が多く存在していた。「聖ドミンゴ島の婚約」で描かれるのもそうした中間的属性を持つ人々である。たしかに小説は冒頭で、「今世紀の初め、黒人が白人を殺していた頃」と肌の色の二項対立を強調し、「ギヨーム・フォン・ヴィルヌーヴ氏の農園に、コンゴ・ホアンゴという恐るべき老ニグロが暮らしていた」と、敬称で呼ばれる主人と獰猛な「ニグロ」を対比させる（Kleist 1811, 237, 以下では頁数のみ記す）。しかし読者はすぐに、ホアンゴが主人の命を救った褒美として解放されており、自ら家と農地を持ち、妻代わりにバベカンというムラーティン（ムラート女性を指すドイツ語）を与えられたことを知る。バベカンは「最初の妻を通じて遠縁にあたる」（237）と説明されるが、クライストの書き方は曖昧で、ヴィルヌーヴの親戚ともホアンゴの親戚とも解釈できる。ホアンゴのもとで彼女が奴隷身分のままだったのかも明らかでない。そしてこの「混血」のバベカンには、ヨーロッパで白人との間に生まれた「メスティーツェ」の娘トーニがいる（238）。

物語が始まる時点で、ホアンゴは白人への憤りから農園主のヴィルヌーヴとその家族を撃ち殺し、仲間の黒人を集めて遠征に出かけ不在である。残されたバベカンとその娘トーニは、ヴィルヌーヴが暮らしていた屋敷に移り、ホアンゴの帰還を待っている。その屋敷には時折、追い詰められ逃げ惑う白人が助けを求めてやってくる。バベカンとトーニはそうした白人をもてなし、ホアンゴが帰ってくるまで引き留めておくようにいわれている。バベカンは若い頃、トーニの父親である白人から父子関係の認知を拒まれ、その結果鞭打ちの罰を受け、いまも後遺症に苦しんでいる。白人に強い憎しみを持つバベカンは、自分の娘トーニの肌の白さを利用するため、トーニに「客に対して愛撫を拒まぬよう言い聞かせ、ただし最後の一線を越えたならば死刑に処すと告げ」る（238）。

こうして混血のバベカンとトーニが待ち構えている屋敷に、ある夜、グスタフ・フォン・リードというスイス人の仏軍将校が助けを求めてやってくる。[3] 彼と伯父シュトロームリの家族の一行は、黒人軍の攻勢を逃れて港へ向かっていたが、疲労困憊してひとまず山中に隠れ、グスタフ一人が皆の食糧を求めて屋敷を訪ねてきたのだった。ホアンゴのいいつけ通りグスタフを引き留めておくべく、バベカンは、自分とトーニは肌色ゆえにホアンゴから迫害される身で、本当は白人の味方なのだと嘘をつく。二人の肌の色に安心したグスタフは、今晩は屋敷に一人留まり翌朝に伯父一家を呼び寄せるというバベカンの提案を受け入れた。あてがわれた寝室で、グスタフはトーニと二人きりになる。二人は言葉を交わすうちに性交にいたり、結婚を約束する。この婚約をきっかけに、トーニは黒人の掟に背いてグスタフを救おうと決意する。トーニはそのための策を練るが、予定外のことに翌朝、仲間を連れたホアンゴが急に屋敷に戻ってきた。慌てたトーニは、ホアンゴとバベカンの目を欺くため、とっさにグスタフを縛り上げ、森に身を潜めているグスタフの伯父一家に救援を求める。駆け付けた伯父シュトロームリの一行はホアンゴらを倒しグスタフを救い出す。しかしグスタフはトーニに裏切られたと思い込み、縛めが解かれると同時に彼女を射殺する。そして自分の思い違いに気が付くと、トーニのあとを追って自死してしまう。

登場人物たちは、身分と人種に関する中間的属性とともに、社会的に不利な属性をそれぞれ複数有している。ホアンゴはカリブ海の奴隷制のもとで、黄金海岸から強制的に連行され、過酷な労働と暴力を課され、劣悪な生活環境で家族や財産を持つことも許されなかった。所有者の「慈善」（237）によって自由身分とされたのちも、有色人として不利な立場に置かれ権利を制限され続けてきた。こうしてすでにホアンゴの経験のなかに、身分と人種という二つの差別の交差が指摘できる。ムラートであるバベカンも、ホアンゴと同じく奴隷身分かつ有色人としての差別を受けてきた。バベカンの場合はさらに、女性であることが別の形の困難を生む。子供の認知を拒まれ、そのことで主人から残虐に扱われ、長年にわたって病身となっただけではない。サン＝ドマングに帰ってからも、農園主ヴィルヌーヴの都合でホアンゴの「妻代わり」（237）を課せられ、ヴィルヌーヴが殺害されたあとも家父であるホアンゴには従い続けなければならない。バベカンには奴隷制と人種差別に加えて、性と生殖への強制的介入と家父への服従というジェンダー的な権力が課されている。娘のトーニはそれに加え、まだ一五歳の子供として、実父から認知を拒否された不利な条件下で大人に生活を依存し、家父と母親に対する忠誠を求められている。トーニは、身分、人種、ジェンダー、親族関係という四つの異なる形の抑圧を被っているといえよう。権力関係が複数重なり合うことは、必ずしも抑圧の残虐さと苛酷さが増すこと意味はしない。しかし異なる性質の権力関係が交差することで状況は確実に複雑化する。そして交差によって複雑化した権力のあり方は、権力性を帯びた物語を通じて、登場人物に対して抑圧的に機能し、また作品の外に向けても作用することになる。

3　黒人少女の物語と白人少女の物語

(1) 一対の作中話

トーニが置かれた交差的な権力関係は、作中で白人グスタフがトーニに語る二つの逸話によってとりわけ明瞭に描き出される。二つの逸話は別々の場面で語られるが、その内容は対をなし、一対のものとしてトーニの行動を動機付けることになる。

一つ目は、グスタフが「ぞっとする」(246) 話だと前置きして語る、無名の黒人少女の物語である。この少女はかつて農園主からの性的誘いを拒絶したために虐待され、植民地生まれの別の農園主に売り渡された。その三年後に黒人蜂起がおこると、彼女は元主人を進んでかくまい性行為に及ぶ。ただしそれは少女が仕掛けた罠であった。彼女は黄熱病を患っており、病を元の主人にうつすことで復讐を果たしたのだった[4]。白人からの性的強要とそれに続く虐待、そして自らの性的身体を用いた白人への復讐という物語の中核は、バベカンが娘トーニの身体を用いてグスタフを陥れ、白人に復讐しようとしている状況と重なる。黄熱病はトーニやバベカンの「黄色がかった肌」(238) のイメージと呼応し、「ペスト」(247) すなわち黒死病と言い換えられることで黒人のイメージにも結び付けられる。グスタフはこの無名の黒人少女の行為を「何とも卑劣で忌まわしい裏切り」(247) と非難する。

この逸話と対になるのが、「この世で最も貞節な人」(251) と讃えられる、グスタフの亡くなった婚約者マリアーネの物語である。グスタフはストラスブール滞在時、革命政府の恐怖政治を批判したことで処刑されそうになり、逃げて身を隠していた。するとグスタフ本人をみつけられない役人たちが、身代わりに婚約者マリアーネを捕らえてギロチンにかけようとした。それを聞いたグスタフは慌てて処刑場に駆け付け名乗り出るが、マリアーネは目の前のグスタフを他人だと言い張り、そのまま身代わりに処刑されてしまった。グスタフはこの体験を、二人きりの寝室でトーニに語る。話を聞き終えたトーニはグスタフに抱きすがり、「彼女の涙が彼の涙と混ざり合」(254) って性交にいたる。性交のあとトーニは寝台で泣き続ける。グスタフはトーニをなだめながら、その首に「婚約の贈り物」(254) としてマリアーネの形見である十字架のネックレスをかけ、結婚を約束するのである。

(2) 少女の自己犠牲

白人少女と黒人少女の物語は、どのような意味で権力性を帯びているのだろうか。第一に指摘すべきは、二つの物語のどちらもが少女の自己犠牲のモチーフを含んでいることである。その意味でこれは、女性を基本的には非力な存在とみなした上で、無力な女性が権威に抵抗して行為するためには自己の身体を犠牲にするほかないとする、ジェンダー的に規定された物語であるといえる。実際にこのあとトーニは「彼を救うためのこの作戦のなかで自分は死ぬのだと考えて心を躍らせ」(263)、自己犠牲に突き進んでいく。

男性のためになされる女性の自己犠牲というモチーフは、同時代のドイツ語圏において成立しつつあったジェンダー規範と呼応している。そこでは男女の身体を両極的に捉え、身体的特徴から生得的性格と社会的役割を演繹する形で、男性を主、女性を従として男女を序列的かつ補完的に捉えるジェンダー規範が作られていった（Hausen 1976）。たとえばフンボルトは一七九五年に発表した二つの論考で、骨格や肉付きといった身体的特徴と関連させて、男性と女性を対比的かつ補完的に捉え、能動性/受動性、力/弱さ、強さ/繊細さ、自発性/受容性、活力/忍耐、啓蒙/感情、光/暖かさ、理性/感覚といった二項対立を提示している（フンボルト 二〇一三；同 二〇一四）。フィヒテは一七九七年の自然法論において女性には恥じらいと受動性が、男性には力強さと能動性が自然なものであると述べ、女性の性欲は男性を満足させるために自らを手段として身を捧げることで充足されると論じた（フィヒテ 一九九五、三六三）。ブロックハウス社百科事典にある項目「性」の記述はよく知られている。「前者〔男性〕は騒々しい公的世界に属し、後者〔女性〕は静かな家庭領域に属す。〔……〕男性は運命に自力で立ち向かい、倒れてもなお力をふるう。女性はその主人に進んで従い、涙のなかになお慰めと救いを見出す」（„Geschlecht" 1815, 211）。こうしたジェンダー規範は農民や手工業者あるいは貴族における実態とは異なっていたが、産業構造の転換とともに生まれた市民層上層部（経済ブルジョワジーと教養市民層）の家族形態には親和的だった。市民層上層部の生活形態に由来し、市民層を念頭に作られた特殊なジェンダー規範は、まさにその市民層が中心となった公共圏の著作物を通じて、生物学的で自然的な基盤を持つ普遍的規範として主張された（三成 二〇〇五、五二―五三；姫岡 二〇〇八、二四―二五、四一―四二）。グスタフが語る逸話はこうした当時のジェンダー言説に支えられ、同時にその一部であるといえよう。

（3）白い聖女と黒い娼婦

第二に、二つの少女像の対照性にも、この物語の持つ権力性が見て取れる。一方の黒人少女は、復讐心が強く、病気の感染源であり、セクシュアリティを道具に復讐を果たす性的誘惑者として現われる。彼女は相手を誘惑しておきながら容易に裏切る卑劣で危険な存在である。それに対して白人少女のマリアーネは、恋人の過失を許し、忠誠心が強く、自分の命を犠牲にしても恋人を守ろうとする。包容力があり善良で優しく、その名前によって聖母マリアとも重ねられる。男性を性的に誘惑して破滅させる娼婦的悪女と男性に忠実で優しい聖女の対比は、エバとマリアを対極的に捉えるキリスト教文化の女性像（若桑 二〇一二、一九五―二二三）の延長にある。これは男性にとっての有用性を基準に女性を二分化する見方であり、この点にもジェンダー的な権力性を指摘できよう。

加えて、対照的な二人の少女のうち悪女が黒人で聖女が白人とされていることは、肌の色と道徳的素質を関連させる同時代の人種言説との一致を示している。一八世紀末はドイツ語圏でも身体の形態によって人間を分類する言説が現われた時期であった（弓削 二〇〇八）。そこでは人種と内的素質の関連を論じることでヨーロッパ人優位の道徳的・文化的序列化がなされた。たとえばカントは一七七五年と一七八五年の論考で、人間を肌の色によって白、赤胴、黒、黄に分類し（カント 二〇〇一、四一二；同 二〇〇〇、七二）、ブルーメンバッハは頭蓋骨の形からコーカサス、モンゴル、エチオピア、アメリカ、マレーの分類を提案した（Blumenbach 1798, 204）。フランクフルト・アン・デア・オーダー大学でクライストが教えをうけたヴンシュは、黒人は「臆病」「乱暴」「怠惰」で、「行儀が悪く小心で愚かで弱く」、「理性の光がまだ生まれていない」（Wünsch 1796, 133, 371, 232）とし、マイナースは黒人は「自然的に愚か」で盗みと誘惑と裏切りに長けていると断じた（Meiners 1790, 432, 434）。こうしたきわめて恣意的な議論において、道徳的素質の原因は内的素因と環境のどちらにも求められた。黒人少女の逸話においては、ヨーロッパ生まれの農園主から植民地生まれの農園主へと「所有者」が変わることが待遇の悪化であるかのように語られるが、これは当時、植民地生まれ（クレオール）の白人は生育環境ゆえにヨーロッパ生まれの白人よりも道徳的に劣ると広く信じられたことを反映している。人種および居住地と道徳性を結び付けるこうした議論が、植民地支配と奴隷制の正当化に寄与したことはいうまでもない。

　前述の人種理論には、黒人は「女性的臆病さ」（Meiners 1790, 417）を持つといったように、黒人の特徴を女性的特質として説明するそれ自体交差的な言説もみられる（Gribnitz 2002, 53-56）。性差と人種差をめぐる議論はともに人間学（Anthropologie）の対象であり、しばしば同一の論者によってなされた。そこでは男女差と人種差がともに自然的なものとされ、自然から演繹する論理によって社会的役割や道徳的本質の違いまでもが論じられた。男女差は補完的に捉えられ、人種差は序列的に捉えられるという違いはあったものの、白人男性に優越的な生得的属性を見出し、社会的に有利な役割を演繹する点では共通している。人間学においては人間と動物の相違も論じられたが、その際「人間」の代表として暗黙の裡に有産白人成人男性が想定されたため、女性と有色人はどちらも（子供と並んで）、より動物に近く理性から遠い存在として描かれた。白人男性を基準とした人間の分類において、ともに従属的な地位をあてがわれた女性と有色人が、交差的に説明されたのは当然ともいえる。

（4）中間性の否定

　グスタフの語る逸話の権力性として第三に指摘すべきは、この逸話が白か黒かの二元論を作り出している点である。「メスティーツェ」であるトーニにとってこれは重要な意味を持つ。そもそもメスティーツェというドイツ語（男性の場合はメスティーツォ）は当時、かなり曖昧に用いられていた。異人種間の生殖は、人間を分類比較する議論において避けて通れないテーマだった。そこでは白人、黒人、黄色人、赤色人といった基準となる範疇を設定したうえで、異なる範疇の両親の組み合わせごとに子供を中間的範疇に分類するのが常であった。たとえばカントは白人男性との組み合わせで、黄色インド人との間に黄色メスティーツェが、赤胴色アメリカ人との間に赤色メスティーツェが生まれるとし（カント 二〇〇一、四〇二―四〇三；同 二〇〇〇、七五）、一八〇一年の事典にも同様の記述がある（Mellin 1801, 238）。ツィマーマンも同じく黄色人ないし赤色人と白人の中間範疇としてメスティーツェを定義するが、同時に、白人と黒人の間にムラーティンが、白人とムラーティンの間にテルセロンが生まれ、そのテルセロンと白人の間に生まれる人々は本来はクインテロンと呼ぶべきなのに、誤ってメスティーツェと呼ばれているとも報告している（Zimmermann 1802, 47）。メスティーツェを白人と黒人の中間に位置付ける見方は、当時広く読まれた――一七九二年の創刊以来ハイチ革命の経過も詳報していた――雑誌『ミネルヴァ』にも見て取れる。そこでは白人男性との組み合わせで、黒人との間にムラート、ムラーティンとのあいだにクアルテロン、クアルテロンとの間にメスティーツェが生まれるとされている（*Minerva* 1811 Bd. 2, 232）。ヴンシュは、白人と黒人からメスティーツェが生まれるとし、ムラートは茶色人と黒人の間に生まれると説明している（Wünsch 1796, 378）。「人種混合」による生得的な気質・性格の変化も、しばしば議論の対象となった。たとえば「混合」した者は両親の気質を受け継ぐが食べ物の変化によってすぐに消え去ると論じた者もいれば（カント 二〇〇一、三九九）、異人種間の生殖では「教養、能力、徳」も両親双方から受け継がれるが、その際「より良き血」が強く現れると述べる者もいた（Meiners 1790, 639）。

植民地支配は白人と黒人の間に明確な境界を設け、前者の道徳的優越性を理由に後者に対する暴力的支配を正当化する制度である。「人種混合」はその境界を曖昧にし、外見からはその内的素質（とみなされるもの）がわからない「混血」の人びとを生み出した。トーニの存在は、白人の目には曖昧で捉え難く、グスタフを混乱させる。

〔グスタフが尋ねて〕「あなたは黒人なんですか」バベカンは答えた。「とすると、お前さまは白人なんでしょう。漆黒の闇夜にいる方が、黒人に会うよりましだっていう風だから！」彼女は続けた。「お入りなさい。怖がることはない。ここに住んでいるのはムラーティンの私と、他に家に居る者といったら、もう一人だけ、私の娘、メスティーツェだよ！」（258）

黒人か白人かどちらかの答えを期待したグスタフは、メスティーツェという思いがけない返答を受ける。中間的存在がもたらす認識論的不安を解消するために、グスタフはトーニを黒人と白人の二元論的枠組に当てはめようと試みる。そこで語られるのが二人の少女の物語であり、トーニはこの一対の選択肢のどちらかを選ぶよう強いられることになる。ただし「選ぶ」といっても、黒人少女の行為は批判され白人少女の行為は称揚されているため、受け手は「白人化」へと強く誘導される。その意味でこの物語は、中間的存在を否定する植民地的二元論に規定されているのみならず、「混血」の人々に白人への同化を願わせるという権力性も有している。非白人は白人の価値観を自発的に受け容れるだろうとする植民支配に都合のよい物語が、白人の道徳的卓越性を想定することで可能になっているのである。

二元的物語の権力性は、トーニに課されるもう一つの権力関係によってさらに強化される。トーニは一五歳の子供として、家父ホアンゴと母バベカンの命令にも縛られている。バベカンはトーニに白人と性交した場合は死刑だと告げ、居間の扉には「白人をかくまった黒人はすべて死刑に処す」(257f) という禁令が掲げられている。白人と黒人の二元的な世界観は、植民者である白人によって主張されてきたばかりでなく、白人に対する闘争という新たな文脈において黒人の側からも要求される。子供であるトーニは家父と母に生活を依存しているが、グスタフと性交した以上、もはや黒人の世界に戻ることができない。そのことがトーニをますます白人少女の物語へと接近させる。

このようにトーニは、まず女性として、女性の身体の犠牲化を求める物語および娼婦と聖母に女性を二分化する物語を背負う。さらに有色人として白人の道徳的卓越性を称賛する物語を聞かされ、メスティーツェとして中間的あり方を否定する物語を聞かされる。そして子供としては、家父と母に忠実であるべきという物語に縛られているのである。複数の権力が一対の逸話を通して交差的に作用し、トーニを死にいたる自己犠牲へと誘導していく。ここに、作中でトーニが体験しているインターセクショナルな抑圧のあり方が見て取れよう。

4　グスタフとトーニの悲劇

(1) 高貴な野生人

次に、作品の中核をなすグスタフとトーニの悲劇が、作品の外の世界に対してどのように機能し得るかを考えたい。第一に指摘できるのは「白人化」したトーニの美化である。トーニは白人であるグスタフと婚約し、聖母マリアに祈りを捧げ(261)、白人少女の逸話に倣って白人の美徳を実践し、自分は白人であると宣言しさえするようになる。トーニは母であるバベカンに対して次のように言う。

> 「私は裏切ったわけじゃない。私は白人です。あなたが閉じ込めているあの若い方と、婚約している身なのです。あなた方が公然と戦っている相手の種族に、私は属しているのです」(267)

それにもかかわらず、トーニは裏切者と誤解され、グスタフの手で殺されてしまう。不信と錯誤に捕らわれた彼の状況を示すように (Reuß 1988, 40)、この場面でグスタフは突如、アナグラムで転倒させられたアウグストという別名で呼ばれる。

彼〔Gustav/August〕は、怒りのあまり歯ぎしりし、トーニにむけて引き金を引いた。弾は彼女の胸を貫通した。〔……〕彼はピストルを彼女の上に投げつけ、その体を足蹴にして突き放し、彼女を売女と呼び、再びベッドに倒れこんだ。(267)

「ああ」トーニは叫んだ。そしてそれが彼女の最後の言葉だった。「私を疑ってはいけなかったのに!」こうして彼女は息をひきとった〔Und damit hauchte sie ihre schöne Seele aus.〕。(271)

このように誤解され殺されたトーニに対して、読者は当然に同情し共感を寄せることになる。

白人化し「美しい魂」(schöne Seele)を得たトーニは、西洋近代が生み出した「高貴な野生人」(edle Wilde)の系譜に位置付けられる。それは、文明化以前の段階にある(とみなされた)男性ないし女性が、文明人たる白人と同等かそれ以上の美徳を持つというイメージである。「高貴な野生人」が女性の場合は、「聖ドミンゴ島の婚約」のように、白人男性との恋愛も描かれる。たとえば一七世紀以来イギリスで人気を博し、ドイツ語翻案も出版された物語として、インクルとヤリコの悲劇が挙げられる。アメリカ先住民少女のヤリコが白人男性のインクルを難破船から救い、恋仲となって一緒にヨーロッパへ向かうものの、インクルは奴隷市場でヤリコを売ってしまうというストーリーである(Gellert 1746)。ここでは、本来文明人であるべき白人の道徳的退廃が批判される一方で、白人化した有色人の形象を通じて、ヨーロッパ的な道徳的価値があらためて称揚されている(Uerlings 1991, 196)。こうした「高貴な野生人」の物語にはしばしば、堕落した文明人たる白人に加えて、獰猛な「野蛮人」(Barbaren)たる有色人が登場する(Uerlings 1997, 18)。「聖ドミンゴ島の婚約」の場合はその役目を黒人少女、バベカン、ホアンゴが担っている。ヤリコもトーニも、生まれ育った野蛮人の世界と決別し、ヨーロッパ人に自発的に服従し、彼を通じて西洋的価値を身に付けることで高貴化したとみなされるのである。

(2)コロニアル・ラブ・ストーリー

第二に指摘すべきは、植民地支配の暴力性を不可視化する「植民地幻想」である。ザントップは一七世紀以来語られてきたインクルがヤリコを捨てる悲劇が、一七八〇年以降の翻案では例外なくハッピーエンディングに書き換えられ、植民者と被植民者の家庭的調和が演出されるようになったと指摘している(Zantop 1997, 125)。幸福な愛と結婚の物語は、被植民者の入植者に対する自発的服従を演出し、暴力的な侵略と搾取の実態を覆い隠すよう働いた(Gribnitz 2002, 144)。「聖ドミンゴ島の婚約」も、最終的には同様の和解の雰囲気で閉じられる。トーニの殺害とグスタフの自死ののち、グスタフの伯父シュトロームリの一行は無事ヨーロッパに帰還する。作品末尾では、シュトロームリがグスタフとトーニのために作らせた記念碑が描写される。

> 一八〇七年にはまだ、彼［シュトロームリ］の庭の繁みに、彼が甥グスタフと、その婚約者、忠実なるトーニのために建立した記念碑がおかれていた。／おわり（272）

この世で結ばれ得ない二人が死によって結ばれる「愛の死」のモチーフによって、悲劇は和解の雰囲気のなかで終わる。

クライストの「聖ドミンゴ島の婚約」には、友人であるケルナーによる戯曲への翻案『トーニ』がある（Körner 1812）。ケルナーの戯曲ではクライストの小説とは異なり、グスタフはトーニを信じ続け、ホアンゴはトーニに射殺され、勝利した二人は結ばれてヨーロッパへと帰還する。不安に駆られたグスタフの錯誤と自死で終わるクライストの小説は、ケルナーの戯曲のあからさまな白人賛美と結婚による大団円とは、一見対極にあるように思える。しかし、ホアンゴやバベカンのその後は語られないまま、ハイチの地から遠く離れたスイスに舞台が移り、トーニとグスタフの愛を象徴する記念樹の風景で終わる作品の末尾は、クライストの小説もまた結婚による和解の物語であることを示している（Uerlings 1991, 199f）。

植民地における暴力を覆い隠すという点では、文体もまた同様の機能を果たす。グスタフ、バベカン、トーニはフランス語で話したと思われるが、ドイツ語が母語であるグスタフ（「お察しのとおり私はフランス人ではありません」（242））と、クレオール語で話したであろうバベカンとトーニの間には少なからぬ意思疎通の困難があったものと思われる。それにもかかわらず、作品を通じて彼らの会話は滑らかに進み、しかもその台詞は教養市民層のドイツ語で書かれている。ファノンが一九五二年に指摘したような、言葉が人種的・社会的な境界を作り出す植民地支配における会話のリアリティは等閑視される（ファノン 二〇二〇、三九―六三）。

（3）家族規範における婚姻と血縁

トーニとグスタフの悲劇に含まれる権力性として第三に指摘すべきは、ホアンゴが最終的に敗北するというプロットである。このことは単に黒人に対する白人の卓越性の主張として機能するだけではない。より重要なのは、黒人がホアンゴ一家の家庭内の裏切りによって敗北する点である。グスタフが行動をともにしている伯父のシュトロームリの一行は、家父であるシュトロームリと、妻、二人の息子、甥グスタフと奉公人からなる。血縁と婚姻によって結ばれた白人家族に対して、ホアンゴ一家は、家父であるホアンゴと、ホアンゴと二人の黒人女性それぞれの間に生まれた二人の婚外子、婚姻関係にはないムラートのバベカン、白人の実父から認知されず、バベカンが一時期結婚していた黒人の養女となっているトーニからなる。ホアンゴがトーニの裏切りによって窮地に陥るのに対して、シュトロームリ一家は結束して甥を救助する。

一八世紀末から一九世紀前半にドイツ語圏で市民層の規範を基準として男女両極的なジェンダー観が台頭したことは先に述べたが、このことは生殖と家庭をめぐる規範にも当てはまる。上層市民層の家庭が政治・経済の場から切り離され、休息と生殖を目的とした私的領域の性格を強めるにつれ、家族の紐帯原理として血縁と愛情に重きが置かれるようになった（三成 二〇〇五、六八―七二、一七〇―一九六；姫岡 二〇〇八、三四―三六）。ホアンゴの敗北は、白人に対する黒人の敗北を意味すると同時に、血縁と婚姻で結ばれた家族に対するそうではない家族（婚姻関係から生まれた子はおらず、三人の子供はそれぞれ母親が異なり、うち一人は父親も異なる）の敗北を意味している（Kjærgård 2018, 8f.; Kappeler 2019, 17-19）。家族規範における単婚血縁主義と人種主義がここで交差しているのである。

トーニとグスタフの悲劇は、ジェンダー的、人種的、植民支配的、家族規範的な権力性の交差の場となっている。トーニとグスタフの悲劇に同情し、愛の死による和解に慰めを求める読者は、そこに含まれる権力性――白人優越主義、植民地主義、血縁婚姻中心主義といった権力性――を知らず知らず受け入れてしまう。そしてこうした読者を介して、作品外の世界の抑圧状況が追認され、強化され、新たな抑圧が作り出される可能性さえあるといえよう。

おわりに――物語の権力性

「聖ドミンゴ島の婚約」に見て取れるのは、複数の権力関係が交差する物語が、共感による同一化と感情操作による規範化という物語が持つ固有の力によって、インターセクショナルな権力構造を受け手に再演させるプロセスである。地域的・時代的に特殊な複数の言説が重なり合って権力性を帯びた物語が生まれ、そうした一つひとつの物語が作品内で重なり合うことで、さらに複雑な権力の交差関係を持つ物語を作り上げる。トーニが自己犠牲を強いられるのは、彼女を取り巻く交差的な権力関係――ジェンダー的、家父長主義的、人種主義的、植民地主義的な権力関係――が、黒人少女と白人少女の逸話として語られ、受け手であるトーニがその一対の物語を自分の行動の導きにしてしまうからである。同じように「聖ドミンゴ島の婚約」の読者も、グスタフとトーニの悲劇という物語を通して、そこに含まれる白人優越主義、植民地主義、血縁婚姻中心主義を内面化し、抑圧する側か抑圧される側かを問わず、自らのあり方と行動の規範としてしまう可能性がある。物語は交差的な権力状況を描き出すだけでなく、それを作り上げる装置でもある。これを現実の側から見れば、交差的な抑圧状況においては、複数の権力性が組み合わされた様々な物語が社会で広く機能することで当事者の行動が制約されているといえる。そうだとすれば、そうした物語を分析し、複合のパターンに注目することが、変革に向けた連帯のきっかけとなり得よう。

たとえば植民地の女性が置かれた交差的抑圧の状況は、植民地主義とジェンダー的権力関係の交差として捉えられるが、それはしばしば入植者の男性と先住民女性の恋愛物語として語られる。植民地支配が（白人優越的な）人種主義をともなう場合、男性は白人となり女性は有色人となる。植民地支配が奴隷制に支えられている場合は、先住民女性の代わりに奴隷化された女性が登場する。いずれの場合でも、現実においては暴力的に行われる他者の身体の征服が恋愛感情による自発的服従であるかのように描かれることで、構造的暴力が隠蔽される（コロニアル・ラブ・ストーリー）。その際、入植者が属する文化の価値体系が、彼に恋する異文化の女性によって受け入れられ称揚されることも多い（高貴な野生人）。

あるいは、ムラートの場合のように二元的カテゴリーの中間に位置する人物が置かれた交差的抑圧の状況は、しばしばその人物が両極それぞれのカテゴリーに対する忠誠のはざまで葛藤する物語として描かれる。人種的に規定された支配が生じる場では権力状況に応じて――白人と黒人、アーリア人とユダヤ人など――両極が変化し、ジェンダー的な権力構造においては男性と女性の中間領域が取り上げられる。二つ国家に帰属する市民や、異性愛と同性愛の中間的なセクシュアリティのあり方、人間と動物の中間とみなされる怪物の表象など、人種主義的思考以外でも同様のことがいえるだろう。いずれの場合も、本来は境界のない多様な現実を二元的に理解しようとし、その中間とされる人々を両極のどちらかに当てはめようとする思考が前提として存在する。こうした人々の葛藤はしばしば、ナショナリズム、家父長制、恋愛中心主義、血縁家族主義といった他の権力性を帯びた言説と組み合わさる形で、登場人物に対して、家族か恋人か、恋愛か社会的成功か、同胞への忠誠か経済的豊かさか、といった人生の決断を迫る物語として描かれる。中間的存在である登場人物は、葛藤のなかで死を選ぶか、特定のカテゴリーへの同一化を選び、その際しばしば――トーニが自ら「白人化」を望んだように――その選択が自発的なものであるかのように描かれる。

物語の権力性を認識することは、二つの形で変革に向けた連帯に結び付くように思われる。第一は登場人物への共感――たとえば殺されたトーニへの共感――を通じて、作品内で描かれた抑圧のあり方が認識され、それが現実に存在する同様の権力構造の認識に繋がり、変革に向けて人々が連帯する可能性である。作者自身が作品を通じて読者を啓発しようと意図している場合もあるだろうが、登場人物への共感による連帯は、基本的には著者の意図とは無関係に、時代や場所を超えて生じ得るものでもある。そこで重要になるのは著者の意図よりもむしろ、登場人物の置かれた状況を普遍化し、現代の問題へと結び付けるような読み方であろう。この場合、共感の対象は文学作品の登場人物に限られない。同時代の人物や歴史上の人物の苦境が何らかの形――インタビュー、スピーチ、伝記、映画、ソーシャルメディア上の投稿等――で語られ、そのナラティヴを通じて共感が呼び覚まされることで、インターセクショナルな抑圧の形が認識され、変革に向けて人々が連帯することもあり得るだろう。

第二は、受け手である読者が権力性を帯びた物語を再生産し自ら権力構造に加担しないために、作品自体が有している権力性を認識し、そこから距離をとることである。そのためには作品の持つ志向性に逆らって読む必要があり、公共圏における議論と批評が重要になる。とはいえ、権力性を帯びた物語によって従属的役割を与えられる人々にとっては特に、物語の磁場から逃れ出るのは容易なことではない。それらの物語を範としたアイデンティティ形成が強いられてきたというだけではない。そうした物語は権力者の欲望に沿って作られており、権力者が法・政治制度と暴力装置を通じてその欲望を部分的に実現することで、物語に信憑性が生じ、それがさらに現実に存在する権力構造を強化するためである。

こうした権力性を持った物語に抗う方法の一つに「ミミクリ」が挙げられる。バーバは植民地支配において、支配者によって作られた支配に都合の良い言説を、被支配者が自ら実践してしまうことを「ミミクリ」と呼んだ。被支配者は支配者の言説の模倣を通じて、支配者にとって理解可能で容易に支配できる他者となり、植民地支配に適合した主体となる。しかしそこには模倣によって矯正しきれない現実の主体との差異が生じる。バーバは一九九四年の著作で、この差異に権威の攪乱可能性を見出している。「ステレオタイプ化された〈他者〉は、植民者のとてつもない幻想（普通の意味での）に進んで応じることによって、支配の立場につきものの「幻想」（欲望ないし防御としての）の正体を多少とも暴いて見せる」（バーバ　二〇一二、一四三）からである。

「聖ドミンゴ島の婚約」においては、そうした攪乱が無名の黒人少女とバベカンによって意識的に実践される（Heckner 2001）。しかもここではイデオロギー暴露以上のことが行われている。被植民者が植民者に擬態することは、関係性を転覆させる武器にさえなる。黒人少女は、致死性の感染症に罹患していることを隠しつつ、かつての主人に身を任せるが、白人の農園主の側では黒人少女の目論見を見破ることができない。彼は白人の道徳的美的優越性という言説に囚われており、黒人女性が白人男性に進んで身を任せるのは当然だという幻想を信じているからである。黒人少女は、白人入植者が望む物語に沿って振舞うことで彼を油断させる。バベカンもまた、グスタフを油断させるため、白人植民男性が語ろうとする権力性を帯びた物語を逆手にとり、へつらいによって信頼を得る。「昼になるとこの顔にほのかな光がさすからといって、私にどうしようがありましょう。そして、ヨーロッパで授かり生まれた私の娘の、その顔にかの地の眩しい光が照り輝いているとしても、娘にはどうしようもないのです」（243）とバベカンが、白人とヨーロッパの優越性を光の比喩でほのめかすとき、その言葉は罠として機能する。

たしかに、グスタフを含めたシュトロームリ家を陥れようとしたバベカンの狡知は、トーニの白人化によって失敗に終わった。しかしバベカンと黒人少女の行為は、権力性を帯びた物語がどのように解体され得るかについて、有効な視座を与える。法的・政治的・社会的・文化的な差別が、個々人がそれを「物語」として内面化し再演することで実現し継続し強化されていくとすれば、そうした物語と現実との間にある懸隔が、そしてその狭間に生まれる痛みと屈辱こそが、抑圧的な構造を変化させるための推進力を生み出すのである。

（1）「人種」「黒人」「混血」「ムラート」「奴隷」等の人種主義と奴隷制に関わる用語について、本稿では差別的概念を実体化しないよう留意しつつ、読みやすさの為に原則として鍵括弧なしで用いる。

（2）クライストは一八〇七年にスイスとの国境に程近いフランスのジュー要塞に約一か月間収容されていたが、この要塞は、ハイチ革命で黒人軍を勝利に導きいったんはナポレオンから将軍に任命されながら、後にフランスに連行されたトゥサン・ルヴェルチュールが、一八〇三年に獄死した場所でもあった（Kleist 1807）。

（3）当時、スイス（ヘルヴェティア共和国、一七九八―一八〇三）はフランスの勢力下にあり、蜂起鎮圧に向ったフランス軍を増援するため、一八〇三年、六二七名からなるヘルヴェティア第三半旅団第一大隊がサン＝ドマングに派遣された（Büttner 2013, 120f）。

（4）黄熱病は蚊が媒介するが、ここでは人から直接感染するように描かれている。

参考文献

〈「聖ドミンゴ島の婚約」底本〉

Kleist, Heinrich von. 1811. „Die Verlobung." *Der Freimüthige, oder Berlinische Zeitung für gebildete, unbefangene Leser*, Nr. 60-68. 25. März-5. April. Berlin: Sander. ※初出時タイトルは「婚約」だが、本稿では同年に短編集に所収された際のタイトル「聖ドミンゴ島の婚約」を用いる。

〈同時代文献〉

カント、イマヌエル（二〇〇〇）「人種の概念の規定」望月俊孝訳、『カント全集 一四 歴史哲学論集』岩波書店、六七―九二頁。

カント、イマヌエル（二〇〇一）「さまざまな人種について」福田喜一郎訳、『カント全集 三 前批判期論集Ⅲ』岩波書店、三九四―四一五頁。

フィヒテ、ヨハン・ゴットリープ（一九九五）『フィヒテ全集 第六巻 自然法論』藤沢賢一郎・杉田孝夫・渡部壮一訳、哲書房。

フンボルト、ヴィルヘルム・フォン（二〇一三）「性差およびその有機的自然に及ぼす影響について」杉田孝夫・菅野健訳、『ジェンダー研究』一六号、七五―九二頁。

フンボルト、ヴィルヘルム・フォン（二〇一四）「男性の形式と女性の形式について」杉田孝夫・菅野健訳、『ジェンダー研究』一七号、一二九―一五二頁。

Archenholz, J. W. v. (Hg.). 1811. *Minerva. Ein Journal historischen und politischen Inhalts. Zweyter Band für das Jahr 1811. April, Mai, Juni.* Leipzig: Bran.

Blumenbach, Johann F. 1798. *Ueber die natürlichen Verschiedenheiten im Menschengeschlechte. Nach der dritten Ausgabe und den Erinnerungen des Verfassers übersetzt, und mit einigen Zusätzen und erläuternden Anmerkungen*, herausgegeben von Gruber, Johann Gottfried. Leipzig: Breitkopf und Härtel.

Gellert, Christian Fürchtegott. [1746] 1792. „Inkle und Yariko." In *Poetische Schriften von Christian Fürchtegott Gellert. I. Theil*. 31-40. Wien: F. A. Schraembl.

Kleist, Heinrich von. [1807] 1997. Brief an Ulrike von Kleist, 23. April 1807. In *Heinrich von Kleist Sämtliche Werke und Briefe in vier Bänden. Band 4. Briefe von und an Heinrich von Kleist 1793-1811*, herausgegeben von Müller-Salget, Klaus und Ormanns, Stefan. 373-375. Frankfurt am Main: Deutscher Klassiker Verlag.

Körner, Theodor. [1812] 1834. „Toni." In *Theodor Körners sämmtliche Werke. Einzig rechtmäßige Gesammt-Ausgabe in einem Bande*, herausgegeben von Streckfuß, Karl. 99-113. Berlin: Nicolai'sche Buchhandlung / Wien: Gerold.

Meiners, Christoph. 1790. „Ueber die Natur der afrikanischen Neger und die davon abhängende Befreyung, oder Einschränkung der Schwarzen." In *Göttingisches Historisches Magazin. Sechster Band*, herausgegeben von Meiners, C. und Spittler, L. T. 387-456. Hannover: Gebrüder.

Meiners, Christoph. 1790. „Von den Varietäten und Abarten der Neger." In *Göttingisches Historisches Magazin. Sechster Band*. 625-645.

Meiners, Christoph. 1791. „Ueber die Ausartung des Europäers in fremden Erdtheilen" und „Zusatz zu der vorhergehenden Abhandlung." In *Göttingisches Historisches Magazin. Achter Band*, herausgegeben von Meiners, C. und Spittler, L. T. 209-268, 268-274. Hannover: Gebrüder.

Mellin, G. S. A. 1801. *Encyclopädisches Wörterbuch der kritischen Philosophie oder Versuch einer faßlichen und vollständigen Erklärung der in Kants kritischen und dogmatischen Schriften enthaltenen Begriffe und Sätze. Vierter Band*. Jena / Leipzig: Frommann.

Wünsch, Christian Ernst. 1796. *Unterhaltungen über den Menschen. Erster Theil: Über die Kultur und äußerliche Bildung desselben, zweite Auflage*. Leipzig: Breitkopf.

Zimmermann, E. A. W. von. 1803. *Taschenbuch der Reisen oder unterhaltende Darstellung der Entdeckungen des 18ten Jahrhunderts, in Rücksicht der Länder-, Menschen- und Productenkunde. Zweiter Jahrgang für das Jahr 1803*. Leipzig: Gerhard Fleischer d. Jüng.

［Unbekannt］. 1815. „Geschlecht." In *Conversations-Lexicon oder encyclopädisches Handwörterbuch für die gebildete Stände. Vierter Band. Dritte Auflage des ersten bis vierten Bandes*. 206-208. Leipzig / Altenburg: Brockhaus.

〈二次文献〉

コリンズ、パトリシア・ヒル、ビルゲ、スルマ（二〇二一）『インターセクショナリティ』下地ローレンス吉孝監訳、小原理乃訳、人文書院。

バーバ、ホミ（二〇一二）『文化の場所――ポストコロニアリズムの位相〔新装版〕』本橋哲也・正木恒夫・外岡尚美・阪元留美訳、法政大学出版局。

浜忠雄（二〇〇三）『カリブからの問い――ハイチ革命と近代世界』岩波書店。

浜忠雄（一九九八）『ハイチ革命とフランス革命』北海道大学出版会。

姫岡とし子（二〇〇八）『ヨーロッパの家族史』山川出版社。

ファノン、フランツ（二〇二〇）『黒い皮膚・白い仮面〔新装版〕』海老坂武・加藤晴久訳、みすず書房。

三成美保（二〇〇五）『ジェンダーの法史学――近代ドイツの家族とセクシュアリティ』勁草書房。

向山恭一（二〇〇八）「『差異の政治』再考――帝国的リベラリズムを超えて」慶應義塾大学法学部編『慶應の政治学政治思想――慶應義塾創立一五〇年記念法学部論文集』慶応義塾大学出版会、一四五–一六一頁。

弓削尚子（二〇〇八）「ドイツ啓蒙期以降の『人種』概念の系譜」『人文論集』四七号、一〇九–一三三頁。

若桑みどり（二〇一二）『イメージの歴史』筑摩書房。

Angress［Klüger］, Ruth. 1977. "Kleist's Treatment of Imperialism. *Die Hermannschlacht* and *Die Verlobung in St. Domingo*." In *Monatshefte* 69: 17-33.

Bay, Hansjörg. 2005. „Germanistik und (Post-) Kolonialismus. Zur Diskussion um Kleists *Verlobung in St. Domingo*." In *Kolonialismus und Deutsche Literatur*, herausgegeben von Dunker, Axel. 69-96. Bielefeld: Aisthesis.

Blänkner, Reinhard. 2013. „Heinrich von Kleists Novelle *Die Verlobung in St. Domingo*. Literatur und Politik im globalen Kontext um 1800. Einführung." In *Heinrich von Kleists Novelle Die Verlobung in St. Domingo: Literatur und Politik im globalen Kontext um 1800*, herausgegeben von Blänkner. 9-20. Würzburg: Königshausen & Neumann.

Büttner, Birthe Kristina. 2013. „Die Entdeckung Saint-Domingues in der Schweiz. Einflüsse von Kleists Zeit in der Schweiz auf *Die Verlobung in St. Domingo*." In *Heinrich von Kleists Novelle Die Verlobung in St. Domingo*, herausgegeben von Blänkner. 107-139.

Crenshaw, Kimberlé. 1989. "Demarginalizing the Intersection of Race and Sex: A Black Feminist Critique of Antidiscrimination Doctrine, Feminist Theory and Antiracist Politics." *University of Chicago Legal Forum* 1989, iss. 1, article 8: 139-67.

Daut, Marlene. 2015. *Tropics of Haiti. Race and the Literary History of the Haitian Revolution in the Atlantic World, 1789-1865*. Liverpool: Liverpool University Press.

Fischer, Bernd. 1988. „Zur politischen Dimension der Ethik in Kleists Die Verlobung in St. Domingo." In *Heinrich von Kleist: Studien zu Werk und Wirkung*, herausgegeben von Grathoff, Dirk. 248-262. Opladen: Westdeutscher Verlag.

Gribnitz, Barbara. 2002. *Schwarzes Mädchen, weißer Fremder: Studien zur Konstruktion von ‚Rasse' und Geschlecht in Heinrich von Kleists Erzählung Die Verlobung in St. Domingo*. Würzburg: Königshausen & Neumann.

Hausen, Karin. 1976. „Die Polarisierung der „Geschlechtscharaktere" -Eine Spiegelung der Dissoziation von Erwerbs-und Familienleben." In *Sozialgeschichte der Familie in der Neuzeit Europas*, herausgegeben von Conze, Werner. 363-393. Stuttgart: Klett.

Heckner, Elke. 2001. „Zur Ambivalenz kolonialer Mimikry in Kleists *Verlobung in St. Domingo*." In *Kleist-Jahrbuch* 2001: 226-244.

Horn, Peter. 1975. „Hatte Kleist Rassenvorteile? Eine kritische Auseinandersetzung mit der Literatur zur *Verlobung in St. Domingo*." In *Monatshefte* 67: 117-128

Kappeler, Florian. 2019. „Revolution der Verwandtschaft. Beziehungsweisen in Heinrich von Kleists *Die Verlobung in St. Domingo*." In *Gender. Zeitschrift für Geschlecht, Kultur und Gesellschaft* 2: 11-25.

Kjærgård, Jonas Ross. 2018. "Kleist and Haiti: The Haitian Revolution in Heinrich von Kleist's *Die Verlobung in St. Domingo*." In *Karib-Nordic Journal for Caribbean Studies* 4 (1), Art. 10: 1-12.

Reuß, Roland. 1988. „*Die Verlobung in St. Domingo*-eine Einführung in Kleists Erzählen." In *Berliner Kleist-Blätter* 1: 3-45.

Schüller, Karin. 1992. *Die deutsche Rezeption haitianischer Geschichte*. Köln / Weimar / Wien: Böhlau.

Uerlings, Herbert. 1991. „Preußen in Haiti?" In *Kleist-Jahrbuch* 1991: 185-201.

Uerlings, Herbert. 1997. *Poetiken der Interkulturalität. Haiti bei Kleist, Seghers, Müller, Buch und Fichte*. Tübingen: De Gruyter.

Weigel, Sigrid. 1991. „Der Körper am Kreuzpunkt von Liebesgeschichte und Rassendiskurs in Heinrich von Kleists Erzählung *Die Verlobung in St. Domingo*." In *Kleist-Jahrbuch* 1991: 202-217.

Zantop, Susanne. 1997. *Colonial Fantasies. Conquest, Family, and Nation in Precolonial Germany, 1770-1870*. Durham / London: Duke University Press.

＊本稿は日本学術振興会科研費（19K13138）の助成による成果の一部である。

2　二〇〇年前の「交差点」と「地下室」

——『フランケンシュタイン』とインターセクショナリティ

アルヴィ宮本なほ子

（アルヴィ　みやもと　なほこ）東京大学大学院総合文化研究科教授
専門はイギリス文学、ロマン主義
著書に *Strange Truths in Undiscovered Lands: Shelley's Poetic Development and Romantic Geography* (University of Toronto Press)、編訳書に『対訳シェリー詩集』（岩波文庫）などがある

はじめに

「インターセクショナリティ」（交差性）とは、一九八九年、キンバリー・クレンショーが「人種と性を周縁化しないこと」という法学の論文で「黒人女性が従属させられている特殊な状況」を説明し、是正するために提唱した概念である。クレンショーは、男性／女性、白人／黒人という二分法では零れ落ちてしまう、黒人かつ女性であるという黒人女性が陥っている二重の差別構造を可視化するだけでなく、その二つが単に「和」ではなく、累乗的な「二重差別-複合効果」を生み出していることを示した（Crenshaw 1989, 149）。その後、ブラック・フェミニズムの中から生まれた「インターセクショナリティ」は、人種、階級、ジェンダーなどのカテゴリーが様々に複合的に絡み合った差別構造を分析する重要な学術用語として広く使われるようになった（*OED* 3rd ed. June 2015）。

最近では、パトリシア・コリンズとスルマ・ビルゲが「インターセクショナリティ」を「概念」、「カテゴリー」であると同時に、「分析ツール」であると提唱している（コリンズ&ビルゲ 二〇二一、一六）。日本では『現代思想』二〇二二年五月号の「インターセクショナリティ——複雑な〈生〉の現実をとらえる思想」の特集で、様々な分野の研究者がインターセクショナリティの歴史的経緯、現代での実践の方法を論じている。法学の領域での研究であるクレンショーの論文で提示された「インターセクショナリティ」は、レイシズムの現実の分析ツールとして応用され大きな成果を挙げつつあるが、では、インターセクショナリティという概念がまだ提案されていなかった時代、あるいは分析の対象としてあまり選ばれない学問領域で、この概念を分析に使うことができるだろうか。

米国現代語学文学協会（Modern Language Association＝MLA）による文学・理論・言語学・演劇などの人文学のかなりの領域をカバーする書誌MLA International Bibliographyで“intersectionality”を検索すると四五三件ヒットする。約四千件の“hybridity”に比べると非常に少ないが、これに“the romantic period”を加えると、アメリカのキーツ・シェリー協会の学術誌の二〇一九年の特集「五十の声」の中の一件のみになる（二〇二三年十月二十六日現在）。「五十の声」は、「ロマン主義文学の過去、現在、未来」を考え続けるために「人種差別主義反対」の声を届けるという企画である（Mulrooney, 2019, 7-8）。その「声」の一つで、アーティセデ・マコンネンは、オセロを「彼」ではなく「あれ（thing）」と書いたチャールズ・ラムを例に、「あれ」を周縁化せず、「詩、小説、書簡に埋め込まれた人種と人種主義を深く、インターセクショナリティ的に読み込むべき」と主張している（Makonnen 2019, 140）。

クレンショーが「インターセクショナリティ」の概念を発表する約二世紀前のイギリス・ロマン主義の時代のヨーロッパとその海外植民地では、フランス革命とそれに続くナポレオン戦争によって大きな政治的変動がもたらされ、人間の平等のために様々な政治的運動が展開されていた。本章は、この時代を生きたメアリ・シェリーが、この激動の時代を作品の時間として設定している『フランケンシュタイン、あるいは現代のプロメテウス』（*Frankenstein, or The Modern Prometheus*, 1818; Rev. 3rd ed. 1831）をインターセクショナリティの概念を用いて読み解く試みである。『フランケンシュタイン』は、禁断の生命創造に挑んだ若き科学者と人造の生命体の葛藤の物語として今日まで多くの読者を魅了してきたが、コロニアリズム、レイシズム、ジェンダーの問題を複合的に取り上げた先駆的な作品でもある。メアリ・シェリーは、時代にはるかに先駆けて、人間（あるいはヨーロッパ人）とみなされないものの権利や擁護についても「怪物」呼ばわりされた（人造）人間の告白と言う形でかなりの紙幅を割いている。

フェミニズム的なアプローチで『フランケンシュタイン』を解釈する場合、研究の対象となるのは、主要な男性の登場人物――「現代のプロメテウス」である（女性を介さないで）生命を創造した若き科学者フランケンシュタインと死体を寄せ集めて彼が造った男性の被造物――である。『フランケンシュタイン』と人種問題を扱った研究書も枚挙にいとまがないが、この場合も、「怪物」である被造物（男性）に焦点が当たる。ヨーロッパ人の男性で代表される「人間」という枠に入らない「怪物」が注目される一方、フェミニズム的なアプローチと人種問題を中心にしたアプローチのあいだで、女性の登場人物は零れ落ちてしまうのではないか。本論では、このような登場人物たちを周縁に押しやってしまう複合的に絡み合った問題を検討したい。

1 クレンショーの比喩と『フランケンシュタイン』

クレンショーがアメリカの黒人女性の複合的な差別の状況を

説明するために法学領域で用いた概念をそのまま『フランケンシュタイン』に用いることは難しい。そこで、クレンショーが「インターセクショナリティ」をわかりやすく可視化するために用いた二つの比喩、四方から車が走ってくる「交差点」と「地下室」と同様の役割を一八世紀末ごろのヨーロッパで持っていたものを手掛かりに考察する（Crenshaw 1989, 149, 151）。まだ自動車が発明されていない時代には、「交差点」に立つ歩行者にとって危険な車は、歩行者を無視して走る馬車や騎乗者、街道に出没する強盗などに置き換えられるだろう。ただし、「交差点」で別々の方向から来る複数の車に轢かれる歩行者のイメージは、クレンショーの「議論の非常に重要な部分をわかりにくくする可能性があるように思える」（清水二〇二一、一五五）ので、本論では、「交差点」よりも「地下室」の比喩により重心をかける[1]。クレンショーは、「地下室」の階層や上の階まで含めた建物の所有者については述べていないが、地下と地上にいくつかの階を持つような家屋の所有者は支配階級（白人）である。『フランケンシュタイン』の分析に際して、「地下室」を本来は人の居住空間ではない部屋と広くとらえ、「納屋」、「家畜小屋」なども考察の対象とする。

入れ子式の物語構造を取る『フランケンシュタイン』の一番外枠は、北極航路を開拓する野望に燃えたイギリス人船長ロバート・ウォルトンが船上からイギリスの姉に書き送った四通の手紙である。四通目の手紙で、北海で氷山に閉じ込められそうになっていたウォルトンは、「数頭の犬が引く橇」を半マイルの距離から目撃したことを報告している。

> 人間の形をしていましたが、体格が巨大すぎる何かが橇に座って犬を操っていました。望遠鏡で旅人が猛進していくのを観察しましたが、ついには遠方の峨々たる氷の間に消えていきました。（MWS 2018, 13）[2]。

その翌朝、ウォルトンは、船のそばまで流れてきた大きな氷の上にいる人物を救出した。その人物は、「もう一人の旅人がそう見えたような、未開の島の野蛮な住人ではなく、ヨーロッパ人でした」（MWS 2018, 14）。

助けられたヨーロッパ人が運び込まれる船の「船室（cabin）」は、上級船員用の部屋、あるいは客室である（MWS 2018, 14）。クレンショーの比喩との類比を使えば、このヨーロッパ人男性は、建物（船）のかなり上の階の部屋を与えられている。この救難者がウォルトンに語った自分のこれまでの人生の物語をウォルトンが手記にまとめたものが、三巻本の『フランケンシュタイン』の第一巻から第三巻最終章の半ばまでを占め、この作品の中心となり、最終章の残りの部分は、この救難者の死後に起きた出来事についてウォルトンが姉にあてた報告となっている。第一巻以降、一人称で自分の生い立ちを語るヨーロッパ人は、この小説のタイトルとなっているフランケンシュタインその人である。彼は、様々な死体の部分をつなげて巨大な人造人間を創造したが、その生命体の醜さに驚愕し、名前さえつけずに自分が造った「彼」を遺棄してしまう。[3]「彼」はたぐいまれな知能と優しい心、素晴らしい身体能力に恵まれていたが、その醜い外見のために、フランケンシュタインをはじめとして、出会う人々（ヨーロッパ人）に、「怪物」として忌避され、攻撃され続ける。

人工的に創造された名前のない「彼」の「怪物」的な表象は、フェミニズム批評、ジェンダー批評も含めて、様々な批評理論で分析されている。[4]一九世紀の奴隷解放運動の言説の中では、奴隷化された状況に抗う黒人の表象とみなされてきた（Malchow 1996, 9–40）。「怪物」は男性であるが、幾つもの複雑に交差した差別状況の渦中にいる。女性の登場人物を分析する前に、クレンショーの二つの比喩を使って男性の「怪物」を検討してみると、「彼」は「交差点」に立つことも、「地下室」に入ることもできないことが明らかになる。「彼」は、ジュネーヴの名家に生まれたヴィクター・フランケンシュタインがインゴルシュタットに留学したときの下宿の「家の最上階」に設置された実験室で「新しい種」として創造されるが、創造主に見捨てられ、最上階から階下へ、家から森の中へと追いやられる（MWS 2018, 34, 35）。「彼」は、「ヨーロッパ人ではない」巨大な体軀と醜い容貌のために迫害され続け、一人孤独に人目を避けて野宿しながら常に移動せねばならない。常に人間からの攻撃に備えねばならないので、人目につく街道を行くことも、「交差点」で立ち止まることもおそらくできない。「彼」は風雨をしのぐ「隠れ家」や「避難所」でしかない仮の「住居」で人目を忍び（MWS 2018, 71, 75）、人間の住む家に迎え入れられることはない。最終的には、生命のいない北極を犬橇で逃亡している。「彼」が人造人間であることを知るのは、作品の中では、本人に加えて、「彼」を創造したフランケンシュタインと彼の話を聞いたウォルトンだけであるが、（ヨーロッパ）人でないことと、同じ種族が自分だけという究極のマイノリティであることが生みだす幾多もの差別が「彼」の苦しみの強度を累乗的に上げている。

2　キリスト教徒のアラビア人

クレンショーの二つの比喩は、フランケンシュタインに創造された「怪物」だけでなく、『フランケンシュタイン』の主要登場人物のうち、ヨーロッパ人ではない人物にも有効である。この作品では、人為的に創造された「怪物」と対照的な存在として、二名の「ヨーロッパ人ではない」女性が短いながらも登場する。一人目は、第二巻を構成する「怪物」の自伝的な語りの中に登場するキリスト教徒のアラビア人女性である。「怪物」は、モンブランでフランケンシュタインと再会し、フランケンシュタインの目を自分の手で覆って醜い姿を見えないようにして、捨てられてから現在までの自分の話を聞いてもらう。放浪中にある村にたどり着いた「怪物」は、家に入ろうとして村人たちから攻撃され、人里離れたところの小さな農家の裏手に「納屋」を見つけ、その「犬小屋のようなあばら屋」を隠れ家とした（MWS 2018, 76）。母屋には盲目の老いた父親とその息子フェリックスと娘のアガサの三人のフランス人家族が住んでおり、「彼」はその家族のために人知れず薪を運んだり雪かきをしながら彼らを見守ることにする。ある日、この家族に訪問者が現れる。「それは馬に乗った婦人で、土地の者が案内人として付き添っていました。その婦人は、黒の上下を身にまとい、厚い黒のヴェールをすっぽりかぶっていました」(MWS 2018, 84)。厚い黒いヴェールを被った黒衣の女性は、「大きな外套」を纏った黒髪の巨大な「彼」同様、ドイツの田舎には異質の存在であるが、ヴェールの下から現れたのは、「奇妙な結い方」をした「輝くカラスの濡羽色」の髪と「暗い色」の目を引き立てる「驚く程白」い肌を持つ美しい顔であった(MWS 2018, 84)。「怪物」は、彼女が「私の美しいアラビアの人」と呼びかけるフェリックスのことばを理解しないことをその反応で知り、フェリックスが彼女を家の中に招き入れ、ド・レイシー家の父が、彼女を抱きしめるのを目撃する(MWS 2018, 84)。「怪物」は、「サフィー」という名のこの訪問者の話を以下のように纏めている。

> サフィーの話では、母親はキリスト教徒のアラビア人で、トルコ人に捕まり、奴隷にされました。しかし、その美しさのためサフィーの父に推薦され、彼の心を勝ち取り、彼と結婚しました。若い娘は、熱烈な言葉で母を褒め称えました。母は、自由の身に生まれ、奴隷の身分を軽蔑し、自分が堕ちてしまった囲われの身に抗っていました。娘に自分の宗教の教義を教え、マホメットに従う女性たちには許されないのですが、知性のより優れた力、精神の独立性を希求するように教えました。この貴婦人は亡くなりましたが、その教えはサフィーの精神に消しがたく刻印され、再びアジアに戻り、ハーレムの壁の中に囲われ、子供じみた娯楽のみ許されるという将来を考えると気分が悪くなりました。そのような将来は、今や壮大な思想と美徳を求めて気高く競うことになれた彼女の魂の気質には合わないのでした。キリスト教徒と結婚し女性が社会で地位を得ることが許される国にとどまる見通しは、彼女にとって魅力的でした。(MWS 2018, 90)

トルコ人に捕まり奴隷にされたキリスト教徒のアラビア人というサフィーの母の来歴は、「自由の身に生まれ」た彼女が北アフリカのバーバリー沿岸で海賊船に襲われるなどの災難に遭い、奴隷市場に出されたことを示唆する。奴隷商人は美しい彼女を高い値を払えるだけの財力があるトルコ人の商人に売り、彼女はその美しさで主人の心を「勝ち取る」ことができ、ハーレムの「奴隷」の身分から妻の座へとのぼった[5]。いわば、「地下室」から安楽な暮らしのできる最上階へと、その美しさ故に引き上げられたと言える。

『フランケンシュタイン』では、女性は、肌の色に関係なく「結婚」によって惨めな「地下室」のような境遇から物質的安定を得られる境遇へと上昇する。キャロライン・ボーフォールは、零落した父が死に天涯孤独になったまさにそのときにフランケンシュタインの父アルフォンソに探し出されて妻となった。一八一八年の初版ではヴィクター・フランケンシュタインと兄妹同様に育てられた従妹のエリザベス・ラヴェンツァは、アルフォンソの亡くなった妹の娘であり、父親が再婚の邪魔になるエリザベスをフランケンシュタイン家に送り返した。アルフォンソの妻となったキャロラインが臨終の間際に長男のヴィクターとエリザベスの結婚を望んだので、エリザベスはフランケンシュタイン家の次代の当主の妻となることが確定している。これらのヨーロッパ人の女性たちと「キリスト教徒のアラビア人」のサフィーの母の違いは、後者が（自由も権利も制限されている）囲われた妻の座をよしとせず、自由と自立の精神を胸に抱いている点である。

メアリ・シェリーは、一七九〇年代初頭に母であるメアリ・ウルストンクラフトが論じていた人間の権利や女性の権利についての思想を、ヨーロッパ人の女性ではなく、オスマントルコ帝国の商人に「奴隷」として売られたアラビア人女性（キリスト教徒）とその娘に受け継がせている。この母娘二代の女性の権利と平等の獲得への道程は、一七九〇年代、ウルストンクラフトの思想をより大衆的なレベルで広めたハンナ・カウリーの「トルコでの一日、あるいはロシア人の奴隷たち」の主人公ポーリーナが一日で全てを成し遂げるのと著しい対照をなす。一七九一年一二月からコヴェントガーデンで上演されたカウリーの作品では、フランス革命と露土戦争を背景に、オスマントルコ帝国軍の兵士に拉致されたのちトルコのパシャであるイブラヒムに売られ、奴隷化されるロシア人たちの一日が描かれる。ヨーロッパで激しく議論されていた自由と権利の問題は、舞台をトルコに移し結婚という形で解決する。「性格が良い」ことを理由に購入されたギリシア正教徒の貧しいロシア人ポーリーナは、パシャの妻の座を得ると、「これから私はすごい貴婦人になるのよ」と宣言し、隷属化されたロシア人捕虜たちを解放することをパシャに願って実現させる（Cowley 1792, 34, 82）。カウリーは、ポーリーナが手にする「富と名誉」はトルコの後宮でしか実現しないという痛烈な批判を結末で示すと同時に、「すごい貴婦人なる」ポーリーナが、自分が手にする「富と名誉」を人々のために使うであろう未来への希望も示唆している。ポーリーナは「地下室」から上の階へ行くだけでなく、「地下室」の人々を引き上げるのである。

一九世紀前半のロマン派第二世代のメアリ・シェリーは、女性の権利と平等の獲得の場所をオスマントルコ帝国の後宮からヨーロッパに移し、その獲得を求める女性を自由の身を失ったアラビア人のキリスト教徒の女性とし、オスマントルコ帝国のパシャではなく、「長年パリに住んでいた」国際的な貿易に携わる「トルコ人の商人」の妻とする（MWS 2018, 88）。夫に隷属しながらもキリスト教と自由の精神を失わない彼女の思想は、彼女の死後も娘に受け継がれ、娘はヨーロッパに単身渡ってくる。この母娘二代の物語は、女性を排除した科学者の父＝創造主と息子になれなかった「怪物」の物語という主のプロットと対照的な小さいが重要なエピソードとして「怪物」が語る物語の中に挿入されている。「自由の身に生まれ」た母が娘サフィーに施した教育は、パリにいる回教徒の父の不在中に行われているが、サフィーは、父のいるヨーロッパに到着した後、現実世界ではイギリス人女性たちがまだ手に入れていない男性との平等と権利を手に入れることができるだろうか。

3　女性の大旅行《グランド・ツアー》と声の簒奪

メアリ・シェリーは、サフィーの望む「キリスト教徒と結婚し、社会の中で女性が地位を得ることが許される国にとどまる」希望の実現を非常に困難なものにしている。『フランケンシュタイン』の舞台設定は、ウォルトンの手紙の不鮮明な日付を手掛かりとすれば、おそらく一七九〇年代後半のヨーロッパである。その時代にはまだ普通の「女性が社会で地位を得ることが許される国」はない。サフィーの希望は、大商人である父の後継者になることではないし、父の後援もあてにできない。回教徒の父はフランス政府にとって問題のある人物とされ、サフィーがコンスタンティノープルから到着したその日に投獄され、死刑判決を受けるのである（MWS 2018, 89）。

サフィーの父の「宗教と富」が不当な投獄を招いたという世論が高まる中、パリの名家ド・レイシー家の長男であるフェリックスは、「回教徒」を助ける決意をし、秘かに監獄のトルコ人に会いに行く（MWS 2018, 88-89）。「トルコ人」はフェリックスに「褒美と富を約束」し、フェリックスは断るのだが、サフィーを見ると「自分の骨折りと身の危険に十分報いるであろう財宝をこの虜囚は持っていると思わず考えずにはおられなかったのです」（MWS 2018, 89）。回教徒のトルコ人商人もキリスト教徒のフランス人フェリックスも、未婚の娘を父から夫へ結婚という形で譲渡される財産とみなしている。この考え方は、当時は一般的なもので、一八一四年十月三日、パーシィ・ビッシュ・シェリーは、後に駆け落ちすることになるメアリ・ゴドウィン[6]と会ったのち、友人のホッグに「この計り知れないお宝を所有したい」と書き送っている（PBS 1964, vol. 1. 403）。

死刑執行の前日にフェリックスの手引きでサフィーとともにイタリアへ脱出したトルコ人商人は、改めてフェリックスに「約束」を提示し、フェリックスは「そのことが実現するのを期待」した（MWS 2018, 89-90）。しかし、フランス政府がフェリックスの家族を投獄したため、フェリックスは急遽パリに戻り、三人は裁判の結果、財産没収の上、国外追放となる。ド・レイシー一家がドイツのインゴルシュタット近郊で落魄の身となると、サフィーの父は、フェリックスを見捨て、フランス政府に逮捕されないように一人だけ先に出国し、「腹心の召使」に二種類の財産——パリから輸送中の財産とサフィー——を託し、イスタンブールまで安全に運ばせようとした（MWS 2018, 91-92）。

一人残ったサフィーは、父の書類からフィリックスたちの居所を知り、「自分のものである宝石と少額のお金を持って、トルコの共通語を理解するリヴォルノ生まれの従者を連れてイタリアを離れ」た（MWS 2018, 92）。未婚のサフィーはここで大きな決断――トルコに戻らないことと父親の財産を受け継がないこと――をしている。この決断は、女性が父から夫へと譲渡される「財産」であることを拒否し、また父や夫の財力や政治力を後ろ盾にして権力の階段をのぼることを拒否することを意味する。サフィーは、トルコに戻れば安楽な生活を保証されるかもしれない。しかし、ヨーロッパにとどまる場合、サフィーは保護者のいない未婚の外国人女性であり、結婚するつもりであるフェリックスは、当時流行の東洋を舞台にしたロマンス――白人男性が有色の男性から有色の美しい女性を救う――のヒーローとは異なり、故国を失った無力な難民である。それでもヨーロッパにとどまる決意をしたサフィーのトルコからフランス、イタリア、ドイツへの大旅行《グランド・ツアー》は、女性の自立への旅となるだろうか。

国境を越えて移動する『フランケンシュタイン』の主要登場人物たちは、大きく二つのグループに分けられる。一つ目は、名門の跡取りで潤沢な資金を持つ若い男性たち、ジュネーヴの名家の長男のヴィクター・フランケンシュタイン、裕福な商人の跡取り息子でヴィクターの親友のヘンリー・クラーバル、叔父の遺産を受け継ぎ北極探検に乗り出すロバート・ウォルトンである。二つ目は、逃亡する貧しいものたち、ヨーロッパ人に迫害される「怪物」、フランス政府に訴追され、名家でありながら、全てを失い国外追放になったフェリックスとその家族である。サフィーは、どちらにも属さないし、「家庭的な従順さ」を特徴として家に縛りつけられるフランケンシュタイン家の女性たちとも対照的である（Jacobus 1982, 132）。

文化や言葉が異なる国への大移動の準備の点で、サフィーは、第一のグループの若いヨーロッパ人男性たちとは大きく異なる。フランケンシュタインは、留学や見聞を広める外国旅行《グランド・ツアー》をするための教育を十分に受けている。彼は理科系の学問に加えて、「ラテン語にはすでに親しんでいて、辞書なしでギリシア語の著作も簡単なものは読めるようになっていました。英語もドイツ語も完全に理解していました」（MWS 2018, 25）。社会の上層にいる男性だけに与えられる最良の教育を受けたフランケンシュタインは、留学先のドイツでも、女性の「怪物」を創造するために行ったイギリス、スコットランド、アイルランドでも、自由に意思疎通でき、最新の文献も読めるが、サフィーは、フランス語を知らないままパリに到着し、イタリア語もドイツ語も解さないままフェリックスの隠れ家まで旅する。サフィーのドイツまでの移動には、通訳ができる侍女や案内人がつくが、サフィーの父は商取引に必要なフランス語や他のヨーロッパ言語にも堪能だったはずなので、サフィーが跡継ぎの息子であれば受けていたであろう語学教育が欠如していたことは、男女間の格差による。ヨーロッパでは、有色の肌の女性であるサフィーは、財産を持たないことと言語を知らないことでさらに周縁化された弱い存在になる。フェリックスたちの家から二十リーグほど離れた町に着いたときに、従者の少女がサフィーの看病もむなしく死んでしまうと、「アラビア人は、その国の言葉も知らず、世のしきたりも全く知らぬまま、一人取り残されたのです」(MWS 2018, 92)。

サフィーは、いかに高潔な魂を持とうとも、ヨーロッパでは、「怪物」同様に、天涯孤独な異質で無力な存在となる。しかし、サフィーがド・レイシー家に受け入れられたことによって、サフィーも「怪物」も西洋の知と言語を習得する機会を持つ。「怪物」は、ド・レイシー一家の住む家の納屋から母屋の人々を観察し、サフィーのフランス語のレッスンに物陰から参加する。サフィーに対抗心を持つ「怪物」は、「私はかのアラビア娘よりもずっと速く上達したと誇ってよいと思います」というような発言をしているが(MWS 2018, 86)、サフィーの理解力や言語能力が高かったことは、フェリックスがフランス語の教本としてヴォルネーの『諸帝国の没落』を選んでいることと、「怪物」とサフィーが同じところで同じ反応をしていることからも明らかである。「わたしはアメリカ大陸発見について聞き、そこにもともと住んでいた人たちの不幸な運命にサフィーとともに泣きました」(MWS 2018, 86)。

二人は、フランス語を学ぶことで、意思伝達の手段だけではなく、西洋の知を手に入れる。しかし、二人は幸福にならない。人類の歴史の中でヨーロッパ人がヨーロッパ以外の場所で行ったことは、「怪物」がド・レイシー家に受け入れられないという形で繰り返される。「怪物」は、ド・レイシーの盲目の父親なら、「彼」の醜怪な姿ではなく、言葉で伝えられる内面をみてくれるのではないかと考え、まず父親に言葉によって自分を認めてもらおうとするが、外出から帰ってきたフェリックスが「怪物」が父を襲っていると誤解して問答無用の攻撃をしたため無残な結果に終わる。「怪物」は、ド・レイシー一家とサフィーが住んでいた家を焼き払い、人間の家に招じ入れられる可能性を自ら絶ってしまう。こののち、サフィーがフランス語を話す場面も、ヨーロッパで「キリスト教徒と結婚し女性が社会で地位を得る」場面もないまま、サフィーもド・レイシー家も物語から消えてしまうのである。

サフィーは、メアリ・ウルストンクラフト、メアリ・シェリーが実現したいと考えていた女性の権利を手にするだけの資質を持つかもしれない。しかし、物語では書かれていないサフィーの未来について、アン・K・メラーのようにサフィーとフィリックスの将来を平等なパートナーとして結婚し、「政治的、ジェンダー的な不平等に代わるべきもの」を実現するだろうと予見できるだろうか(Mellor 2006, 293)。サフィーが抱える複数の困難が解決する可能性は小説の中では示唆されていない。また、サフィーが母親から受け継いだ女性の権利と平等の思想をサフィーはまだフランス語で表明できていない。サフィーが自分の考えを語ったフェリックス宛ての数通の手紙は、「父の従者でフランス語を理解する年老いた者に助けられて」フランス語に翻訳されたもので、フェリックスやアガサが所持している(MWS 2018, 89)。『フランケンシュタイン』では、サフィーの書簡以外は全て、書簡の形式で作中に挿入され、サフィーの書簡のみ提示されない。「怪物」は、手紙の「写し」を取ったので、サフィーの来歴について自分が語っていることは真実であると主張しているが、その「写し」も示されない（MWS 2018, 89）。本来サフィーの書簡を読む権利のない「怪物」がサフィーの来歴を横取りして語り、サフィーは、フランス語であれ、アラビア語やトルコ語であれ、自分の出自や考えを自分の言葉で語る機会を与えられない。このことは、ガヤトリ・スピヴァクが「サバルタンは話すことができるか？」で述べた一節を思い起こさせる。サバルタン的主体の「ジェンダーのイデオロギー的構築が男性的なものを支配的な立場にとどめおいたままにしてるということこそが問題」であり、「もしサバルタンは歴史を持たず語ることができないのだとすれば、女性的存在としてのサバルタンは、さらにいっそう深く影の中に隠されてしまっている」（スピヴァク二〇〇五、五一）。

4　女性の「怪物」

『フランケンシュタイン』では、サフィーのほかにもう一人、ヨーロッパ人ではない女性が登場する。人間社会に絶望した「怪物」は、フランケンシュタインに自分の伴侶となる「女性を創造」することを要求し、フランケンシュタインはスコットランドのオークニー諸島の一つで女性の人造人間の創造を始める（MWS 2018, 106）。しかし、フランケンシュタインは、二つの懸念に悩まされる。第一は、女性の人造人間が「思考力と理性を持った動物」であるとすれば、「彼女」は、人間と同様に「怪物」を「拒否する」かもしれないし、「自分が造られる前に」人間と「怪物」が交わした「契約に応じることを拒否」するかもしれないことである（MWS 2018, 125）。第二は、二人から子孫が生まれることである。「悪魔の種族が地に繁殖し、人類の存在自体を不安定で恐怖に満ちた状態にするだろう……。」（MWS 2018, 125）このように想像して、フランケンシュタインは、「怪物」が見ているのを知りながら、「自分が手がけていたものを八つ裂きにしました」（MWS 2018, 126）。

女性の身体を「八つ裂き」にし、「破壊」する行為をフランケンシュタインはどのように感じているのだろうか（MWS 2018, 107, 126）。二日後、実験器具の荷づくりするために再び実験室に入ったフランケンシュタインは、床に散乱している「自分が破壊した、半分完成した被造物の残骸」を見て、「まるで人間の生きた肉体をずたずたにしたかのように感じ」たが、まず実験器具を運び出した（MWS 2018, 129）。そののち、「自分の仕事の残骸」が「農民たちの恐怖と疑惑を呼び起こしてはいけないと気がつき、バラバラの残骸をたくさんの石とともに籠に入れて、それらを固定し、その夜に海に捨てようと決心しました。夜になるまで浜で実験器具を洗って、片づけていました」（MWS 2018, 129）。夜の海では、「恐ろしい犯罪をこれからなそうとしているかのように感じ」るが、「籠を海に捨てると海のひんやりした空気を「すがすがしく」感じ、「爽やかな気分になり、「とても気持ちの良い感覚で満たされました」（MWS 2018, 130）。

フランケンシュタインは、仮定法の as if（〜のように）を用いて「人間の生きた肉体をずたずたにしたかのように」感じたが、実際は、身体の部位を海に捨てた後には良い気分になっているので、「恐ろしい犯罪」を犯したとは思っていない。その一方、フランケンシュタインが実験室でしたことを目撃した「怪物」と同様、この場面を読んだ読者も、残虐な殺人が行われたと感じるだろう。新たに創造される女性は、「怪物」と「同じぐらい醜い」としか言われていないので（MWS 2018, 107）、その外見は想像するしかないが、生命を得る前に殺されてしまう女性の身体に加えられる凄惨な暴力は、ヨーロッパ人ではない女性の身体に加えられる最大の暴力ではないか。クレンショーは、交差点の比喩を用いて、黒人女性が受ける複合的な差別を交差点で四方から来る何台もの車にはねられるイメージで語るが、『フランケンシュタイン』では実験室でつなぎ合わせられた男性の身体は生命を得、女性の身体はバラバラに引き裂かれる。

メアリ・シェリーは、サフィーを物語から退場させたのち、男性を拒否する（かもしれない）女性を人造人間としてフランケンシュタインに創造させようとした。人類よりも優れた知力と体力を備えていた男性の怪物と同様の能力を備えていたと考えられる女性の怪物は、ヨーロッパの家父長制から逃れうる存在、あるいは、対抗できる存在となる可能性を秘めている。しかし、そのことに気がついた創造主フランケンシュタインによって、女性の身体は凄惨な暴力を受ける。ヨーロッパの科学者によって切り刻まれる女性の身体は、アフリカからヨーロッパに連れてこられて生前も死後も科学的解剖の対象となったセアラ・バートマンの身体とも重なる（Malchow 1996, 24; Kitson 2007, 83）。女性の身体へ加えられる暴力は、人種的差別と性別的な差別の複合的な累乗効果で凄惨なものとなり、八つ裂きにされた身体は、弔われることもなく、海に投棄される。ここに、奴隷貿易船で移送中に海に捨てられた奴隷化された人々の生と死を重ねることも可能であろう。

『フランケンシュタイン』では、男性の「怪物」は生死不明のまま北極海の波にのまれ、女性の怪物の引き裂かれた身体はオークニー諸島沖で海に沈み、作品から消えてしまう。しかし、二〇世紀、フランケンシュタインの「怪物」は、ジェームズ・ホエール監督の映画「フランケンシュタイン」（一九三一）とその続編「フランケンシュタインの花嫁」（一九三五）でセンセーショナルに甦る。映画「フランケンシュタイン」では、「怪物」は、村人たちに風車小屋に追い詰められ焼き殺される。風車小屋は、「地下室」ですらない「納屋」のヴァリエーションであり、一九二九年に勃発した大恐慌が人種問題を悪化させ黒人男性へのリンチが増加していた当時、このシーンが黒人へのリンチを連想させることも指摘されている（O'Flinn 1986, 205）。「怪物」は風車小屋の地下水脈に転落したため助かったという設定で作られた続編「フランケンシュタインの花嫁」では、女性の「怪物」は、原作以上に蹂躙される。男性の「怪物」には、原作にはない人間との触れ合いの体験が与えられるが、女性の「怪物」は、映画の最後の数分になってやっと登場し、殺されるために生を与えられる。生を得た女性の人造人間は、原作でフランケンシュタインが危惧していた通り、男性の「怪物」を拒否し、男性同士が交わした契約を履行しない。外見だけでなく、男性を拒否する点で、女性の人造人間は、男性にとって「怪物」となる。映画ではエルサ・ランチェスターが、フランケンシュタインの妻と女性の人造人間をダブルキャストで演じており、原作では殺されるフランケンシュタインの妻が生還し、女性の人造人間が爆死することは、クランショーの「交差点」の比喩を待つまでもなく、有色の女性が死ぬ危険性が白人の女性よりもずっと高いことを示している。そして、殺される理由は、男性に抗うことなのである。

おわりに

パトリック・ブラントリンガーが論じているように、フランケンシュタインが創った被造物の「怪物」性が特定の人間のグループに所属するようには書かれていないとすれば、この「怪物」は、ヨーロッパ人以外の全ての特徴を備え、「非人間的」な扱いを受ける存在の全てを代表してしまっているとも言える（Brantlinger 2016, 133）。イギリス・ロマン主義時代の文学で、最も多くの困難を抱え、最も迫害された登場人物は、創造主（＝主人＝親）から名前さえ与えられず、「怪物」とののしられ、人間（ヨーロッパ人）のコミュニティから排外された「彼」であろう。しかし、インターセクショナリティの概念を用いてこの作品のヨーロッパ人ではない女性登場人物を「彼」と比較しながら分析してみると、「彼」の影の中に隠れて見えにくくなっている複合的に累乗される人種とジェンダーがもたらす困難が可視化される。雄弁に自己を語る男性の「怪物」の声は、『フランケンシュタイン』のテクストに十全に記録されるが、沈黙したまま消えたサフィーの声、海に沈んだ女性の「怪物」が持たなかった声を、聴きとることができるのは誰だろうか。

インターセクショナリティを学術的な分析ツールとして、すでにある分析ツールとともにテクストに応用する場合、新田啓子が述べているように、「客観的な世界像を体現したかに見える地図に潜在する」、表象されないままの抑圧の中にいる名前のない存在を見いだし、その「個々の生をつなぐ関係」をつなぐことを考えていかねばならない（新田二〇二三、三九）。そうすることによって、アリシア・ガーザが求めているインターセクショナリティの重要性の認識――「第一に、白人とは異なる視点で世界を見ることで、権力がいかに不均等に配分されているか、そしてその根拠は何かが見える。第二に、私たちの闘いが目指す世界、私たちの未来のための要求が、疎外されてきたすべての人のニーズを満たすものでなければならない」――を示す新たな地図を創ることが可能になるだろう（ガーザ二〇二一、一九五）。そのとき、イギリス・ロマン主義研究者は、消えてしまったサフィーと女性の「怪物」を見いだし、その記録されることがなかった沈黙の声を聴きとれるだろうか。

キアンガ＝ヤマッタ・テイラーは、「黒人の迫害と人種差別主義の根源と性質を理解することが必要」であり、「黒人の解放は、人間の解放と社会の変革のプロジェクトと密接に結びついている」と言う（Taylor 2016, 194）。イギリス・ロマン主義の時代は、「黒人の迫害と人種差別主義の根源」に深く関わっている時代である。サイディヤ・ハートマンは、自分も含めて「奴隷制の余生」をいまだ生きる大西洋の人々のために、声を奪われ、記録も失われてしまった人々の生を新たな学問的手法で歴史の地図の上によみがえらせる（ハートマン二〇二三、一二）(7)。この時代の文学テクストにインターセクショナリティの分析を応用することは、西洋の帝国主義的権力と結びついて発達した学知ではとらえられない「人間」の定義、「人間らしさ」（humane）の定義、「人類以外の存在」（non-human）との関係について根源的に考え直すときに大きな力を発揮する。『フランケンシュタイン』のテクストを嚆矢としてこれからも書き続かれるであろう「怪物」たちの物語、行方不明のサフィーの物語が苦しみの物語とならないように、テクストを分析する者は、テクストを通して分析力を磨き、学びの場でお互いに分析力を磨かせ続けることで、新しい世界の地図を造り続けることに参与していかねばならない。

＊本研究はJSPS科研費22K00400の助成を受けたものです。

（1）「交差点」、「地下室」の比喩の可視化については、交互作用効果モデルを用いた本論集第六章を参照。

（2）本論文では、引用に際して、詩人のPercy Bysshe Shelleyとそのパートナーで小説家のMary Wollstonecraft Shelley（née Godwin）の二名の名前については、前者をPBS、後者をMWSと略記する。『フランケンシュタイン』のテクストは、グルームが編集した*Frankenstein, or the Modern Prometheus The 1818 Text*に準拠し、日本語訳は筆者がつける。一八一八年出版の初版は、邦訳が何種類かある一八三一年出版の第三版とかなり異なる部分がある。

（3）フランケンシュタインは、自分が創り出した生命体を「彼」、「それ」、「怪物」、「惨めなもの」などいくつかの呼び方をするが、本論では、創り出された生命体の人間性と性別に注目するので、人造人間に言及するときには、主に、引用符に入れた「彼」、「怪物」を用いる。

（4）廣野（二〇一五）、武田悠一・武田美保子編（二〇一八）、Carol Margaret Davison & Marie Mulvey-Roberts eds.（2018）などを参照。

（5）（当時のイギリス人のトルコ人とオスマン帝国への反応は、Brantlinger（2013）を参照。

（6）メアリ・ゴドウィンがパーシィ・シェリーと正式に結婚し、メアリ・シェリーとなるのは、彼の妻の死亡後の一八一七年十二月三〇日である。『フランケンシュタイン』は一八一八年一月一日、匿名で出版された。メアリ・シェリーの名が著者として現れるのは、一八二三年出版の第二版からである。

（7）ハートマンの「奴隷制の余生」とは、「わたしもまた、奴隷制の時代に、つまりそれによって創られた未来に生きていた」という言い方で示される、「わたしたちが今なお、あの牢獄からの出口を探し彷徨っている」現代の状況を指している（ハートマン二〇二三、一八一、一八二）。「牢獄」は「地下室」よりもさらに悪い場所である。

参考文献

コリンズ、パトリシア、スルマ・ビルゲ（二〇二一）『インターセクショナリティ』下地ローレンス吉孝監訳、小原理乃訳、人文書院。

清水晶子（二〇二一）「「同じ女性」ではないことの希望——フェミニズムとインターセクショナリティ」岩渕功一編著『多様性との対話——ダイバーシティ推進が見えなくするもの』青弓社、一四五—六四頁。

スピヴァク、G・C・（二〇〇五）『サバルタンは語ることができるか』上村忠男訳、みすず書房。
武田悠一・武田美保子編（二〇一七）『増殖するフランケンシュタイン――批評とアダプテーション』彩流社。
新田啓子（二〇二二）「この生から問う――ラディカリズムとしての交差性」『現代思想――特集インターセクショナリティ』第五〇巻五号、三五―四七頁。
ハートマン、サイディヤ（二〇二三）『母を失うこと――大西洋奴隷航路をたどる旅』榎本空訳、晶文社。
廣野由美子（二〇一五）『批評理論入門――『フランケンシュタイン』解剖講義』第七版、中央公論新社。
ガーザ、アリシア（二〇二一）『世界を動かす変革の力――ブラック・ライブズ・マター共同代表からのメッセージ』人権学習コレクティブ監訳、明石書店。
Brantlinger, Patrick. 2016. “Race and Frankenstein.” In *The Cambridge Companion to Frankenstein*, edited by Andrew Smith, 128-42. Cambridge: Cambridge University Press.
———. 2013. “Terrible Turks: Xenophobia and the Ottoman Empire.” In *Fear, Loathing, and Victorian Xenophobia*, edited by Marlene Tromp, Maria Bachman, and Heidi Kaufman, 208-30. Columbus: Ohio State University Press.
Cowley, Hannah. 1792. *A Day in Turkey; or, the Russian Slaves. A Comedy, as Acted at the Theatre Royal, in Covent Garden. By Mrs. Cowley*. 4th ed. London: G. G. J. and J. Robinson. ECCO. http://reo.nii.ac.jp.utokyo.idm.oclc.org/hss/3000000000459450.
Crenshaw, Kimberlé. 1989. “Demarginalizing the Intersection of Race and Sex: A Black Feminist Critique of Antidiscrimination Doctrine, Feminist Theory and Antiracist Politics.” *University of Chicago Legal Forum* 1989, iss. 1, article 8: 139-67.
Davison, Carol Margaret, and Marie Mulvey-Roberts, eds. 2018. *Global Frankenstein*. London: Macmillan.
“intersectionality, n.”July 2023. *Oxford English Dictionary*, Oxford University Press. https://doi.org/10.1093/OED/7276681610
Jacobus, Mary. 1982. “Is There a Woman in This Text?” *New Literary History*. 14, no.1: 117-41.
Kitson, Peter. 2007. *Romantic Literature, Race, and Colonial Encounter*. Basingstoke: Macmillan.
Makonnen, Atesede. 2019. “The Race Thing” *Keats-Shelley Journal* 68: 139-40.
Malchow, H. L. 1996. *Gothic Images of Race in Nineteenth-Century Britain*. Stanford: Stanford University Press.
Mellor, Anne K. 2006. “Embodied Cosmopolitanism and the British Romantic Woman Writer” *European Romantic Review* 17, no.3: 289-300.
Mulrooney, Jonathan. 2019. “From the editor” *Keats-Shelley Journal* 68: 7-8.
O’Flinn, Paul. 1986. “Production and Reproduction: The Case of *Frankenstein*.” In *Popular Fictions: Essays in Literature and History*, edited by Peter Humm, Paul Stigant and Peter Widdowson. London: Methuen.
Shelley, Mary Wollstonecraft. 2018. *Frankenstein 1818 Text*. Ed. Nick Groom. Oxford: Oxford University Press.
Shelley, Percy Bysshe. 1964. *The Letters of Percy Bysshe Shelley*. Ed. Frederick L. Jones. 2 vols. Oxford: Clarendon.
Taylor, Keeanga-Yamahtta. 2016. *From#blacklivesmatter to Black Liberation*. Chicago: Haymarket.
Whale, James (dir.). 1935. *The Bride of Frankenstein*. Perf. Boris Karloff, Colin Clive, Valerie Hobson, and Elsa Lanchester. USA: Universal Pictures. Film.
———. 1931. *Frankenstein*. Perf. Boris Karloff, Colin Clive, Mae Clarke, and Dwight Frye. USA: Universal Pictures. Film.

3　リプロダクティヴ・ジャスティスとインターセクショナリティ
――ロレッタ・Ｊ・ロスの思想と運動を中心に

土屋和代

（つちや　かずよ）
東京大学大学院総合文化研究科教授
専門はアメリカ現代史、人種・エスニシティ研究、ジェンダー研究
著書に *Reinventing Citizenship: Black Los Angeles, Korean Kawasaki, and Community Participation* (University of Minnesota Press)、共訳書に『アメリカ黒人女性史――再解釈のアメリカ史・1』（勁草書房）などがある。

はじめに

本章ではリプロダクティヴ・ジャスティス（性と生殖をめぐる正義、ＲＪ）という、インターセクショナリティの視点から「性と生殖に関する健康と権利」をとらえ直した新しい思想が一体何を意味するのかを、ＲＪを目指す運動を長年にわたり牽引してきたロレッタ・Ｊ・ロスの言説を通して検討する。ＲＪとは性と生殖をめぐる権利（reproductive rights）に社会正義（social justice）を重ね合わせた政治運動と思想を指す。具体的には①子どもをもたない権利、②子どもをもつ権利、③安全で健全な環境のもとで子どもを育てる権利を求めた運動を意味する（Ross and Solinger 2017, 9；兼子 二〇二三、一八八）。ＲＪを掲げるアクティヴストは、これらが人びとにとって根源的な、人権に関わる問題だと主張してきた。

ロスは、一九九七年にアトランタで結成され、今日ＲＪを掲げる最大の連合体となったシスターソングの共同創設者のひとりである。ハンプシャー・カレッジ、スミス・カレッジ、アリゾナ州立大学で教壇に立ったのち、スミス・カレッジの「女性とジェンダー研究」の教授を務めており、ＲＪに関して多数の重要な著作を発表してきた人物である。アメリカ合衆国において、人工妊娠中絶を憲法上の権利として保護すべきとした一九七三年のロウ対ウェイド判決以降、性と生殖をめぐる論争は「中絶擁護派」（「プロチョイス」）と「中絶反対派」（「プロライフ」）の果てしない「内戦」として描かれてきた（荻野 二〇一二年；DuBois, Carol, and Dumenil 2019）。本章ではロスの思想と運動を通して、ＲＪがいかにこの「プロチョイス」対「プロライフ」という二項対立的枠組みそのものを問い直したのかを明らかにしたい。二〇二二年六月のドブス対ジャクソン女性保健

機構判決（以下ドブス判決）によりロウ対ウェイド判決が覆されたいま、ＲＪが一体どのような点において新しい枠組みとなり得るのかを考察する。

また、ロスが推し進めたＲＪを通して、「第二波フェミニズム」と呼ばれる運動についても再検討する。アメリカにおけるフェミニズムの歴史は、一九世紀半ばから二〇世紀初頭にかけて展開した、参政権を中心に市民権を求めた「第一波」、賃金の平等から性の解放やリプロダクティヴ・ライツ、性暴力との闘いまで多岐にわたる問題に取り組み、平等な権利を求め一九六〇・七〇年代に展開した「第二波」、人種・エスニシティやセクシュアリティをめぐる問題を問い、ガールズ・パワーを掲げた一九八〇年代末以降の「第三波」、そしてオンライン・アクティヴィズムが力を持つようになった二〇一〇年代以降の「第四波」という、「波」のメタファーで理解されてきた。しかし、歴史家のアネリース・オルレックらが指摘するようにこのメタファーは「波」の合間、「山」と「山」のあいだの運動を見えにくくしてきた側面がある（Celello 2007; Orleck 2014）。一九六〇・七〇年代に展開した「第二波」は白人中産階級中心の運動としてとらえられる一方、白人中産階級女性が主導する運動に「不信感」を抱いた黒人や他の有色の女性たちは「別の道」をたどることで、女性解放運動の境界を押し広げてきた点が指摘されてきた（Roth 2004）。今日では、フェミニズムを必ずしも掲げなくても実質的にフェミニズムの境界を押し広げてきた人びととの運動も含めて、「第二波」をとらえなおす研究が生まれている（Blain 2022）。しかし、白人中産階級の運動と、「別の道」をたどった有色の労働者・低所得者の運動はどう交差し、一九八〇年代末以降の「第三波」にいたったのか、そのつながりは見えないままである。ＲＪの運動は、白人中産階級の運動と有色で労働者・低所得の女性たちの運動がどのように交わり、変化を遂げていったのかを考えるうえでも極めて重要なものである。

それではまずロスの足跡をたどり、その後「プロチョイス」の運動の限界について検討したい[1]。

1　ロレッタ・Ｊ・ロスの足跡をたどる
——子宮摘出手術と闘いのはじまり

ロスは一九五三年八月一六日にテキサス州テンプルで八人兄弟の六番目の子どもとして生まれた。ジャマイカ出身の父は陸軍で働いた後、郵便局員などいくつかの仕事を転々とし、母は楽器店を営んだり、家内労働者として働いた後、子育てに専念していた。学業に秀でたロスだったが、性暴力と妊娠、出産によって軌道修正を余儀なくされる。一一歳のときに見知らぬ人物にレイプされ、その三年後には遠戚の人物にレイプされ、息子のハワードを妊娠、出産した。親にはハワードを養子に出すよう勧められたが、ロスは子育てをしながら学業を続ける決意をした。一六歳のときに当時交際していた相手の子どもを妊娠するが、このときは中絶を受ける決断をした。ラドクリフ・カレッジに奨学金付きで合格していたものの、幼い子どもがいる

図1　ロレッタ・J・ロス（1975–76 年頃、ワシントン DC）

（出所）Photographs, 1956–94, undated, Box 2, Folder 6–8, Loretta Ross Papers, Sophia Smith Collection, SSC-MS-00504, Smith College, Northampton, MA.

ことが判明し奨学金が取り消された結果、ロスはハワード大学に進学した（Ross, Interview by Follet 2004 and 2005；Panich-Linsman and Kelley 2022）。

　ロスは気づかずに妊娠・流産し、子宮内膜掻爬術を受けたことをきっかけに、ピルではなくより確実に妊娠を防ぐ、IUD（子宮内避妊器具）に目を向けるようになった。当時ピルの安全性を懸念する声が上院の公聴会やメディアで紹介され、ピルに代わる避妊法とされたIUDを使用する女性たちが増えていた。ロスをはじめ多くの女性が装着したのが、A・H・ロビンス社が製造し、売り上げトップとなった「ダルコンシールド」という名のIUDであった。

　ロスは三年近くこの「ダルコンシールド」を使用していたが、原因不明の微熱が続き、一九七五年頃から急激に体調が悪化した。ジョージ・ワシントン大学の産婦人科で当時の医長の診察を受けたところ、この医長は、ベトナムからアメリカ人兵士が持ち込んだと思われるまれな性病にロスが罹患している可能性を指摘し、感染症の治療薬として抗生剤を処方した（Ross, Interview by Follet 2004 and 2005）。

　しかしある晩寝ていたときに「出産時を上回るような」「破裂しそうな」痛みで目が覚め、救急車を呼んだが到着する前に意識を失ってしまった。病院で目覚めると、既に子宮摘出手術が施されていた。執刀した医師の説明では、深刻な腹膜炎を起こしており、卵管はすでに切れていて、救命のためにできることは子宮摘出のみだった。これらのことは時間をかけて状態が悪化していった結果起きたとのことであった。

　手術の翌日、ロスを半年間診察してきた医長が数人の医学部生を連れて回診した。シーツを上げて臍から下の切開の痕を観察し、いかに稀なケースかを学生に説明し、去っていったとロスはのちにインタビューのなかで語っている。ロスは一か月近く入院し、体重が四〇ポンド（約一八キロ）近く落ち、衰弱してしまった（Ross, Interview by Follet 2004 and 2005）。

しかし回復を遂げるにつれ、わかってきたことがあった。腹膜炎を引き起こしたのは「ダルコンシールド」であったが、診察した医師が適切な治療を施さなかった結果、このような事態になったということである。ロスは当時を振り返り、「[執刀した」医師の、子宮摘出しか選択肢が無かったという説明の方は信じています。私が怒りを覚えるのは、六ヵ月間診察していたかかりつけの医師の方で、この医者が「まれな性病」であると指摘するに留めず、もう少しよく考えていたならば、私の身体の、生殖に関わる全てを守り得たはずでした」と語っている(Ross, Interview by Follet 2004 and 2005)。

ロスは医師に対して診療記録（カルテ）を開示するよう求め、それを別の産婦人科医のところに持って行った。その結果、「ダルコンシールド」には深刻な欠陥があることがすでに知られておりロビンス社も以前から認識していたこと、かかりつけの医師はこの重大な情報を見落としていたことが明らかになった。実のところ、「ダルコンシールド」によって多くの人に敗血症性流産や骨盤内炎症性疾患が起きたことにより、一九七四年五月に連邦食品医薬品局（FDA）はロビンス社に対して一時販売停止を要請しており、翌月に「ダルコンシールド」の危険性を明らかにした論文が刊行されると、FDAは恒久的販売停止を要請し、ロビンス社もそれに従わざるをえない状況となっていた。「有効かつ安全な避妊法」とされたIUDには、医師が取り出しやすくするために灯心のような糸がついており、この糸を通じて細菌が子宮に侵入してしまう構造的な欠陥があったのである（Ross, Interview by Follet 2004 and 2005；李 二〇〇九年、一四三―四八）。

ロスはもうひとりの産婦人科医の判断をもとに、かかりつけの医師を訴えた。裁判で長期にわたり闘うかわりに、示談によって取り下げとしたのは、弁護士から「シングルマザーで婚外子がいるため、有利な裁判とはならない」と忠告を受けたためであったという。ロスは裁判をあきらめたが、一石を投じたことは、大規模な損害賠償請求訴訟が起こるきっかけとなった(Ross, Interview by Follet 2004 and 2005)。

ロスは自身がアクティヴィストになることを意識し始めたのは、予想もしないかたちで子宮を摘出されたことがきっかけだとのちに語っている。「私に起きた全てのことは他の誰にも起こるべきではないと思ったからです。」ロスの身に起きたのは、典型的な強制不妊手術の濫用ではなかった。同意なく施された点では同じだが、手術を避けられたとはロス自身思ってなかった。問題は、手術そのものよりも、「ダルコンシールド」の危険性が取り沙汰されていたにもかかわらず、「医師の診療過誤と冷遇」により、深刻な病状が放置され、子宮を失うにいたったことであった（Ross, Interview by Follet 2004 and 2005）。

強制的に不妊に追い込まれたのは、自分だけではないことにロスは気づいた。自身の経験ののち、「どれだけ多くの女性が不妊に追い込まれてきたのかに目を向けるようになった」という。恐ろしいことに、自分の母や姉妹で三〇代になっても排卵していた人はほとんどいなかった。「一体何が起きているのか」、疑問を持たざるを得ない状況であった（Ross, Interview by Follet 2004 and 2005）。

2　ブラック・フェミニズムとの「出会い」――強制不妊手術、「集団虐殺《ジェノサイド》」をめぐる論争、黒人女性の「権利と責任」

大学時代、ブラック・ナショナリズムとマルクス主義に関する本を貪り読んでいたというロスは、ブラック・フェミニズムとの関わりのなかで、自らの身体に関する自己決定権なくして真の黒人解放は達成できないことを学んでいった(2)。

そのようななか、全米に衝撃を与える、黒人少女に対する強制不妊手術の実態が浮かび上がった。アラバマ州モントゴメリーで、一方的に「早熟な」「知恵遅れの」倒錯者と決められ、説明もないまま一九七三年六月に不妊手術が施された一四歳のミニー・レルフと、一二歳の妹メアリー・アリス・レルフ姉妹に対する損害賠償請求の裁判の過程で、次々と驚愕の事実が明らかになった（Roberts 1997; Nelson 2003; Kluchin 2009；土屋 二〇一六）。裁判官のゲーハード・ゲゼルは、連邦政府の資金援助のもと、年間一〇～一五万人の人びとに不妊手術が実施されていることを明らかにした。実際、保健教育厚生省によれば、一九七二年に行われた不妊手術は一〇～二〇万件に及んでいた（土屋 二〇一六；*Relf v. Weinberger*, 372 F. Supp. 1196 (D. D. C. 1974)）。この数字（一年間の件数）は、哲学者でアクティヴィストのアンジェラ・デイヴィスによれば、ナチス・ドイツ下で施された不妊手術の総数に匹敵する値であった（Davis 1981, 218）。自発的に不妊手術を望んだ人びとを除いて、これらの人びとの大半は、メディケイドや要扶養児童家族扶助など連邦政府から何らかの扶助を受けており、もし不妊手術を拒めば、手当てが打ち切られるかもしれないという「脅し」のもとで、不本意に、または状況をよく理解できないまま、手術の対象となった人びとであった。ゲゼルは、「家族計画」と優生学を分かつ境界は「曖昧」であるにもかかわらず、経済機会局や保健教育厚生省（HEW）が何ら法的な保護措置を講じることなく「もっとも極端な人口抑制策」――強制的で、多くの場合取り返しのつかない不妊手術――を講じたことを厳しく非難し、一九七四年三月一五日、HEWに対し、不妊手術を規制する新たなガイドラインの作成を命じたのである（土屋 二〇一六）。

レルフ姉妹をめぐる裁判によって、バース・コントロール（特に強制的な不妊手術）は政府による黒人貧困層の「集団虐殺《ジェノサイド》」であると糾弾する声が黒人の活動家、医療関係者、団体のあいだから上がった。不妊手術を含むバース・コントロールをもっとも手厳しく批判したのはネイション・オブ・イスラームであった。最高指導者のイライジャ・ムハンマドは、早い段階から連邦政府が提供する「家族計画」の危険性を訴えていた。著書『アメリカ黒人へのメッセージ』（一九六五）のなかで、黒人女性が「バース・コントロールという陰謀」の裏にある真の動機を理解していないこと――「これらの陰謀の動機は、黒人家族の福祉を向上させることではなく、将来これらの家族を抹殺することにある」――を指摘した。教育や就業機会、十分な賃金や食料、まともな住居や医療が提供されないなかで、なぜ黒人貧困層のあいだにバース・コントロールの情報ばかりがあふれているのか。貧しい黒人を対象にした「卑劣な」バース・コントロールの「ワナ」――その究極の事例が不妊手術である――にかからないよう注意を呼びかけた。ムハンマドによれば、レルフ姉妹のケースは連邦政府によって仕組まれた「黒人虐殺計画」の一例に過ぎなかった（Muhammad 1965, 64-65; *Muhammad Speaks*, July 13, 1973）。

　ブラック・パンサー党も、レルフ事件が明らかになる以前から、強制的な不妊手術を政府による黒人貧困層の管理・統制の一種とみなし、警戒を促していた。たとえば、機関紙『ブラック・パンサー』において、女性党員のブレンダ・ハイソンは、バース・コントロールの口車に乗らず、黒人人口を増やすことで革命勢力を増強するよう呼びかけた。一九七〇年にニューヨーク州が中絶を緩和した際には、次のように寄稿した。「望まない子どもを抹殺する特権を求めた『女性解放』闘争は、勝利を得たのだろうか？　しかし誰にとっての勝利なのか？　小さな家族を得て、物を得て、その時々に魅力的に映ることをしたいと望む白人ミドルクラスの母親にとっては勝利であろう。何よりも、黒人や他の抑圧された人々を誕生前に殺すためこの法律を用いる抑圧者の支配階級にとって勝利である。黒人女性にとって、福祉受給者の母親にとっては、産まれる前の子どもに死を宣告されることを意味する。」そして、黒人が数で白人を上回る必要性を訴えた。「我々の革命勢力としての強さの一部は、我々が白人どもを数で上回ることによってもたらされる。」（"New York City Passed New Abortion Law Effective July 1, 1970"; 土屋 二〇一六）不妊手術にいたっては、政府による黒人抹殺のための計画の一部だと糾弾した。テネシー州で福祉受給者への不妊手術の是非が検討された際、ブラック・パンサー党は全米福祉権団体のメンバーとともに抗議行動を起こし、以下のように警告した。「アメリカ政府は黒人を組織的に虐殺する計画を練っているし、これからも練るだろうし、現に今その計画を実施している。世代から世代へと影響を与える我々の女性への強制的な不妊手術は、残念なことにそうした計画の一部に過ぎない。」（*Black Panther*, May 8, 1971; 土屋 二〇一六）

　一方、黒人女性の活動家や知識人は早い段階から家族計画の重要性を訴えてきたとロスは指摘する。ここでロスは三人の黒人女性に言及している[3]。まずブルックリン出身で黒人女性初の連邦議会下院議員となったシャーリー・チザムは以下のように述べていた。地元ベッドフォード・スタイヴェサントでは何千人もの黒人女性が、家族計画の支援を得られず、質の低い中絶手術によって健康を奪われている。こうした状況にもかかわらず、家族計画や合法的な中絶を「集団虐殺《ジェノサイド》」と呼ぶのは、「男性向けの男性の論理」に過ぎない。今の状態を野放しにして黒人や他のマイノリティ女性が闇中絶によって命を落とすのを黙認するのと、避妊、不妊、中絶によって女性が自らの身体をコントロールするのとどちらがより「虐殺《ジェノサイド》」に近いのか。女性の聴衆や思慮深い男性にとっては、「集団虐殺《ジェノサイド》」論は浅はかなものに過ぎないと喝破したのである（Chisholm 2010, 130, 137）。

また、学生非暴力調整委員会（SNCC）で黒人女性解放委員会を創設し、一九六九年に「二重の危険——黒人と女性であること」を記したフランセス・M・ビールは、「約二五年前に強制収容所でおこなわれた強制不妊手術の実験は世界中で糾弾されてきたのに、自由なる者の地、勇者の故郷であるここアメリカ合衆国で今日同様の人種主義的な慣行が繰り返されていることには誰も動揺していないようです」と語った。そのうえで黒人女性には子どもをもつかもたないかが黒人自由闘争の支えになるかどうか、そして自分自身の支えになるかどうかを決める「権利と責任」があり、いかなる場合もこの「権利と責任」は他の者に譲るべきではないと強調した（Beal 1970, 392-93）。

草分け的選集『黒人女性』を刊行したトニー・ケイド・バンバーラのことばもロスを奮い立たせるものであった。「私は、シスターたちに対してバース・コントロールをやめて、爆弾や銃やピルで問題を解決しようと固く決心した敵に協力しないように、との全米的な呼びかけがなされていたことに気づいていました。」（Bambara［1970］2015, 31）バンバーラはこうした状況を批判し、避妊や合法的な中絶を通して、自らの身体をコントロールできるようになることこそが黒人女性に重要であると指摘した。

さらに、ロスはリッキー・ソリンジャーとの共著のなかで、一九六〇年代後半から七〇年代初頭にかけて展開した全米福祉権団体の活動もＲＪという思想の礎になったと述べている（Ross and Solinger 2017, 42-43）。黒人女性として、福祉受給者として何重にもスティグマ化されてきた福祉受給者は、全米福祉権団体を通して、自らの子も、子の母である自分も、れっきとした市民であると主張したが、これらの主張はのちのＲＪ運動の「中核」を成した。ＮＷＲＯの活動家は中絶だけでなく子どもをもつ権利と育てる権利を求め、性と生殖に関するすべての事柄についての決定権を獲得するために闘った。貧しい女性に対して強制的な不妊手術が広範囲に行われてきたことを暴露し、「女性解放」のなかに、自らの意思で子どもを産み、育てる権利を書き込んだ。また、バース・コントロールを黒人の「組織的集団虐殺」とみなす活動家や医療関係者に対して、そこに潜む男性中心の論理を暴くことの重要性を訴えていたのである（土屋 二〇一六）。

3　プライバシーの権利？——「プロチョイス」という枠組みの限界

こうしたブラック・フェミニズムとの「出会い」のなかで、ロスは次第に一九七三年のロウ対ウェイド判決と、その延長上で中絶を擁護する「プロチョイス」派の議論には大きな問題があると認識するようになった。まず、中絶を憲法上の権利として保障した一九七三年のロウ対ウェイド判決は、プライバシー権を根拠に中絶を合法的なものとして認めた点に特徴がある。その判決文には「個人のプライバシー権が中絶決定を含むもの」と結論するが、この中絶決定権は無条件ではなく、州が中絶を制限する権利に照らし合わせて考慮されねばならない」とあった（*Roe v. Wade*, 410 U.S. 113 (1973)：カーバー&ドゥハート 二〇〇〇、三七八―三八〇）。判決は中絶を合法化したものの、「医師と州政府、および憲法のなかに含まれるプライバシー権によってコントロールされている点で妥協の産物であった」とロスは指摘した[4]。

中絶をプライバシーの問題にしたことは、大きな政府の介入を忌避する人びとの支持を獲得するうえでは有効だったかもしれない。しかし、この保守的な戦略によって、女性解放運動の担い手が本来目指していた女性が自らの身体への決定権を持つという、根本的な問題が後景に退いてしまった（Silliman et all 2016）。この点をルース・ベイダー・ギンズバーグが当初から批判していた点はよく知られている。すなわち、中絶へのアクセスの保証という側面が二の次にされたのである。ロスによれば、この戦略の中心に位置したのは、「女性の権利」への関心ではなく、政府が個人の選択とプライバシーを侵害することを敵視する有権者層にアピールし、その層の支持を獲得することであった（Ross 2016, 59）。

「プロチョイス」派はまさにこのプライバシー権を根拠に、個人の選択の問題として中絶を擁護してきた。しかし、ロスやその後RJ運動の担い手が問うてきたのは、この「選択」という枠組みそのものの問題であった。「選択」という考え方は、その「選択」がなされる社会的コンテクストを曖昧にする。ロスは「プロチョイス」という枠組みは、私的なことを政治的なことから切り離し、あたかも私的な「選択」に社会や政治の問題が影響を与えないかのような考えを強化するものだと批判した（Ross 2016, 61）。

「プロチョイス」を推し進める白人女性は「コインの反対側」を無視してきた、とロスはソリンジャーとの共著のなかで語る（Ross and Solinger 2017, 48）。すなわち、子どもをもつ権利、安全で健全な環境のもとで子どもを育てる権利である。ロスは「女性解放運動が中絶を合法化した一九七三年のロウ対ウェイド判決に祝杯をあげているとき、何千人もの立場の弱い人びとが手術によって不妊にさせられてきた」とのちに指摘した（Ross 2014）。避妊と中絶だけではなく、子を出産すること、そして「質の高い医療のケアやまともな住宅、生活賃金や警察によるハラスメントを受けずに暮らすこと、健全な環境のもとレイシズムから解放されて暮らすこと」もまた、人間の尊厳や安全な暮らしを守るうえで極めて重要であり、有色女性にとってはリプロダクティヴ・ライツは社会的・経済的平等／不平等の問題から切り離すことはできない。有色女性が強制不妊手術のターゲットとなってきたこと、ロスもまた「質の高い医療のケア」を受けられずに子宮摘出をされたひとりであることに思いを馳せる必要があるだろう。

強制不妊手術を施された人びとに一体どれだけの「選択」の余地があったのだろうか。これらの女性は、避妊・中絶を選択するどころか、同意のないまま、妊娠・出産するという「選択」を奪われたのである。

「プロチョイス」派の、貧しい有色女性への無関心が露呈したのは、一九七六年にハイド修正が成立したときであった。この修正条項は低所得者の女性の中絶に、連邦資金を用いることを禁じたものだが、中絶を擁護してきた主流派の団体が本腰を入れて取り組むことはなかった。これが「プロチョイス」派の運動の分水嶺になったという（Silliman et all 2016, 36; Ross 2016, 61）。すなわち、中絶擁護派の運動がより多くの人びとを巻き込み、連帯を築き、息の長い運動になり得なかった理由のひとつがここにあったのである。

ロスにとって、「プロチョイス」派をより多くの人びとに開く試みは、全米女性組織（NOW）というアメリカを代表する女性の公民権団体を内側から変革する動きへと変化を遂げた。ワシントンDCで、有色女性のための、有色女性による組織として設立されたレイプ・クライシス・センター長として、一九七九年から働いていたロスは、一九八五年にNOWのなかに創設された「有色女性のプログラム」の委員長に抜擢された。プログラムの目標は、レイシズムを廃絶すること、有色女性をNOWに引き付けること、NOWのアジェンダを支持してもらえるよう有色のフェミニストのなかに入っていくことであった。ここで、有色女性の加入者を募る（recruit）のではなく、関心を引き付ける（attract）ということばを用いている点が重要である、とロスは指摘した。それは、セクシズムのみならずレイシズムに対抗することで、「信頼と団結の橋を架ける」ことを意味していた。ロスは野球のアナロジーを用いて「有色女性のプログラム」の運営にあたり「硬球も、直球も、何球かは変化球も投げる準備をしなければならない」と語る。しかし、野球のアナロジーはここまでである。「なぜなら、野球とは異なり、白人女性と有色女性とのあいだでこのゲームの勝ち負けを決めるわけではないからだ――私たち皆で勝つか、私たちNOWが負けるかだ。」ロスは、女性解放運動を「白人ミドルクラスの女性だけではなく、アメリカ人女性の本来の多様性を最大限に、かつより正確に反映した、多文化でより広い基盤を持った女性の運動にするという挑戦と課題は依然残っている」と語った。[5]

4　「カイロを国内へ持ち込む」――シスターソングの結成へ

アメリカ国内の女性解放運動をより開かれたものにするロスの闘いの転機となったのは、「グローバルサウスの女性たち」との出会いであった。エジプトのカイロで一九九四年に開かれた「人口と発展に関する国際会議」での交流を通して、ロスは人権のフレームワークの重要性を認識するようになったという。それは「（人種、セクシュアリティ、宗教の）アイデンティティにもとづいた組織の強みのうえに築きながら、その限界も超えていく」ものであった。[6] カイロ会議での経験をアメリカに生かす――「カイロを国内へ持ち込む」――術を模索するなか、ロスらは、六〇〇名の署名と寄付金を集め、一九九四年八月一六日に『ワシントンポスト』紙に一面広告を掲載した。これがRJの歴史において重要な「リプロダクティヴ・ジャスティスを求めるアフリカ出身の女性たち」と題されたメッセージである。

このメッセージは、「性と性殖に関わる自由は、多くの黒人女性にとって生死に関わる問題であり、他の自由と同じくらい評価に値するものである」と宣言し、中絶のみならず、出生前のケアや避妊、ガンやSTD、HIV／AIDSの検査と治療など「充実した、幅広い性と性殖にかかわるサービス」のための資金を提供するよう、改革をおこなうべきだと述べていた。また、「すべての有色女性、高齢者、貧困層、障がい者が保護されるよう、強力な反差別規定を盛り込むべき」であり、「性的指向によって差別すべきではない」と明言していた（Williams 2019）。

この経験がもととなり、三年後の一九九七年にアトランタでロスやルズ・ロドリゲスらによって結成されたのがシスターソングという組織である。今日、RJを担う最大規模の連合体となった本組織は、黒人やアジア系、中南米系、先住民による一六の組織から成り立ち、「プロチョイス」派の運動が、有色女性の経験を周縁化してきたことをふまえ、「女性の健康と身体をそれ以外の部分と再結合する」ために生み出されたものである。「リプロダクティヴ・ライツを、社会正義とインターセクショナルなかたちでつなぎあわせる」フレームワークとしてRJが打ち出された。ロスはその後、二〇〇四年四月に、全米女性組織（NOW）やアメリカ自由人権協会（ACLU）、全米家族計画連盟（PPFA）、妊娠中絶権擁護全国連盟（NARAL）などが開催した「女性の命のための行進」を共同企画・運営するなど、RJを掲げた運動の先頭に立ち続けた（Ross 2016, 64）。

その闘いは今日もなお続いている。連邦政府による強制不妊手術に関するガイドラインの策定や大規模な損害賠償請求訴訟により、同意なく不妊に追い込む「蛮行」は終わったと考えていたロスは自身の考えが甘かったことに気づいたという。カリフォルニア州の女性刑務所では、二一世紀に入ってからも収監された人びとに対して同意なく不妊手術が施されていた。二〇〇六年から二〇一〇年のあいだに、カリフォルニア州の矯正局が定められた手続きを経ないまま、少なくとも一一九人に卵管結紮《けっさつ》術を施したことが明らかになったのである。この問題をロスらが告発し、報道されたことをきっかけに、収監者に対して強制不妊手術を施すことを禁じる法律が二〇一四年九月にカリフォルニア州で制定された（Ross 2014; Reilly 2014）。

シスターソングの代表を務めるモニカ・シンプソンは、シングル・イシューに焦点をあてたやり方では人びとを支援することにならない、と述べた。シンプソンは「RJは究極的には身体の自由と自己決定に対する、人権に関わるもの」だと語る。RJは「中絶のみに焦点をあてるわけではありませんが、堂々と中絶を中心に据えるものです。RJはまた、もっとも周縁化された人びとに焦点をあて、歴史的にみて周縁化されたコミュニティに選択《チョイス》を不可能にしてきた抑圧の構造を積極的に解体し

ようとするものです。」(Williams 2019)

おわりに
――「包括的でインターセクショナルなアプローチ」を求めて

それではロスの言説と運動から何が浮かび上がるのだろうか。

まず、「プロチョイス」という枠組み、あるいは「プロチョイス」対「プロライフ」という二項対立的な枠組みでは「選択」をできない人びとの存在が不可視化され、貧しい女性、有色女性の経験が周縁化されることをロスは繰り返し指摘してきた。リプロダクティヴ・ライツを求めた運動が反中絶運動として展開されてきたことは、子どもをもつ権利と育てる権利という、他の目標を見えなくしてきた。そもそも、プライバシー権にもとづいて中絶を合法的なものとしたロウ対ウェイド判決は、女性の自らの身体への権利の保障という目標をうやむやにしてきた。ＲＪはロウ対ウェイド判決以降の「プロチョイス」対「プロライフ」という枠組みそのものの限界を浮き彫りにし、その枠からこぼれ落ちてきた人びとが提示する、強力なオルタナティヴな思想となり得るものである。

ロスの思想と運動は、女性解放運動の通史のなかで描かれてきた「波」のメタファーの問題もあらためて示すものでもある。こうしたメタファーは、「波」の合間の飛沫《ひまつ》、「波」と「波」のつながりを見えづらくする。ロスのような活動家は早い段階から「波」と「波」のあいだをつなぎ、女性解放運動を有色女性、貧しい女性に開かれたものとするための運動を継続してきたこと、運動を内側から変革し、境界を押し広げてきたことは重要である。

ドブス判決を経た「ポスト・ロウ」の時代にあって、ＲＪ運動の重みはより一層増しているのではないだろうか。ロスはドブス判決に「がっかりしたけれど、驚きませんでした」と語った。そしていまは中絶をもっとも必要とする人びとがアクセスできるようにすること、私たちの権利擁護のために起ち上がる議員を選出することに皆の関心を集中すべきだ、と指摘した(Brown 2023)。また、身体の自由を獲得するためには、「包括的でインターセクショナルなアプローチ」を採用する必要があると共著エッセイのなかで指摘した。つまり、自らの性と生殖、健康に関して決定権を持つためには、社会的、経済的、政治的障壁に立ち向かわなければならないこと、インターセクショナリティとはアイデンティティだけではなく人びとの「攻撃の受けやすさ(vulnerability)」を表す指標であり、ＲＪを問うことは「人種、貧困、セクシュアリティ、宗教、年齢、エスニシティ、カースト」というあらゆる抑圧のかたちを問うことになるのだと訴えたのである(Kumar and Ross 2023)。

今日、全米女性組織(ＮＯＷ)や全米家族計画連盟(ＰＰＦＡ)といった性と生殖に関する健康と権利の保障を求めた歴史ある団体もＲＪの重要性を強調している。たとえばＮＯＷはＲＪが「五〇年以上にわたり、ＮＯＷのアクティヴィズムの礎を成してきた」と訴え、性と生殖に関することは、「単なる選択《チョイス》の問題ではなく、女性の生死にかかわる問題である」と指摘する（National Organization for Women, n.d.）。

RJに課題がないわけではない。ロスを含むRJの担い手が今日直面するのは、いかにそれをシンボリックなものに留めずに、批判的精神を保ちながら、推し進めることができるのかにあるかもしれない。それは、インターセクショナリティという言葉が独り歩きし、「流行り言葉」に成り果てたのではないか、女性学においてインターセクショナリティという枠組みが白人中心のフェミニズムを克服した「証左」として利用されてきたのではないかという懸念と響き合うものである。

中絶へのアクセスの保証に軸足を置きつつ、より広く性と生殖に関する健康と権利を追求し、「子どもをもつ権利」を掲げることで従来の中絶反対派とも対話を広げ、レイシズムや移民排斥、格差・貧困といった社会の不平等な制度・構造を問い、さまざまな運動と連携し支持基盤を築いていくRJの挑戦はいまも続いている。

(1)　本章の執筆に先立ち、アメリカ学会第五七回年次大会シンポジウム「性と生殖をめぐる正義（reproductive justice）の行方――奴隷制時代からロウ対ウェイド判決後まで」（二〇二三年六月三日、専修大学）で報告した際に有益なコメントを頂いた。シンポジウムの関係者、ならびにフロアの方々に感謝の意を表したい。

(2)　Loretta J. Ross, "A Simple Human Right: The History of Black Women and Abortion," *On the Issues* (Spring 1994), Box 4, Folder 47, Loretta J. Ross papers, Sophia Smith Collection, SSC-MS-00504, Smith College, Northampton, MA [hereafter Ross papers].

(3)　"African American History and Abortion: A Neglected History," *Journal of Health Care for the Poor and Underserved* 3, no.2 (Fall, 1992), 9–10, Box 3, Folder 6, Ross papers.

(4)　Loretta Ross, 'The Struggle for Reproductive Freedom: 'Our Bodies, Our Lives, Our Right to Decide,'" 1992, Box 5, Folder 1, Ross papers.

(5)　Loretta Ross, "Women of Color and the Feminization of Power," National NOW Conference, July 16, 1987, Box 5, Folder 9, Ross papers.

(6)　Loretta Ross, "Practicing Freedom: Human Rights Education," *Sojourner: The Women's Forum*, 1996, Box 4, Folder 34, Ross papers.

参考文献

荻野美穂（二〇一二）『中絶論争とアメリカ社会――身体をめぐる戦争』岩波書店。

兼子歩（二〇二三）「中絶論争が見えなくしたもの――アメリカ合衆国の生殖の政治」『世界』九六五号、一八一―一八八頁。

リンダ・K・カーバー、ジェーン・シェロン・ドゥハート編（二〇〇〇）『ウィメンズ・アメリカ――資料編』有賀夏紀、杉森長子、瀧田佳子、能登路雅子、藤田文子編訳、ドメス出版。

「座談会　人工妊娠中絶のゆくえ」（二〇二三）『アメリカ研究』五七号、一―二七頁。

土屋和代（二〇一六）「誰の〈身体〉か？――アメリカの福祉権運動と性と生殖をめぐる政治」小松原由理編『〈68年〉の性――変容する社会と「わたし」の身体』青弓社、六二―九〇頁。

ベリー、ダイナ・レイミー、カリ・ニコール・グロス（二〇二二）『アメリカ黒人女性史（再解釈のアメリカ史・1）』兼子歩・坂下史子・土屋和代訳、勁草書房。

李啓充（二〇〇九）『続　アメリカ医療の光と影――バースコントロール・終末期医療の倫理と患者の権利』医学書院。

Bambara, Toni Cade. 2015. "The Pill-Genocide or Liberation?." 1970. In *Reproduction and Society: Interdisciplinary Readings*, edited by Carole Joffe and Jennifer Reich, 31-32. New York: Routledge.

Beal, Frances M. 1970. "Double Jeopardy: To Be Black and Female." In *Sisterhood Is Powerful: An Anthology of Writings from the Women's Liberation Movement*, edited by Robin Morgan, 382–96. New York: Vintage Books.

Black Panther. May 8, 1971. "Sterilization-Another Part of the Plan of Black Genocide."

Blain, Keisha N. 2022. *Until I Am Free: Fannie Lou Hamer's Enduring Message to America*. Boston: Beacon Press.

Brown, Elisha. 2023. "Reproductive Justice Pioneer Loretta Ross on Strategies for the Post-Roe South." *Facing South: A Voice for a Changing South*, January 26, 2023.

Celello, Kristin. 2007. "A New Century of Struggle: Feminism and Antifeminism in the United States, 1920-Present." In *The Practice of U. S. Women's History: Narratives, Intersections, and Dialogues*, edited by S. Jay Kleinberg, Eileen Boris, and Vicki L. Ruiz, 329–45. New Brunswick: Rutgers University Press.

Chisholm, Shirley. 2010. *Unbought and Unbossed*, Expanded 40th Anniversary Edition. Washington, DC: Take Root Media.

Davis, Angela Y. 1981. *Women, Race, & Class*. New York: Random House.

DuBois, Ellen Carol, and Lynn Dumenil. 2019. *Through Women's Eyes: An American History with Documents*. Boston: Bedford/St. Martin's.

Gore, Dayo F., Jeanne Theoharis, and Komozi Woodard, eds. 2009. *Want to Start a Revolution?: Radical Women in the Black Freedom Struggle*. New York: New York University Press.

Hewitt, Nancy A., ed. 2010. *No Permanent Waves: Recasting Histories of U. S. Feminism*. New Brunswick: Rutgers University Press.

Kluchin, Rebecca M. 2009. *Fit to Be Tied: Sterilization and Reproductive Rights in America, 1950–1980*. New Brunswick: Rutgers University Press.

Kumar, Anu, and Loretta Ross. 2023. "Global Reproductive Justice Is What We Need Right Now." *Ms.*, January 31, 2023.

Luna, Zakiya. 2020. *Reproductive Rights as Human Rights: Women of Color and the Fight for Reproductive Justice*. New York: New York University Press.

Muhammad, Elijah. 1965. *Message to the Blackman in America: Messenger of Allah, Leader and Teacher to the American So-called Negro.* Chicago: Muhammad Mosque Islam No. 2.

Muhammad Speaks, July 13, 1973. "Welfare Dupes Black Teenagers: Alabama Sisters 'Sterile for Life'! Father Suing Gov't."

National Organization for Women (NOW). n. d. "Mobilize for Reproductive Justice." Accessed October 20, 2023. https://now.org/nap/reproductive-justice/.

Nelson, Jennifer. 2003. *Women of Color and the Reproductive Rights Movement*. New York: New York University Press.

"New York City Passed New Abortion Law Effective July 1, 1970."1970. *Black Panther*, July 4, 1970.

Orleck, Annelise. 2014. *Rethinking American Women's Activism*. New York: Routledge.

Panich-Linsman, Ilana, and Lauren Kelley. 2022. "The Women Who Had Abortions before Roe v. Wade." *New York Times*, January 21, 2022.

Reilly, Mollie. "California Will Now Protect Women from Horrific Form of Prison Abuse." *Huffpost*, September 29, 2014.

Roberts, Dorothy. 1997. *Killing the Black Body: Race, Reproduction, and the Meaning of Liberty*. 1997. Reprint, New York: Vintage Books.

Ross, Loretta J. 1992. "African-American Women and Abortion: A Neglected History." *Journal of Health Care for the Poor and Underserved* 3, no.2 (Fall): 1-10.

Ross, Loretta J. 1999. "Epilogue: African American Women's Activism in the Global Arena." In *Still Lifting Still Climbing: Contemporary African American Women's Activism*, edited by Kimberly Springer, 325–39. New York University Press.

Ross, Loretta J. 2014. "Eugenicists Never Retreat, They Just Regroup: Sterilization and Reproductive Oppression in Prisons." *Rewire News Group*, June 12, 2014.

Ross, Loretta J. 2016. "The Color of Choice: White Supremacy and Reproductive Justice." In *Color of Violence: The Incite! Anthology*, edited by INCITE! Women of Color against Violence, 53-65. Durham: Duke University Press.

Ross, Loretta J. Interview by Joyce Follet. November 3-5, 2004, December 1-3, 2004, February 4, 2005. Voices of Feminism Oral History Project, Sophia Smith Collection, Smith College Northampton, Massachusetts.

Ross, Loretta J., Lynn Roberts, Erika Derkas, Whitney Peoples, and Pamela Bridgewater Toure, eds. 2017. Foreword by Dorothy Roberts. *Radical Reproductive Justice: Foundations, Theory, Practice, Critique*. New York: Feminist Press at the City University of New York.

Ross, Loretta J., and Rickie Solinger. 2017. *Reproductive Justice: An Introduction*. Berkeley: University of California Press.

Roth, Benita. 2004. *Separate Roads to Feminism: Black, Chicana, and White Feminist Movements in America's Second Wave*. Cambridge: Cambridge University Press.

Silliman, Jael, Marlene Gerber Fried, Loretta Ross, Elena R. Gutiérrez. 2016. *Undivided Rights: Women of Color Organize for Reproductive Justice*. Chicago: Haymarket Books.

Swinth, Kirsten. 2018. *Feminism's Forgotten Fight: The Unfinished Struggle for Work and Family*. Cambridge, MA: Harvard University Press.

Weisbord, Robert G. 1975. *Genocide?: Birth Control and the Black American*. Westport, Conn.: Greenwood Press.

Williams, Vanessa. 2019. "Why Black Women Issued A Public Demand for 'Reproductive Justice' 25 Years Ago." *Washington Post*, August 16, 2019.

4 社会運動、司法言説、歴史叙述
——フィリピン人元「慰安婦」をめぐる権力の交差性について

岡田泰平

（おかだ　たいへい）
東京大学大学院総合文化研究科教授
専門は東南アジア近現代史、アメリカ近現代史
著書に『「恩恵の論理」と植民地——アメリカ植民地期フィリピンの教育とその遺制』（法政大学出版局）、*The Japanese Community in Cebu, 1900–1945* (National Historical Commission of the Philippines)（共著）などがある。

はじめに

インターセクショナリティはキンバリー・クレンショーの司法と社会運動の言説の分析から編み出された概念である。アメリカ社会の文脈において、白人女性の解放を求めがちなフェミニズム運動と黒人男性を中心とした黒人の運動の双方から捉えきれない、黒人女性に焦点を当てた（Crenshaw 1989）。クレンショーと同様に、同概念を使ったアリシア・ガーザが描く住民運動やブラック・ライヴズ・マター運動も、基本的には警察暴力との闘い、経済的正義、ジェンダー平等といった「いま、ここ」で生じている喫緊の課題についてである。何世代にもわたりアメリカのレイシズムの下で生きてきた黒人に加え、外国生まれの中南米系の人々も対象とし、住民運動の活性化をめざすにあたり、インターセクショナリティを関係者の意識の変革へと活用しようとする（ガーザ　二〇二一）。

つまり、インターセクショナリティとは、それまで見えにくい問題や当事者を見えるようにするという目的の下に、考案された概念である。そして、実際の社会運動の中でこの概念がどのように活用できるのかが問われている。クレンショーは、人種やジェンダーといった権力が埋め込まれた制度に抗するために、人種とジェンダーの交差そのものに意識的になることを求めている（Crenshaw 1991）。ガーザの叙述はまさに実践における活用方法を示している。日本の文脈では、性暴力を考える上で、欠かせない要素として、「性暴力をめぐるインターセクショナルな議論」が挙げられている。「性暴力はしばしば人種、宗教、社会階層などを基にした差別の後押しのために利用されて」きたからである（清水　二〇二一、一〇四）。つまり、インターセクショナリティとは、人種や民族・国籍の違い、貧富の

格差などの区分が相互に関連しあい形成されることを強調する権力の交差性を露わにする概念であり、同概念に関する理解が反映されることを社会運動の実践に求めている。問題は、どれほどこの概念を規範とすべきか、という点であろう。本章では、インターセクショナリティという概念に付随する可視化と規範化に注目する。

クレンショーやガーザを筆頭に多くの論者が示すように、アメリカ社会の文脈で、「いま、ここ」で生じているものの、それまでは見えにくかった問題を可視化させるという点においては、インターセクショナリティは有用であったと言えるのだろう。他方、二一世紀のもう一つの大きな社会運動の潮流に、過去の出来事についての現時点における評価をめぐる運動、いわゆる「記憶の政治」がある。本章で試みるのは、インターセクショナリティの記憶をめぐる運動への適用である。なお、アメリカでも記憶の政治は激しく展開しているし、過去をめぐる社会運動も盛んであるが、それらの社会運動でインターセクショナリティがどのように活用されているのかは、総じて先行研究では明らかにされていない。本章で考察対象とするのは、日本軍「慰安婦」にさせられたフィリピンの人々をめぐる社会運動である。つまり、インターセクショナリティという概念は、アメリカ社会の文脈以外でどのように活用できるのか、また過去の著しい暴力にいかに適用できるのか、の二点を問うことになる。なお、本章では、極めて著しい暴力と悲惨さがどのように表明されてきたのかを検証する。ついては、鮮烈な表現を用いることになるが、読者にはその点をお許しいただきたい。

まずは事実を確認しておこう。フィリピンの女性団体タスク・フォース（後のリラ・ピリピーナ）が、一九九二年九月ごろから元「慰安婦」当事者に名乗り出るように呼びかけた。その呼びかけに応じ、翌一九九三年三月までには四四名の当事者が名乗り出た。翌四月二日には、この内から一八名が原告となった、日本政府を相手とした訴訟が提訴された。また、その後の九月二〇日には新たに二八名が追加提訴し、合計四六名が原告となる裁判となった。しかし、原告側の訴えは、一九九八年一〇月九日に地裁で敗れ、控訴したものの二〇〇〇年一二月六日に高裁で却下され、二〇〇三年一二月二五日には最高裁での審議も唐突に終わってしまった。また、「アジア女性基金」は、その設立当初から、様々な市民運動団体によって公式謝罪と国家補償を曖昧にするものとして批判されていた[1]。フィリピン人元「慰安婦」の場合、よく知られた当事者マリア・ロサ・ヘンソンが、一九九六年八月に同基金の「償い金」をいち早く受け取っている（岡田　二〇二二）。

訴訟根拠は地裁、高裁段階でほぼ同じである。地裁段階の訴状では、まずは日本がアジアを侵略した経緯が述べられる。ただし、師団レベルでの説明や侵略の経緯の説明はあるが、指揮命令系統や現地部隊の詳細を論じるものではなく、広く日本の侵略が強調される。ややのっぺりとした日本軍国主義批判であり、その責任を継承したものとして現日本国家を位置づける。そしてこの権力の下、現地住民に様々な被害が及んだと説明される（フィリピン「従軍慰安婦補償」補償請求裁判弁護団他　一九九三）。直接的な法律の根拠は、国際慣習法と「人道に対する罪」、フィリピン国内法、日本の民法、国家賠償法、立法不作為に基づく損害賠償だった。それぞれの段階で、事実の認定を必要としない、法律論として退けられている（平成五年（ワ）第五九六六号／平成五年（ワ）第一七五七五号判決、以下判決）。判決解説において、一人の論者は、「人道に対する罪」は慣習刑法に属しており、慣習刑法の適用を禁止することは、「圧倒的に多数の文明国家の認めるところ」であり、個人への適用は「もとより認められるはずもなかったのである」と手厳しく批判している（青山　二〇〇〇）。

本章で検討する資料の概略を示したい。第一には、新聞や社会運動のミニコミ誌等に残された「慰安婦」の語りである。第二には、地裁判決文およびそこに組み込まれた「被害事実等目録」（判決）、第三には、ヘンソンの自伝三版である。この自伝は日本語版が初めに出版され、その直後にフィリピンでの英語版、そしてアメリカでの英語版が刊行されている。

1　マスコミから社会運動の語りまで

「慰安婦」問題の認識は、およそ一九九二年の一月にはそれなりにでき上がっていたと言えるだろう。このときには、『朝日新聞』が歴史研究者の吉見義明が発見した当時防衛庁の資料についての記事を掲載し、宮澤喜一首相が訪韓し、複数回謝罪している。前年八月の金学順のカミングアウトもあり、その時点で、日本軍兵士の性の対象として、アジア人の女性、とりわけ朝鮮人が使われてきたという認識はあった。これ以降、彼女達が強制されたのか、それとも彼女達に何らかの自発性があったのかをめぐり、論争が展開していく。その中で、マスコミや刊行資料上の「慰安婦」表象の圧倒的多数は朝鮮人「慰安婦」に関するものであって、フィリピン人「慰安婦」の表象は多くない。また、実のところ、朝鮮人「慰安婦」の経験とフィリピン人「慰安婦」の経験も、明確に弁別化されてきたわけではなかった。吉見義明の『従軍慰安婦』が日本軍「慰安婦」の実態を表すとともに、そのイメージを作り上げてきたと言えるが、その中でもフィリピン人「慰安婦」については、他の東南アジア諸国の「慰安婦」と一括りにされ、「軍による暴力的な連行が多かった」ことが挙げられている（一九九五、一二五）。日本軍「慰安婦」被害者の一部として、フィリピン人「慰安婦」も性暴力の対象となり、多くの場合、極めて若く、場合によってはまだ一〇代前半で、一定期間監禁され、一晩に数十人にまで及ぶ日本軍兵士との性行為を強いられたというイメージは定着していたと思われる。

このようなイメージゆえにであろうが、新聞報道を見る限り、フィリピン人元「慰安婦」が裁判等を通して訴えていることは分かるが、彼女らの被った被害を詳述する記事はほぼない。例えば、一九九二年一一月二一日の『朝日新聞』夕刊は四名の慰安婦の被害をやや詳細に論じているが、「連日一二〜二〇人の兵士の相手」であるとか、「将校づき慰安婦」、「夫と二人で連行され拷問を受け」「ろう屋の中で週三、四回、兵士の相手をすることを強要」などと言った具合である。『読売新聞』や『産経新聞』では表現はさらに婉曲されており、「慰安婦として働かされた」「多数の日本兵の相手をさせられた」などと描写されている（『読売新聞』一九九三年四月二日、『産経新聞』一九九三年一〇月一五日）。これらのうち、被害内容を最も詳細に論じているのが『毎日新聞』の一九九二年一一月六日の記事である。四名の元「慰安婦」の居住地に加え、「代わる代わるレイプされた」、「抵抗して頭を殴られ、気を失ったことも再三」などと、被害をやや具体的に当事者の顔写真入りで論じている。ただし、この記事においても、紙幅の都合もあるので、どのような状況で被害が生じているのかは必ずしも明確ではない。

社会運動のミニコミ誌の記事は、おおむね当事者を日本に呼んだ証言集会からであり、その文脈で聞いたことの口述筆記や紹介である。『部落解放』に載ったアモニタ・バラハディアの場合、家を焼かれ、一三名の家族が日本軍に殺される。その後、日本兵に捕まり、駐屯地となっていた建物の刑務所に入れられる。最初の日に七名にレイプされ、その後毎日レイプされたことが手短に論じられている。また、泣くと、殴打されたので、現在も右耳が良く聞こえない。しかし、運よく夜中に逃げられた。そして、テレビで「慰安婦」について知ったことなど、名乗り出た経緯がやや詳しく証言されている。最後には、二度と戦争を起こしてほしくない、若い人にこそ、自分の経験を聞いてほしいと締めくくっている（四〇一号、一九九六年二月）。

九州の支援団体のミニコミ誌では、プリシラ・バルトニコの経験が述べられている。一九四二年、レイテ島ブラウエンでは、日本軍の爆撃もあり、親族と共に塹壕に暮らしていた。ところが、その塹壕が日本兵に見つかってしまう。三名の日本兵に、いとこと二人でバナナの木の陰に連れ込まれた。いとこは激しく抵抗したため、怒った日本兵にレイプされその場で殺されてしまう。バルトニコはレイプされた後、駐屯地となっていた近隣の小学校に連れて行かれさらにレイプされた。その後、飛行場建設で働かされた後に、守備兵のおかげで逃げることができた。そして、アメリカ軍の上陸により、彼女の村は日本軍の支配から解放された。最後には、日本人からは「心からの支援」、日本政府からは「正式な謝罪と個人的な補償」を望み、そのような望みがかなえられた暁には、「人間としてそして女性としての尊厳をもう一度取り戻すことができる」と述べている（『関釜裁判ニュース』一七号、一九九六年九月一六日）。

これらの証言では、およそ戦地の状況、被害の実態、解放された経緯、日本人または日本国家へのアピールという順序の論述となっている。そして、場合によっては、名乗り出て社会運動に関わったことへの感謝が述べられている。他方、拘束されていた期間や、拘束下の生活、さらには、レイプが生じた時期や場所については曖昧なことが多い。これらの特徴は他のミニコミや雑誌に掲載されたフィリピン人元「慰安婦」証言にも、おおむね共有されている。[2] 証言の信ぴょう性が問われているわけではなく、当事者の苦難に満ちた体験を共有しようという意図が明らかである。

彼女達の経験の過酷さは強調されるものの、その内実は事細かには論じられない。そして、日本人や日本政府へのアピールを伴っている。このような特徴は、これらの証言や社会運動を担う側のことばにもあらわれる「正義」や「人権」と言った表現に示されるように、司法による解決が強く求められていたことを反映している。また、その聴衆は彼女らの経験を理解し、フィリピン人元「慰安婦」の司法闘争に賛同する人々であり、証言者は自らのおかれた環境の苛酷さやレイプの頻度や拘束の期間に触れなくても、それらの点は理解されるのだろうという期待があったからだと思われる。また、あまりにも苛酷な経験を何回も言語化することには躊躇もあっただろうし、逆に元「慰安婦」として証言することに慣れてしまい、パターン化された語りになってしまっているということもあっただろう。この文脈では、フィリピン人元「慰安婦」という記号が持つ、日本兵の性暴力の対象、フィリピン人女性という日本人または男性にとっての他者、貧困に苦しむ人々という重層性は前提とされている。それでは、司法の場では、どのような言説があったのだろうか。

2　司法における言説

現時点で東京地方裁判所には、この事件の判決文しか残されていない。その判決文には、「被害事実等目録」という原告四六名分の資料が付されている。[3]「被害事実等目録」で印象に残るのは、鮮烈な暴力の描写である。ルフィーナ・フェルナンデスは両親や妹が殺された後に、駐屯地に連行され、繰り返しレイプされる。米軍が近づくと、「最初に強姦した士官が、軍刀を抜いて切りつけ」本人は「軍刀の刀身の光を見て両親の殺されたときのことを思い出すと同時に、軍刀で右肩を切りつけられ気を失った。」その後、傷は癒えたものの「右肩から右腕にかけて大きく変形し、重い物を持てず肩から上に腕を上げることができない」「もともと右利きだったので左手中心の生活はずいぶんと不便で辛い思いをしている」との苦難を語っている。（判決（以下同様）二三七―二四〇）

この例と同様に、レイプが他の暴力を伴っていることも繰り返し論じられる。アナスタシア・コルテスの場合、夫はフィリピン陸軍の軍人だった。バターン戦後に拘束され、逃亡を図るが、再度拘束されてしまう。その後、コルテスと夫は、拷問と虐殺の場として後に知られるサンチャゴ要塞に連れて行かれ、コルテスの目の前で夫が拷問され始める。裸にされ逆さづりにされ殴打された後、椅子に座らされた。指の骨が折られ、爪が剝がされ、「かみそりで頭の髪の毛だけではなく皮まで剃り、血がぼとぼと夫の顔に流れ落ちた。」それを見た、コルテスは気を失ってしまう。そしてレイプされ、「慰安婦」となる。（一八七―一九〇）

また、このような暴力は、証言によっては医学的と言える程に的確に描写されている。夫がゲリラかと疑われたピラール・フリアスは、タバコの火を頬に押しつけられた。大声を出すと、三〇センチメートルもあるナイフで刺殺されかける。「日本兵は原告フリアスの口か喉を狙ったようだったが、同原告が動いたのでナイフは同原告の右鼻孔部に刺さった。また、二度目に刺されたときには、原告フリアスの右目下の頬に刺さった。」それから、水で窒息させようとした。拷問の最後には、「原告フリアスを後ろ手にしばって、庭のランカ（ジャックフルーツ）の木に縛り付けて、二人で代わる代わる同原告を強姦した。」（三一四—三一八）

このほかにも、被害者が被った、レイプの際の出血は数多く示されている。処女だったので出血してしまう事例や（三二一—三二五）、出血が止まらないのにレイプされ続ける事例がある（二九七—三〇一、二六七—二六九）。プリータ・カニェードは、出血が止まらない中、駐屯所でレイプされ続け、衰弱してしまい、這って歩くようになった。そして、「肉のかたまりのようになり役に立たなくなった」ので、街角で釈放された（二五七—二六〇）。

さらには、「慰安婦」経験後の苦難も、現前に迫ってくる。ロザリオ・ノプエトの場合、繰り返しレイプされた後、日本軍撤退の前に、駐屯地にいたフィリピン人は断首されたのだが、彼女のみが生き残った（一九七—一九九）。また、レイプに起因する苦難も生々しい。妊娠中であるにもかかわらず繰り返しレイプされたので、結局は流産してしまう事例や（二一二—二一六）、レイプの結果、出産してしまう事例もある（二九四—二九七、二二七—二二九）。

つまり、「慰安婦」となることは、このような肉体や精神の破壊を伴うものであり、この経験に起因する障がいが残り続けることが強調されている。マリア・ロサ・ヘンソンは、拷問の上に、マラリアにかかり顔が変形してしまう。その結果、戦後しばらくは話もできず、涎も止まらなかった（一八二—一八六）。レイプの結果、膣が裂けてしまい縫合しなければならなかった場合や、子宮や卵巣を摘出しなければならない場合もあった（一九九—二〇二、二五七—二六〇、一九四—一九六）。また、精神的な損傷も激しく、性生活が営めない事例は散見されるし、しばらく人の認知ができなくなった当事者もいる（一九九—二〇二、一八二—一八六）。トマサ・サリノグは、本人の目の前で、首を切られて殺された父親が脳裏から消え去らない（一九〇—一九四）。また、アナスタシア・コルテスは、テレビや映画での暴力的な場面を見ると、拷問やレイプを思い出してしまう（一八七—一九〇）。それぞれが忌まわしい記憶に苦しんでおり、自殺を望んでいたことも散見される。ロリータ・エスペニーダの場合、「母に『神様がいるから希望を持つように』と諭され」、自殺に至らなかった（二九七—三〇一）。

このほかに深刻であるのは、周りの人々の白眼視や親族の冷たい態度である。「慰安婦」の経験後は、村を離れることを余儀なくされたり、夫に知られてしまった場合、別離に至ることも多かった。クリスティータ・アルコベルの場合、夫が出ていってしまうのだが、それはある人がアルコベルのことを「日本人の残り物」と揶揄し、彼女が「慰安婦」だったことを暴露したからだった（二二二―二二七）。また、正式の結婚をしない大きな理由は、処女が奪われてしまったからだと論じる事例が複数ある。というのも、その当時は、処女でなければ正式の結婚ができなかったからだ、と説明される（三二一―三二五）。

つまり、マスメディアやミニコミ誌では、社会運動との出会いが、「正義」を求めることへの転機であり、「慰安婦」としての名乗り出の崇高さが強調されるのだが、司法言説では、「慰安婦」だった体験に焦点を絞り、その体験が精神および肉体の破壊であり、その後も長期にわたり被害を及ぼし、当事者がその後の社会生活でも苦しんできたことが論じられる。なぜ司法言説は、このような苦悩の語りになるのだろうか。

地裁の裁判官は、原告側は「日本軍構成員によって暴行、監禁及び強姦等の著しい被害を被った旨主張する」と述べ、陳述書や本人尋問を指し、「右主張にはそう部分（ママ）がある」と述べる（八四―八五）。しかし、結局は損害賠償請求権という法律上の権利の有無そのものに争いがあるので、そちらを判断すると続けている。つまり、「著しい被害」の真偽は不問に付されているのだが、原告側主張を裏づけるものとしてこの「被害事実等目録」が判決に組み込まれたと言えよう。

これらの文章にある、著しい暴力の叙述は、痛覚を感じさせるものである。[4] それぞれの当事者が、その当時に限らず、その後にも、暴力の大きな影響を受けてきたことを示している。このような現在にまで至る痛覚を表す記述は、司法闘争の方針である国際慣習法を個人に直接適用させることを追及するものであり、この方針へと裁判官の判断を促すものだったと解することができる。つまり、あまりにも凄惨であるがゆえに、人道や人権や国際慣習法を著しく逸脱するものなので、その行為を行った日本軍国主義を継承する日本政府は被害者個人に直接に補償せよという主張である。社会運動のミニコミ誌のように、双方がその被害の深刻さを共有している場合と比べ、訴訟では人権を侵害された人という枠組みで論じ司法権力を担う裁判官を説得しなければならなかった。そのためには、その侵害がどのようになされたか、またいかに酷かったかを明示する必要があったということだろう。

もっとも、訴訟は法律論で却下されてしまっており、悲惨さを強調する戦術は勝訴には結びつかなかった。勝訴が目的だとすると、その点では成功しなかったと言えよう。それでは、このような経験は、より幅広く長期にわたる歴史叙述に引き付けるとどのように解釈されるのであろうか。

3　歴史叙述として

社会運動の一環として書かれ刊行された本と、歴史叙述として書かれた本の間に明確な線引きができるわけではない。ここでは、後者をして、ある時期の出来事の変遷を、大きな枠組みをもってして一定の視点から論じたものと、やや曖昧に捉えておきたい。この文脈で、決定的であったのは、マリア・ロサ・

ヘンソンが書き、藤目ゆきが訳および編集をした『ある日本軍「慰安婦」の回想――フィリピンの現代史を生きて』である。この本は、一九九五年一二月に刊行された。その後、翌年一九九六年には、フィリピンの左派ジャーナリスト団体が英語版を『慰安婦――運命の奴隷』（*Comfort Woman-Slave of Destiny*）とのタイトルで刊行している。書評の掲載日等から三月末から四月に刊行されたと思われる。日本語版刊行から五カ月後ほどで英語版がフィリピンで刊行された。それから四年後の一九九九年にアメリカで英語版が刊行されている。本論ではより普及している二〇一七年刊行の第二版を使用する。タイトルは、『慰安婦――日本軍政下のフィリピン人女性の売春と奴隷の物語』（*Comfort Woman-A Filipina's Story of Prostitution and Slavery Under the Japanese Military*）となっている。これら三版を比較してみたい。

　まずは共通するあらすじを示しておく。フィリピン・ルソン島中部のパンパンガ州アンヘレス近くのパンパンに、貧しくも仲の良い夫婦アルベルトとカルメンが住んでいる。この夫婦の下に、マリア・ロサ・ヘンソンの母、フリアが生まれる。一家は貧しい小作農である。一三歳のころから、フリアは地主のヘンソン家に女中として働き始める。数年は、良好な関係だったが、一五歳になったある日、地主のドン・ペペ・ヘンソンによって、フリアはレイプされる。祖母カルメンは、貧困と地主への依存ゆえに、嫌がるフリアを助けようとせず、ドン・ペペとの性的関係を続けさせる。その結果、フリアは妊娠してしまう。敬虔なカトリックとして知られていたドン・ペペにとって、妊娠した愛人の存在は不都合だった。そこで、フリアをマニラのパサイ市に引っ越させ、そこでフリアはマリア・ロサを出産する。ドン・ペペは、自分の家族には秘密にしながらも、フリア一家を支援する。マリア・ロサが七歳になると、小学校に通わせ、その学費も払い続ける。

　マリア・ロサは、幸せな小学校時代を過ごすが、卒業する前にアジア・太平洋戦争が勃発する。彼女と母フリアは、一時は避難したが、状況も安定したのでパサイ市に戻ってくる。しかし、マッキンリー要塞という近隣の軍施設で薪取りをしていると、タナカという将校に二度レイプされる。そこで、故郷のアンヘレスに避難し、マリア・ロサは同地の有力なゲリラ組織フク団に参加する。そのゲリラ活動の中で、彼女は捕まり、「慰安所」とされたアンヘレス市の病院や精米所でレイプされ続ける生活を送る。しばらくすると、同地区に配属となったタナカが再び彼女の前に現れる。タナカは、彼女をレイプすることはあるものの、彼女の苦境を理解し、マラリアで苦しむ彼女を気遣うようにもなる。秘密漏洩を疑われたマリア・ロサは、同地区の部隊長に酷い拷問を受けるが、ゲリラの襲撃によって、アンヘレス市の「慰安所」から解放される。

　母フリアは、マラリアと拷問による後遺症に苦しんでいたマリア・ロサを、辛抱強く介抱し、彼女が「慰安婦」とされた経験も理解してくれる。そこに、貧農出身で、ケソン大統領の下の組織でゲリラ活動をしており、米軍軍属だったドミンゴという青年が来るようになり、マリア・ロサはドミンゴとの事実婚に踏み切る。マリア・ロサは、レイプされたことはドミンゴに言えたものの、フリアの勧めにも関わらず、九カ月間「慰安婦」だったことは言えない。優しいドミンゴとの間に子供も生まれるが、「慰安婦」だったことの悪夢に悩まされ、夜中に寝言でタナカの名を呼ぶようになってしまう。ドミンゴは、マリア・ロサが「慰安婦」だったことを知らず、タナカという人物を訝しく思う。そして、彼の心は冷めていく。そうした中で、ある晩、ドミンゴは拉致され、マリア・ロサの前からいなくなってしまう。

母フリアの手助けもあり、マリア・ロサは子育てを続ける。あるとき、娘の一人ロザリオが病気になり、薬に買いに行くと、その帰りに二人の男に拉致される。密林に連れて行かれると、そこにはドミンゴがいる。ドミンゴは、フク団の後継団体で、反政府ゲリラ活動をしている人民解放軍（Hukbo Mapagpalaya ng Bayan）に拉致され、そこで部隊長になっていた。しかし、マリア・ロサが、国軍に通報すると言ったので、同部隊の居場所を知らせるわけにはいかず、マリア・ロサはドミンゴに監禁され、さらにレイプされてしまう。しばらく一緒に生活したのちに、ドミンゴはレイプが仲間に暴行をさせないための偽計だったとマリア・ロサに言い、許しを請う。そして、一計を案じ、逃亡させてくれる。ドミンゴは、その後の国軍との銃撃戦の中で、殺されてしまう。

苦労して、マリア・ロサは、三人の子供を育てる。しばらくすると、母フリアが病死するが、マリア・ロサはタバコ工場で安定した職に就く。そして九〇年代まで働き続け、タバコ工場での長い勤務のおかげで年金をもらえた。静かな老後を過ごそうとしていた矢先に、フィリピン人元「慰安婦」の支援を始めた女性団体タスク・フォースによるラジオの呼びかけを聞く。紆余曲折の結果、娘ロザリオが彼女の苦しみを受け止めてくれたこともあり、「慰安婦」として名乗り出ることを決める。タスク・フォースやその継承団体リラ・ピリピーナでの活動が述べられ、物語が終わる。

日本語版、英語のフィリピン刊行版、アメリカ刊行版を比べると、まずはフィリピン刊行版のイラストの多さに気づかされる。ヘンソン自身が描いたイラストである。レイプされる場面なども描かれているが、彼女の心情を表すものも多い。日本語版では、イラストの使用はごく僅かで、主にはヘンソンを被写体とした写真が目立つ。アメリカ刊行版では全体としてイラストは少なく、少ない分だけ、逆に日本軍によるレイプや拷問のイラストに焦点が当てられている。

日本語版は、編訳者藤目ゆきが論じているように、封建制度と植民地主義の下で生きてきた女性の三代記になっている（二一五）。レイプにも関わらずフリアとドン・ペペの関係を保つことにより一家の生存を図った祖母カルメン、ドン・ペペにレイプされながらも常に娘マリア・ロサの幸せを考えた母フリア、そして度重なるレイプに苦しむマリア・ロサの経験から紡ぎ出されるフィリピンの現代史である。

英語で書かれているフィリピン刊行版とアメリカ刊行版の本文の文章は同一である。フィリピン刊行版は、「フィリピン調査報道センター」(Philippine Center for Investigative Journalism)という左派メディア集団から刊行されている。フィリピンの著名なジャーナリスト・シーラ・コロネルが手短かに出版に至る経緯を示し、編集者のみならず、デザイナーや校正者に至るまでの名前が示され、手作り感が強い。

アメリカ刊行版は、Rowman & Littlefieldという教育関係の本を手がけてきた独立系の出版社から出版されている。フェミニスト国際関係論の第一人者であるシンシア・エンローと英語圏への日本軍「慰安婦」問題の紹介者である広島市立大学平和研究所の田中和幸が論文を寄せている。田中論文は日本軍「慰安婦」問題をめぐる不作為について日本の政治家を名指しで批判する長文の現状分析である。エンローはそのように問題の原因を問う田中論文の「フェミニズムに基づく視点」こそが、説明責任や処罰の欠如を見逃さないものだと主張する。その上で、軍事主義は、日本のみではなく、韓国、北朝鮮、ベトナム、フィリピン、アメリカ、中国でも拡がっていることを指摘しつつ、アジア太平洋戦争を過ぎ去ったものとみなすべきではないとの認識に立つ。そして、改めて一九三〇年代―四〇年代の戦時性買売制度(militarized prostitution systems)に注目をすることを求めている。これら二点の論文の後に、ヘンソンの自伝が掲載されている。

さらに、日本語版と英語版の異なる細部にも注目してみると、違いがより明らかになる。男性に対するマリア・ロサの複雑な感情の記述が日本語版よりも英語版の方が豊富である。ドン・ペペについては、母フリアの人生が彼によって狂わされてしまったことを悲しみつつも、父親への愛情も露わにしている。日本語版では、戦争の終了後に、ドン・ペペがパンパンの屋敷に戻っている件そのものがないのだが、英語版ではほぼ一頁に渡って詳述してある。ドン・ペペが自分の家族との関係ゆえに、もはやフリアやマリア・ロサに会わないと聞かされる。悲しみながらもそれを受け入れ、「父は、実のところ、私達と縁を切ったのだ。自分の為すべきことを為したと感じたのだろう。自らの姓を私に与えてくれたし、何年にもわたり、私のみならず母の一族を支えてくれた。私は、もはや彼に会うことはないだろうと予感した」と記している(Henson 2017, 67)。

また、「慰安所」で再会したタナカについては、日本語版では「私のことをマッキンレー要塞で自分がレイプした娘だと気づいたそのときから、彼はずいぶん私に親切になり、よく話しかけてきました」と述べ、その後ロサ、すなわち日本語で「バラ」と命名されたと説明するだけである(ヘンソン一九九五、七六)。英語版では、これに加え「彼は私のことを気に入ったが、私は彼を好きではなかった」「他の兵士が私をレイプすることを止めさせられたならば、そうしただろう」とマリア・ロサの考えを示している(Henson 2017, 48)。また、今でもタナカのことをよく覚えていると述懐する。さらに、「バラ」と名付けられたことを孫娘に話すと、孫娘がふざけて、マリア・ロサのことを通常のロラ・ロサ（ロサお婆さん）ではなく、ロラ・バラと呼んだ、と記している（Henson 2017, 50）。

さらには、日本語版の場合、反政府的な社会運動や労働組合の役割がより強調されている。ドミンゴが人民解放軍に属す場面においても、日本語版の場合、フク団との連続性が強調されるが、英語版の場合、ドミンゴが意に反して男達に連れ去られ、結果として、人民解放軍の部隊長になったとの印象が強い。また、タバコ工場については、日本語版では労働組合のおかげで、仕事を得ることができ、年金を含む社会保険制度に加入できたと論じている（ヘンソン　一九九五、一六〇―一六一）。ところが英語版では退職前に女性を雇用する人事部門に配属されており、雇用主から「これであなたは私達の側ですね。私達の利益を守らなければなりません」と言われている。そして、工場での労働者による盗難に気をつけた、と記している（Henson 2017, 91）。

日本語版のみの特徴もいくつかある。「慰安所」における他の慰安婦についてである。彼女達と話すことは許されないのだが、そのうちの複数名は、顔から察するに東アジアの女性で、朝鮮人だったのではないかと論じている（ヘンソン　一九九五、八〇）。さらには、タスク・フォースの活動の部分では、他の「慰安婦」数名の被害について、さらには写真入りで日本の国連平和維持活動への反対を紹介している（ヘンソン　一九九五、一七六―一七七）。また、日本語版に掲載されている八枚の写真のうち、三枚はデモ行進についてである。日本語版の最後の部分では「日本の未来をになう今の、そして次の世代が日本の過去の歴史を正確に理解するでしょう」という「楽天的」な見解が示されているが、このような文言は英語版にはない（ヘンソン　一九九五、二一一）。

総じて、英語版の方が情感豊かな叙述となっている。特にフィリピン刊行版ではイラストをふんだんに取り入れることで、物語の過酷さが和らげられている。また、男性に対する感情も複雑であり、家父長制や封建制への批判も激しくない。これに対して、日本語版では、レイプしたドン・ペペやタナカに対する複雑な心情の記述は欠落し、「慰安婦」問題が複数の国籍にまたがるものであることが強調され、一九九〇年代日本の自衛隊海外派遣が批判される。

日本語版が反家父長制、反政府、反資本の社会運動に傾倒していくマリア・ロサ・ヘンソンを示しているのに対して、英語版とりわけ――そのイラストも含むと――フィリピン刊行版では家族を守るためには金銭が重要であることを理解し、母をレイプした地主の姓を名誉と思う保守的な側面を持った人物として描かれている。つまり、日本語版では、ヘンソンは、日本人民には友愛を感じながらも、日本政府に対しては訴え続けるというスタンスが明らかである。書評の一つでは、「アジア女性基金」を、ヘンソンがなぜ受け取ったのかが分からないと述べられている（尹　一九九六）。この不可解さは、日本語版での描き方によるところが大きい。日本語版は過去の日本軍国主義や現在の日本の司法という権力に焦点を合わせており、それらと闘う当事者としてヘンソンを位置づけている。貧困の中で生き抜かなければならず、さほど反資本でも反政府でもない等身大のヘンソンの姿を十全に表していない。

このような違いは何に起因しているのだろうか。それは各社会におけるフィリピン人元「慰安婦」の立ち位置によるものと思われる。フィリピン社会においては、彼女が著しい性被害を受けた人物だとしても、隣人として、家族として、また過去の苦難を乗り越えて生きて来た人として認知してもらいたいということだろう。日本の運動団体の主張は、「アジア女性基金」では名誉回復されないというものだったが、このような批判に対して、ヘンソンは「アジア女性基金」を受け取ろうが受け取らまいが、近隣の人々が彼女を揶揄し蔑んでおり、結局名誉は回復できなかったと反駁している（『朝日新聞』一九九六年七月二六日）。また、フィリピンの新聞記事の一つは、彼女の名乗り出を、売名行為であるかのように揶揄している（Francisco 1997）。

よって日本語版と英語の二版との違いは、次のようにまとめられよう。日本語版では、反家父長制度と反封建制度という視点からの歴史叙述であり、ヘンソンは闘う当事者である。アメリカ刊行版の場合は、フィリピン人を対象にした「慰安婦」制度はあくまでも数ある戦時性買売制度の一例であり、ヘンソンはその代表的な声である。これらに対して、フィリピン刊行版では、「慰安婦」制度は自らの社会の近現代史の一部である。そしてヘンソンは、その苦難を訴えてはいるものの、読者からの肯定的な理解を得たい著者でもあり、読者との感情的なつながりを希望している。実際に当事者が身近にいる社会においては、反家父長制や反封建制を訴える叙述や、フェミニスト国際関係論では解決できない、親密な範囲での蔑視がある。その結果、フィリピン刊行版は許容と肯定的な理解を得たいという著者の切望を示す必要があった。

おわりに――インターセクショナリティと記憶の政治

ここまで、マスメディア・社会運動の語り、司法言説、歴史叙述を見てきた。フィリピン人「慰安婦」運動は、日本における司法闘争を軸とした国際的な運動であったが、様々な権力の交差性によって、その描かれ方が異なっていた。マスメディアでは、元「慰安婦」当事者が声を出し、社会運動を始めたという点が重要だった。社会運動の語りでは、彼女らを招いての講演の記録や要約という体裁が多く、聴衆は当事者に同情的であり、その被害の詳細があえて論じられることはあまりなかった。その反面、司法闘争では「人権」の侵害を証明し、国際慣習法を個人に直接に適用させるために、「慰安婦」としての経験に焦点を当て、凄惨な暴力を詳細に表した。そして、歴史叙述としては、日本とアメリカの読者にとっては、当事者は遠い社会に生きており、基本的には縁遠い問題だった。よって闘う当事者や戦時性買売制度の証言者という位置づけでよかった。これに対し、フィリピン人にとっては、日本軍「慰安婦」制度は自分達の社会の歴史の一部であり、元「慰安婦」は身近な人々だった。だからこそ、フィリピン刊行版では親密な人間関係において当事者をどのように理解すればよいのかという、より深刻な問題が意識されていた。

端的には、フィリピンの文脈では、司法言説における鮮烈な存在規定であるところの、捨てられた「肉のかたまり」との自己表現や、「日本人の残り物」という悪意と揶揄を含んだ周りの眼差しから、どのように回復できるのかが問題になった。いわば尊厳の回復だが、おそらくその解決方法は二つ考えうる。第一は、日本語版のように闘う主体としての当事者を位置づけ、彼女達に対する敬意を取り戻す方法である。しかし、闘う主体としての純粋さを保つには、いくつかの点で難しかった。まず、ヘンソンを始めとして、ほぼ全てのフィリピン人元「慰安婦」が「アジア女性基金」を受け取っている。位置づけのはっきりしない金銭の受領という分かりにくさがある。また、多くの貧困に苦しむ人々や、日本軍政下での多様な被害者の中で、なぜ元「慰安婦」のみが個人補償や公式謝罪の対象となるのか、という問いに対する明白な回答があるわけでもない。尊厳を回復する第二の方法は、親密な人々に受け入れられることであろう。ヘンソンの名乗り出にしても、娘ロザリオの理解は必要だった。しかし近隣の人には揶揄された。著名になったらなったで、売名行為だと言われてしまった。ルシア・ミサの場合、夫は理解してくれたが、息子は理解してくれなかった（フィリピン人元「従軍慰安婦」支援ニュース　二〇〇五年六月一三日）。このような親密圏における困難は、元「慰安婦」が生きている限り残り続けるのだろう。

最近の社会運動に、パマナ（PAMANA, Pamiliya at mga Anak ng mga Lolang Nagkakaisa、連帯するロラの家族と子供達）またはパマナ・リン・タヨ（Pamana rin tayo 私達も遺産だ）というものがある。子供世代や孫の世代の人々が、「慰安婦」だった親や祖母に対して、彼女は『「慰安婦」以上』（higit sa isang comfort woman/more than a comfort woman）の存在だったと認識し、その上で「慰安婦」経験以外のその人の物語を他者と共有する運動である（The Mothers' Storybook Project Team 2021 ;『ロラネット・ニュース』二九号、二〇二二年一月一五日）。性暴力の被害者を身近な人が蔑むという行為は、家父長制という権力から発していると言えようが、当事者が居住していない日本やアメリカでは生じない。このような蔑みは深刻であり、遠い時代の日本軍という権力とは別に対応する必要があった。この点においては、フィリピン刊行版やそれを取り巻く社会運動が、より権力の交差性に意識的だった、と言えるのかも知れない。

ここまで権力の交差性という考え方を軸に、フィリピン人「慰安婦」をめぐる資料を読んできた。第一の可視化であるが、権力の交差性を露わにするという戦術は、この社会運動の場合、すでに前提となっている。タスク・フォースの運動は、「慰安婦」の可視化という点においては大きな成功を収めているし、上述のように、フィリピンの活動家は、様々な権力が当事者を取り巻いていることもよく理解している。日本人支援者にとっては、フィリピン人元「慰安婦」とは、日本人ではない女性で、日本兵の性暴力の対象となりつつも、声を上げた人々であり、貧困に生き続ける人々だった。ガーザが言うような他者の背景を理解しようという態度は、――すなわちインターセクショナルな態度は――当初から日本人支援者にもあった。そうでなければ、日本における司法闘争に対する幅広い支援などはとうていできなかったであろう。やや奇妙と言えば奇妙であるが、「慰安婦」運動の対象は、日本人以外の事例に限られるのである。黒人女性のガーザの描き出すブラック・ライヴズ・マターは、初めに自らのアイデンティティに近い黒人の運動として論じ、その上で人種や法的地位が異なる他者とどのように連帯するのか、と発想する。フィリピン人元「慰安婦」運動とは、そこが異なる。むしろ、日本人「慰安婦」のような、純粋な被害者性を持ちえない人を運動に組み込めなかったことをどのように評価すべきなのかが、問われ続けている（「戦争と女性への暴力」リサーチ・アクションセンター他 二〇一五；木下 二〇一七）。

この考察から、注目すべきは、司法闘争という重要な局面においては、権力の交差性が後景に退いているという点であろう。純粋な被害者であることが意図され、権力は日本軍国主義であると単純化された。歴史叙述では、ヘンソンは抗日ゲリラだった。司法言説では、ヘンソンがゲリラだったことは触れられていない（判決一八二―一八六）。弁護団の取った戦術は、当事者を取り巻く複数の権力を表すのではなく、暴力と繰り返されるレイプという「慰安婦」体験のみに焦点を合わせ、その長い影響を論じることだった。権力の交差性とは真逆の、権力と被害の単線性を主張しており、クレンショーの発想とは対照をなしている。

社会運動の側面では、フィリピンの活動家はもとより、日本人の支援者も、権力の交差性を認識していた。だからこそ、別稿で論じたように、日本の支援者は、この問題を人権の回復だと認識しつつも、寄付金や住居の修繕など、貧困にある当事者の苦しみを少しでも和らげようとした（岡田 二〇二二）。支援者は、当事者支援の中の南北格差を強く意識していた。いわば、性暴力をめぐる権力と資本をめぐる権力は交差しており、それも踏まえて、フィリピン人元「慰安婦」の支援運動は進められてきた。

司法闘争では、前述のように「人道に対する罪」の被害者個々人への適用が求められ、そのために凄惨な「慰安婦」体験に焦点が当てられた。ただし、この権力と被害の単線性への評価は錯綜したものである。勝訴を収めることもできなかったが、弁護士の高木健一が述べているように、国際慣習法を個人に適用するというこの訴訟戦術は時代の先を行くものだった（高木インタビュー二〇一八、二〇二三）。例えば、最近の韓国の司法は、この新たな国際法認識の適用を求めている（波多野 二〇二〇）。この点からみると、権力と被害の単線性こそが有効な戦術だったとも言えなくもない。また、権力の交差性を前面に打ち出した主張が、勝訴のようなより良い結果をもたらしただろうとは、とうてい言えない。

つまりは、インターセクショナリティとは異なる運動方針もありうるということだろう。この点から、現実に進行している社会運動において、インターセクショナリティは、規範と言えるほどには強い概念ではない。また、クレンショーが論じるような、人種やジェンダーといった明確な区分を前提として、その権力の交差性を意識し、それぞれの区分で抜け落ちる存在に注目せよという主張にも、躊躇を感じる。むしろこのような区分を明確にすることこそがアメリカ社会の文脈では切実に求められているのであり、そのような要求はフィリピン人元「慰安婦」運動には存立していない。上述のように、ヘンソンの自伝を振り返ると、フィリピン人「慰安婦」の経験について、アメリカ刊行版では普遍的な戦時性買売制度の一例と見做され、フィリピンにおいては親密圏における蔑視を意識することが求められ、日本では軍国主義の復活に身構えることが意識された。それぞれの状況に合った選択だった。異なる文脈で異なる権力が交差し、どのようにしたら包括的な解決が可能なのかすら分からない場合、どの権力を意識し社会運動の対象とするかは、問題が語られる社会に依存する。

むしろ、残された問いは、交差する権力のどれを、どの程度、それぞれの社会の社会運動の特定の局面で取り上げるのか、である。その解は、権力の交差性を対象とする場合もあれば、権力と被害の単線性でよしとする場合もあろう。異なる局面や状況においては新たな選択をする場合もあるだろう。社会運動において、権力が交差していることを意識し、そのことを議論の俎上に載せつつ、運動方針や戦術を考えていく。インターセクショナリティやその日本語訳の権力の交差性を意識し、言語化しつつも、交差性を掲げることを社会運動の「あるべき」方針とはしない。すなわちこの概念を規範とするのではなく、その一歩手前に立ち、どのような権力があり、それらがいかに交差しているかを考えてみる。そしてそのようにして得られる知見を、どのように社会運動にいかしていくのかを検討する。このあたりが、この概念の到達点ではないだろうか。

（1）正式名は「女性のためのアジア平和国民基金」である。主な批判は、この基金の「償い金」の原資が寄付金であることに由来していたが、提訴時の弁護団長だった高木健一は、医療支援については国庫からの支出だったことを強調している（高木インタビュー二〇一八、二〇二三）。

（2）ただ、『フィリピン人元「従軍慰安婦」支援ニュース』には、弁護士による尋問等を基にした記録があり、この限りではない。

（3）なお、この裁判の弁護団は、証言を掲載した本を掲載している（フィリピン「従軍慰安婦」補償請求裁判弁護団　一九九五）。紙幅の関係およびその叙述の鮮烈さからここでは判決文および「被害事実等目録」を論じる。

（4）また、編集を経ず、一般読者を対象にしたわけでもないので、この文書では、激しく直情的な表現が書き残されたとも言えよう。

参考文献

（刊行文献）

青山武憲（二〇〇〇）「フィリピン「性奴隷」と国家賠償訴訟」『法令ニュース』第三五巻一号（通号　六二四）一月、四六―五一頁。

岡田泰平（二〇二二）「フィリピン「慰安婦」運動の軌跡――その初期に注目して」外村大『和解をめぐる市民運動の取り組み：その意義と課題』（和解学叢書第四巻）明石書店、二五九―二九一頁。

ガーザ、アリシア（二〇二一）『世界を動かす変革の力――ブラック・ライブズ・マター共同代表からのメッセージ』人権学習コレクティブ訳、明石書店。

木下直子（二〇一七）『「慰安婦」問題の言説空間――日本人「慰安婦」の不可視化と現前』勉誠出版。

清水晶子（二〇二二）『フェミニズムってなんですか？』文藝春秋。

「戦争と女性への暴力」リサーチ・アクションセンター、西野留美子、小野沢あかね（二〇一五）『日本人「慰安婦」――愛国心と人身売買と』現代書館。

波多野澄雄（二〇二〇）『「徴用工」問題とは何か――朝鮮人労務動員の実態と日韓対立』中央公論新社。

フィリピン「従軍慰安婦」補償請求裁判弁護団編（一九九五）『フィリピンの日本軍「慰安婦」――性的暴力の被害者たち』明石書店。

ヘンソン、マリア・ロサ・L（一九九五）『ある日本軍「慰安婦」の回想――フィリピンの現代史を生きて』藤目ゆき訳、岩波書店。

尹明淑（一九九六）「書評『ある日本軍「慰安婦」の回想』――かけがえのない人生を滅茶苦茶にされた痛み」『週刊金曜日』三三号、八月二日、三八―三九頁。

吉見義明（一九九五）『従軍慰安婦』岩波書店。

Crenshaw, Kimberlé Williams. 1989. "Demarginalizing the Intersection of Race and Sex: A Black Feminist Critique of Antidiscrimination Doctrine, Feminist Theory and Antiracist Politics." *University of Chicago Legal Forum* 1989, iss. 1, article 8: 139–67.

Crenshaw, Kimberlé Williams. 1991. "Mapping the Margins: Intersectionality, Identity Politics, and Violence against Women of Color." *Stanford law review* 43, no.6 (July): 1241–99.

Francisco, Mariel N. 1997. "Long-Lost Lola Rosa," *Sunday Inquirer Magazine*, October 19.

Henson, Maria Rosa. 2017. *Comfort Woman-A Filipina's Story of Prostitution and Slavery under the Japanese Military*. second ed. Lanham, Maryland: Rowman & Littlefield.

Henson, Maria Rosa. 1996. *Comfort Woman-Slave of Destiny*. Pasig City, Metro Manila, Philippines: Philippine Center for Investigative Journalism.

The Mothers' Storybook Project Team. 2021. *My Mother Is More Than a Comfort Woman*. Makati, Philippines: Gantala Press.

（定期刊行物）

『朝日新聞』、『産経新聞』、『毎日新聞』、『読売新聞』各新聞の検索データベースを含む。

『部落解放』

（未刊行文献）

平成五年（ワ）第五九六六号／平成五年（ワ）第一七五七五号判決（東京地方裁判所所蔵）。

フィリピン「従軍慰安婦」補償請求裁判弁護団、フィリピン元「従軍慰安婦」を支援する会発行「フィリピン「従軍慰安婦」補償請求裁判訴状」一九九三年四月二日提訴。

ミニコミ誌『関釜裁判ニュース』『フィリピン人元「従軍慰安婦」支援ニュース』『ロラネット・ニュース』（「女たちの戦争と平和資料館」所蔵）。

（インタビュー）

高木健一弁護士に対するインタビュー　二〇一八年九月二二日（東京大学駒場キャンパス）、二〇二三年三月二八日（麹町国際弁護士事務所）。

5　現代インドから「インターセクショナリティ」を考える
――ヒンディー語映画『第一五条』を手がかりに

井坂理穂

（いさか　りほ）
東京大学大学院総合文化研究科教授
専門は南アジア近現代史
著書に *Language, Identity, and Power in Modern India: Gujarat, c. 1850-1960* (Routledge)、『食から描くインド――近現代の社会変容とアイデンティティ』（共編著、春風社）などがある。

はじめに

本章では、「インターセクショナリティ」という概念が、現代インドにおける権力構造や差別のあり方を理解するうえでどのような意義をもちうるのかを考えることを目的とする。ここではカースト差別の問題に焦点を当てたあるインド映画の内容とその背景を探りながら、そこに表されるダリト（かつて「不可触民」と呼ばれた人々）のおかれた状況を、インターセクショナリティの概念を用いていかに検討しうるのかを考える。

まず、この概念について簡単に整理しておこう。この論集で繰り返し紹介されているように、インターセクショナリティという言葉が現在のようなかたちで使われるようになったのは、一九八九年にキンバリー・クレンショーがアメリカ合衆国において黒人女性の経験する差別を説明するために用いたことが契機となっている。クレンショーは、黒人女性が黒人女性として経験する差別が、人種のみ、あるいはジェンダーのみといった単一軸では捉えきれず、それらのカテゴリーが交差することで形づくられる差別の構造に由来するとの視角を示した。また、そのような黒人女性の経験が、白人女性が中心となったフェミニズムにおいても、黒人男性が中心となった人種差別反対運動においても、周縁化されてきたことを指摘した（Crenshaw 1989）。

その後、インターセクショナリティの概念は、黒人女性以外の様々な事例を検討するためにも用いられるようになる。パトリシア・ヒル・コリンズとスルマ・ビルゲは、インターセクショナリティに関する教科書として執筆された共著のなかで、この概念を「交差する権力関係が、多様な社会を横断する社会関係や個人の日常生活の経験にいかに影響を与えるのかを探る」

ためのものであると定義し、分析ツールとしてのインターセクショナリティは、「人種、階級、ジェンダー、セクシュアリティ、ネーション、アビリティ、エスニシティ、年齢その他のカテゴリーを、相互に連関し、互いに形成しあうものとして捉える」ものであると述べている（Collins and Bilge 2020, 2；コリンズ&ビルゲ二〇二一、一六）。同概念はさらに、人々の経験の複雑さを理解し、説明するための方法としても位置づけられている。

このように広範なカテゴリーの絡み合いを分析対象としているインターセクショナリティの概念は、現在ではアメリカを超えて様々な国・地域における権力構造を考察するために用いられている。ときにはさらにグローバルな権力構造を絡めたかたちでの議論も展開されている。

1　「新しくない」概念としてのインターセクショナリティ

近年、このように広範な地域、分野で論じられてきたインターセクショナリティだが、キンバリー自身の議論でも、またコリンズとビルゲの議論でも示されているように、実はこの概念によって表されている視角自体は、ある意味では特段に新しいものではない（Collins and Bilge 2020, 3；コリンズ&ビルゲ二〇二一、一八）(1)。コリンズとビルゲの著書では、インターセクショナリティという言葉こそ用いていないものの、インターセクショナリティの視角を身につけていた人々がグローバル・サウスに存在していたことを示す例として、一九世紀のインドで社会活動に関わっていたサーヴィトリーバーイー・フレー（一八三一―九七）の例が挙げられている。彼女はカースト差別への抵抗と女性の権利擁護に同時に携わり、さらにその他の様々な従属・差別のあり方にも目を向けていた。この「新しくない」という特徴に関して、インドのジェンダー研究の分野で長年発信し続けてきたメアリ・E・ジョンは、インターセクショナリティが「極めて自覚的に新しくない」概念として提示されてきた点を指摘する（Jone 2015, 73）。多くの人々にとってどこかなじみのある考え方であったことが、インターセクショナリティをめぐる議論の分野的、地域的広がりにつながっていると考えることもできるだろう。

しかしその一方で、このように「新しくない」にもかかわらず、「インターセクショナリティ」という言葉が新たに、かつ広い範囲で使われ始めた状況に疑問を呈する人々もいた。ジョンと同様に、ジェンダー研究の分野で活発な議論を展開してきたニヴェーディター・メーノーンは、ある発想（例えばインターセクショナリティ）がすでにグローバル・サウスに存在している場合でも、グローバル・ノースであとから広まった概念の名称が前者に適用されるという状況そのものを批判している（Menon 2015, 37）。そこでは、「非西洋」を対象地域とした研究が、「西洋」の経験を通して発達した理論が適用しうるか否かを試すだけのものになっているとメーノーンは指摘し、その逆の方向がないことと対比している(2)。インド近現代史を研究対象とする筆者自身も、実は「インターセクショナリティ」の概念に最初に触れたときには、インドの文脈においてはかなりなじみのあるように思われるこの視角に、「インターセクショナリティ」という言葉を与えることにやや抵抗を感じていた。

インド近現代史を振り返れば、各人がもつ地域、言語、宗教、カースト、ジェンダー、セクシュアリティ、階層その他のアイデンティティは、植民地支配下、そして独立後の統治体制のもとで、政治においても社会活動においても様々に言及され、そのときどきの状況にあわせて構築・再構築されてきた。これらのアイデンティティが相互に影響を与えあい、形成しあっているさまを人々が意識していたことを示す事例は数多くある。メーノーンがインドにおいては、「「単一軸の枠組み」が支配的であったり、挑戦を受けなかったことは一度もない」と主張するのは（Menon 2015, 38）、こうした歴史的背景を念頭においている。例えば植民地支配下では、婚姻や相続に関しては宗教コミュニティごとに異なる家族法が適用されており、その状況は独立後も、長年にわたって継続してきた(3)。女性の守るべき規範や慣習は、カーストごとに異なっている部分も多く、それらには地域差も見られる。こうした状況が、「女性」を「女性」としてのみ語ることを困難にしており、例えば「女性」の権利を求める運動のなかでも、宗教やカースト、地域などに基づくアイデンティティから切り離して「女性」を一律に捉えることは難しかった。

しかしながら、それではこのように「単一軸」では捉えられない状況を理解していたことが、その理解を踏まえた社会運動を展開させてきたかというと、必ずしもそうはいえない。前述のメアリ・E・ジョンは、フェミニストの運動にしてもそれ以外の運動にしても、そこで展開された主張は実際には「単一軸」の発想に基づいていたとの見解を示している（Jone 2015, 74）。ジョンの見解は、一九九〇年代から徐々に存在感を増してきた「ダリト・フェミニズム」（後述）と呼ばれる運動に関わっているダリト女性たちの言葉を思い起こさせる。例えばダリト出身の女性作家・活動家でもあるウルミラー・パワール（一九四五―）はマラーティー語で書かれた自伝のなかで、「ダリト運動の課題には女性問題が含まれておらず、女性運動はダリト運動で取り上げられる問題に無関心だった」（Pawar 2009, 217；粟屋 二〇一五、一八八）と指摘している。このような状況を踏まえれば、「インターセクショナリティ」という共通の言葉を用いながら、様々な事例を説明し、比較、参照することは、その言葉自体の起源がどこにあるにしても、上記のような運動の実態を改めて振り返る契機となりうる。

それでは次に、あるインド映画を題材としながら、インターセクショナリティの概念を用いて、インドに見られる権力構造、差別のあり方をどのように理解し、説明しうるのかを具体的にみてみよう。

2　映画『第一五条』

ここで取り上げるヒンディー語映画『第一五条（*Article 15*）』（二〇一九年公開）は、非ダリト（ダリトより上位のカーストに属する人々）によるダリト女性への性暴力事件を扱っている。なお、かつて「不可触民」と呼ばれた人々を指す言葉としては、「ダリト」の他に、インド独立運動の指導者であったモーハンダース・カラムチャンド・ガーンディーが提唱した「ハリジャン（「神の者」の意）や、行政用語としての「指定カースト」など、複数のものが存在する。ここでは現在、メディアにおいても、また彼らの組織する運動においても広く使われている「ダリト」（「抑圧された人々」の意）という言葉を主に用いるが、映画中ではその他の表現も登場する。

非ダリト男性を加害者とし、ダリト女性を被害者とする性暴力は、インド各地で頻繁に報じられており、後述する「ダリト・フェミニズム」と呼ばれる動きのなかでも大きく取り上げられている（粟屋　二〇一五；熊本　二〇二二；Rege 2020）。こうした性暴力事件の背後にはカーストに基づく序列意識がある。さらに、ダリトが自らの権利を主張しようとした際に、非ダリトによるダリトへの制裁・「見せしめ」として事件が起こされることもある。近年、ダリトがこうした暴力行為に対して公に抗議の声をあげる事例が増えたことで、かつてよりも事件が可視化されるようになったとの見方もある(4)。

『第一五条』は、非ダリトによるダリト女性への性暴力事件のほかにも、ダリトに対する様々な差別の形態を、エピソードや会話を通じて表している。そこには、監督のアヌバヴ・シンハーや、脚本をシンハーと共に執筆したガウラヴ・ソーランキーの明確な目的意識がある。ボリウッド映画の世界で社会問題をたびたびテーマとして取り上げてきたシンハーは、この作品を製作した背景として、一〇歳頃に人々が姓によって判断される様子に気づいたこと（姓はしばしばカーストと連関している）や、ダリトへの差別や暴力に関する記事が新聞の後ろのページにしか出てこない状況へのいらだちを挙げている（Harikrishnan 2019）。ソーランキーも同様に、この作品に関する新聞のインタビューのなかで、子ども時代に自分の親戚がダリトの労働者を平手打ちする場面を目撃した記憶を語っている（Sharma 2019）。彼らの目的は、ダリトへの差別・暴力の実態に対して注意を向けようとしない都市部ミドルクラスの人々に対して、映画を通じて、無知や怠慢によって彼ら自身も犯罪や差別の共犯者となっていることに気づかせ、自らの特権的立場を問い直させることであった（Harikrishnan 2019）。ダリト差別の実態をこれほど正面から取り上げる試みは、ドキュメンタリー映画では行われてきたものの、ボリウッドという商業映画の世界では珍しい。

以上のような目的のために、この映画にはかつて実際に起きた事件の数々を思い起こさせる場面が挿入され、差別の多様な形態を示すための動作やセリフがここかしこに入れられている。また、登場人物が実在の暴力事件について会話を交わすなど、映画の内容が現実とつながっていることを印象づける部分が随所に見られる。明確な目的意識とそれに沿った調査のもとに、差別の状況を多角的に描き出したこの作品は、現実とつなげながらその内容を追うことで、インターセクショナリティという概念の意味を考えるための手がかりを提供しうる。

映画の内容に入る前に、映画のつくりについて触れておきたい。脚本は、ダリト作家たちの著作や、各種の報道、活動家への聞き取りなどをもとに執筆された。しかし物語は、舞台となる農村に住むダリトの視点からではなく、都市のエリート家庭出身者、しかもバラモン男性の視点から描かれている。主人公のバラモン男性が「救済者」としてダリトたちを助ける物語とも解釈しうるつくりとなっていることに対しては（Paunksnis 2022）、映画公開後に賛否両方の立場からの活発な議論が展開された。製作者側のねらいは、主人公が赴任先の農村で様々な経験や対話を通じて差別の実態を知り、自己を振り返るように、観客も主人公の視線から同じように実態を認識し、自己の特権を問い直すというものであった。

これに関連して、ダリト出身のクィア・フェミニストとして自らを位置づける活動家、スマン・サウラヴは、「フェミニズム・イン・インディア」のウェブサイトに掲載した映画評のなかで、この映画はダリト以外の出身の観客に問題を認識させるためのものであり、「我々のような人々」、即ち、「カースト差別がいかなるものであるかを知り、そのカースト社会を生き抜いてきた」人々に向けてつくられたものではないと述べている（Saurav 2019; FII Team 2020）。上記の製作者側の発言を鑑みても、この指摘は的確といえるだろう。シンハーやソーランキーがこの映画を通して訴えかけようとしていた相手が、都市ミドルクラスの非ダリトであったことは明らかである。やや意地悪な言い方をすれば、ここに見られる構図は、都市部の非ダリトに属する製作者たちが、都市部の非ダリトに属する観客に向けて、農村部の経済的下層に属するダリトがおかれている抑圧的状況を理解させるために映画を製作した、というものである。この構図自体が、地域、カースト、階層のカテゴリーが交差した権力構造の存在を映し出しているともいえるだろう。

しかしカースト差別、とりわけ暴力事件を正面から取り上げることは、そのつくりがいかなるものであるにせよ、一部の人々からの激しい反発を招く可能性がある。現に映画の公開日が近づくと、バラモンから成る諸団体が、映画の内容がバラモンを中傷するものであるとして複数の都市で上映中止を求める抗議運動を起こす。これに対して、ビハール州では、上映を中止したある映画館の前で、今度はダリトの団体が上映再開を求めて抗議運動を行った（*Business Standard*, 30 June 2019）。このような状況に対して、シンハー監督はバラモン諸団体に向けたメッセージをＳＮＳを通じて発信するのだが、彼はそのなかで、この映画がバラモンを中傷するものではないことを主張し、さらに映画製作に関わった人々や俳優にもバラモンが含まれていることに触れている。前述の映画評を執筆したサウラヴはこの点にも言及し、「もちろんそうですね」と皮肉めいたコメントを記している（Saurav 2019）。そこで示唆されているのは、映画界においてもまた、上位カースト出身者が多数を占めているという現状である。ダリト差別の問題に対する自らの取り組みについて尋ねられた監督は、この映画のメッセージは自分自身にも向けられていることを認めている（Harikrishnan 2019）。

以上のように映画のつくりに関しては異なる意見が出されたものの、この作品がボリウッドという影響力のあるプラットフォームを用いることで、カースト差別やそれに基づく暴力についての議論を広く喚起したことについては、評価する声が多い。脚本の巧みさに加えて、サスペンス的な要素、撮影技術、俳優の演技力などにも助けられながら、映画は商業的にも大きな成功をおさめた。メディアでも広く取り上げられ、上記のような抗議運動も含め、様々な議論を巻き起こしている。

あらすじに入る前に、『第一五条』というタイトルについて説明しておこう。このタイトルは、インド憲法（一九五〇年施行）のなかで、基本権を記した第三編に含まれている第一五条を指しており、その条文は以下に記した通りである（*The Constitution of India* 2022, 6-7；孝忠　一九九二、五五の邦訳をもとに一部変更）。このうち第四項は一九五一年の第一次憲法改正時に新たに挿入されたものである。さらにこの後に二〇〇五年、二〇一九年の憲法改正でそれぞれ加えられた第五・六項もあるのだが、ここでは省略する。

第一五条

（一）国は、宗教、人種、カースト、性別、出生地又はそれらのいずれかのみを理由として、市民に対する差別を行ってはならない。

（二）市民は、宗教、人種、カースト、性別、出生地又はそれらのいずれかのみを理由として、次に掲げる事項に関し無資格とされ、負担を課され、制限を付され、又は条件を課されることはない。

（a）店舗、公衆食堂、旅館及び公衆娯楽場への立ち入り。

（b）全部又は一部が国家資金により維持されている、又は一般の用に供されている井戸、貯水池、沐浴場、道路又は公衆行楽地の使用。

（三）この条の規定は、国が女性及び児童に対する特別規定を設けることを妨げるものではない。

（四）この条及び第二九条第二項の規定は、国が社会的・教育的後進諸階級又は指定カースト及び指定トライブの向上のため特別規定を設けることを妨げるものではない。(5)

実はこの条文の文言自体に、インドにおける差別構造の特徴が反映されている。まず第一・二項にある「宗教、人種、カースト、性別、出生地又はそれらのいずれかのみを理由」とした差別を禁じるという表現は、インドにおいてこれらの要素が差別を引き起こしていること、さらには、差別がこれらの要素のうちのひとつによって生じるばかりでなく、複数の要素が合わさったかたちでも生じていることを示している。この条文自体に、すでにインドの文脈でインターセクショナリティを考えるための手がかりが含まれている。

第二項の（a）（b）では、差別がどのような場所で生じるのか、どのような場所に影響を及ぼしているのかが具体的に示されている。続く第三・四項は、この憲法が「宗教、人種、カースト、性別、出生地又はそれらのいずれのみを理由」とする差別を禁止する一方で、いわゆる社会的弱者を救済するための特別規定を国がとることを認めている。とりわけ第四項は、議会、公的雇用、高等教育機関において、こうした社会的弱者のための特別枠を設けるという「留保制度」の裏づけとなっている。なお、「指定カースト」はかつて「不可触民」と呼ばれた人々を、また、「指定トライブ（部族）」は文化的・歴史的独自性をもち、指定カーストの場合と同様に、社会的・経済的に後進状態であるために特別措置が必要であると考えられた人々を指す。いずれのカテゴリーについても、国が各州と協議のうえで、どの集団がそれぞれのなかに含まれるのかを規定している。こうした留保枠の存在は、現代インドにおける権力構造に複雑な影を落としている。

3　カースト、ジェンダー、階層

ここからは映画の内容を、その描写の背景となったできごとに触れながら分析する。『第一五条』の主人公は前述のように、都市エリート家庭出身のバラモン男性、アヤーン・ランジャンである。彼はデリーの名門カレッジを卒業し、一時はヨーロッパに滞在していたが、父親の命令でインドに戻り、中央政府管轄下にあるインド警察職に入る。映画の冒頭は、雨のなか、ダリトに属するパーシー・カーストの人々（ダリトのなかにも様々なカースト集団がある）が、粗末なつくりの屋根の下に集まって歌を歌う場面から始まる。その背景には、野外に設置された簡素なアンベードカル像が映し出される。「不可触民」のマハールと呼ばれるカースト出身のビームラーオ・アンベードカル（一八九一—一九五六）は、不可触民の権利獲得のために活動し、またインド独立後には憲法草案委員会委員長を務め、独立後の初代法相にもなった人物である。映画のなかで彼の像や肖像画がたびたび映し出されたり、彼の残した言葉が引用されたりしているのは、彼の出自に加えて、インド憲法制定過程で果たした役割を意識してのことである(6)。

場面が切り替わり、今度は人気のないバスのなかで誰かに脅かされ、恐怖に震えている少女たちの姿が映し出される。しかしそれが何を意味するかが明らかにされないままに、再び光景が一変し、ボブ・ディランの「風に吹かれて」の歌とともに、道路を走る車が映し出される。アメリカの公民権運動と深く結びついたこの曲が、映画の冒頭で用いられていることは示唆的である。車の後部座席には、最初の赴任地となる北インド、ウッタル・プラデーシュ州のラールガオン（架空の村）に向かう途中のアヤーンが座っている。スーツ姿のスマートな出で立ちの彼は、農村部では明らかに「外部者」に見える。座席の上には独立後のインドで初代首相を務めたジャワーハルラール・ネルーの英語の著書、『インドの発見』が置かれている。

アヤーンは車窓から道端にある露店を見つけ、ペットボトル入りの水を買ってくるように部下に命ずる。ところが車に同乗していた部下たちは、ここは豚飼いを生業とする「指定カースト」に属する「パーシー」と呼ばれる人々の住むところであり、我々は彼らの水は飲まないし、彼らが触るのも、彼らの影が自分たちにかかるのも許さない、と説明する。アヤーンはこのように露骨なかたちでカースト差別が行われていることに驚くが、その後、彼は赴任先で浄・不浄の観念に基づくカースト差別の事例に次々と遭遇することになる。

アヤーンの着任を歓迎するパーティの席で、彼は警官たちに何ごとかを訴えている人々を目にする。彼らは前述の「パーシー」に属する人々で、パーシーの少女三人が二日間にわたり行方不明になっているとして捜査を依頼していたのだが、警官たちは耳を傾けようとしない。ところが翌朝、行方不明であった三人のうちの二人が木から首を吊った状態で発見される。現場にやってきたアヤーンに、彼の部下であるブラフマダットはある噂を伝える。それは、彼女たちは従妹同士でレズビアンであったために、それに腹をたてた父親たちによって殺害されたというものであった。一方、アヤーンからの電話でこの話を聞いた彼の恋人でフリー・ジャーナリストのアディティは、他州で起きたダリト少女に対するレイプ殺人事件もまた、一部の人々によって同じように「名誉殺人」として語られたことに触れ、この見方に懐疑的な姿勢を示す。

「名誉殺人」とは、家族・親族やカーストなどのコミュニティが、「不名誉」な行為をしたとされる成員——ここでの「不名誉」な行為とは、多くの場合、彼らの規範に背くような恋愛や婚姻関係をもつ行為を指す——を制裁のために殺害する行為を指す。その背景には、「年配男性である家父長が、女性のみならず若年男性を含む家族をそのセクシュアリティをも含め、支配・統率する」（田中・嶺崎　二〇二一、七）ことを想定した家父長制の存在がある。[7] これに関連して、とりわけ上位カーストの間で女性のセクシュアリティ統御に大きな関心が寄せられるのは、セクシュアリティの統御と、内婚によるカースト秩序の維持とが結びついているためであるとの議論もある（粟屋二〇一五、一九〇）。少女たちが「レズビアン」であったために父親に殺害されたとのブラフマダットの主張（実は「レズビアン」についても、父親による殺害についても、ともに彼の作り話）は、性的マイノリティへの差別と家父長制のイメージとを組み合わせた「名誉殺人」の物語を提示することで、非ダリト男性たちがダリト少女たちを集団レイプ・殺害したという事実を覆い隠そうとしたものであった。ここでブラフマダットは、「性的マイノリティ」「娘」というアイデンティティの交差がもつ意味を利用することで、それを聞いた人々（彼の念頭にあるのは非ダリトの人々）にとって説得力をもつような作り話を提供しようとしたのである。

アヤーンとアディティの会話は続く。アディティは今度は、ダリト出身の少女への暴力事件がメディアで大きく報じられていない状況に疑問を呈する。これに対してアヤーンは、「ニルバヤー事件」をもち出して、メディアが適切に役割を果たしていることを主張する。ニルバヤー事件とは、二〇一二年に首都デリーで起きた実在の事件であり、理学療法の実習生であった下層ミドル・クラスに属する非ダリトの女性が、複数の男性による集団レイプによって死に至った事件である。この事件は大都市を走るバスのなかで事件が起きたことに対する衝撃や、その暴力性についての生々しい描写とともに、メディアで大きく報じられ、日本を含め世界各地でも知られることとなった。それらの報道は、まもなくデリーを中心に大規模な抗議行動を引き起こすに至る[8]。ニルバヤー事件における報道については、その当時から、知識人や社会運動家たちの間で、被害者が都市ミドルクラスの女性であるこの事件に対するメディアの対応に比べて、ダリトやトライブに属する女性を被害者とする場合には報道が限定的であるという現状が指摘されていた[9]。映画のなかのアヤーンは、この時点ではこうしたメディア対応の差異やその背景に気づいていない。

　アヤーンは事件の解明と、未だに行方のわからない三人目の少女プージャーの捜索に乗り出す。彼はプージャーの姉、ガウラーから、事件の直前に、建設業を営む在地の有力者アンシュが、少女を平手打ちするというできごとがあったことを聞く。アンシュが平手打ちした原因は、彼のもとで道路工事に携わっていた少女たちが、賃金を三ルピーほど値上げしてほしいと要望したためであった。その後、彼女たちは道路工事の仕事をやめて皮なめし工場で働くようになり、それからまもなくして行方不明となったのであった。映画の後半部に、アヤーンに呼び出されたアンシュが、少女たちを平手打ちした理由を尋ねられる場面がある。このときアンシュは、ダリトに自分たちの立場をわきまえさせなければならない、さもなければ彼らは仕事をしなくなる、と答えている。この応答には、ダリトという出自が、低賃金労働者としての彼らの搾取と結びついていることが示唆されている。被害者の少女たちは、カーストと階層のカテゴリーが相互に連関し、さらにそこに女性というアイデンティティが絡み合うことで、より一層弱い立場におかれていた。その弱い立場は、彼女たちが警察のような公権力からも保護されづらく、メディアからも注目を受けにくい状況につながっている。

　映画からは離れるが、このようにダリト女性たちが幾重にも積み重なる権力構造のもとにおかれている状況は、二〇世紀終わりごろから、ダリト女性たち自身によって、著書や各種出版物を通じて次々に語られるようになった。これらの著作のなかには、それぞれの地域の言語で出版されたのちに、英語に翻訳され、広く知られるようになったものもある。またダリト女性たちが各地で展開していた活動を結ぶかたちで、一九九五年には全国ダリト女性連盟が発足する（粟屋　二〇一八、三一一; Guru 1995, 2548）。こうしたダリト女性たちの活動は、「ダリト・フェミニズム」と呼ばれている。この流れのなかで指導的役割を果たしてきた人物の一人、ルース・マノーラマ（一九五二―）は、ダリト女性たちをカースト、ジェンダー、階層という面から「三重に疎外された者」と位置づけている（粟屋二〇一八、三二一）。キリスト教徒のダリトの家に生まれ、カレッジを卒業し、さらに修士号も取得している彼女は、様々な社会運動に携わり、国際会議の場などを通じて国外に向けても発信している。ダリト・フェミニズムの動きは、カースト、ジェンダー、階層の交差するなかで彼女たちがおかれている抑圧的状況を明らかにしながら、それまでのインドにおける上位カースト女性中心のフェミニズムや、ダリト男性中心のダリト差別反対運動のあり方をも問い直している（粟屋　二〇一五）。

4　インターセクショナリティの概念とカースト

映画の中盤に、主人公と部下の警官たちが、それぞれの属するカーストをめぐって会話をする場面がある。ここでは、都市エリート出身でカーストの実態を把握しきれていないアヤーンが、警官たちに次々と質問を投げかけるというかたちをとることで、観客に対して現代インドにおけるカースト構造の諸側面に注意を促すしかけとなっている。例えば、アヤーンが属するサルユーパーリーン・バラモンは、「バラモン」ではあるものの、この土地で影響力をもつヒンドゥーの宗教指導者「マハントジー」（「マハント」は「高僧」の意、「ジー」は尊称）が属するカーニャクブジャ・バラモンに比べて地位が低いとみなされている。また、アヤーンのもとで働く警官ジャータヴは、チャマールと呼ばれる指定カースト、即ちダリトに属しており、アヤーンの目には、パーシーもチャマールも同じ「指定カースト」として映るのだが、ジャータヴはこれを否定する。自分たちのカーストはパーシーよりも「はるかに上位」であり、彼らとは飲食もともにしないとジャータヴは主張する。ダリトの内部にもまた、序列意識を伴う差異が存在することが、このセリフを通じて強調されている。

さらにこの会話のなかには、ＯＢＣ（Other Backward Classes,「その他後進諸階級」）という言葉が登場する。ＯＢＣとは、指定カースト（ＳＣ）、指定トライブ（ＳＴ）には含まれていないが、社会的・教育的な側面で後進的な状況にあるとして、中央政府や州政府によって認定されたカーストその他の社会集団を指す。公的雇用や高等教育機関への入学などに際しては、指定カースト、指定トライブとともに、ＯＢＣにも留保枠が与えられている。上位カーストの間からは、留保制度を「逆差別」として批判する声が根強く、また留保枠を受けることのできないカーストに属する人々が、自分たちの「後進性」を主張してＯＢＣのリストに加えられることを求める動きもある。さらに同じカーストであっても、ある州においてはＯＢＣに含まれるが、別の州ではＯＢＣに含まれていないなどの地域差も存在する。

以上の会話を手がかりとしながら、再度インターセクショナリティの概念を振り返ってみよう。まず、「ダリト」「ダリト女性」などのカーストのカテゴリーもまた、そのなかにさらに差異を含んでいることは明らかである。即ち、チャマールやパーシーなどのカースト（それらは「生まれ」を意味する「ジャーティ」という言葉でも表される）の間にもまた序列意識がある。このために、状況によっては、チャマール女性はチャマール女性として、パーシー女性はパーシー女性として、それぞれに特有の差別を経験することもある。またここでは踏み込むことができないのだが、ダリトのなかにはムスリム、シク教徒、キリスト教徒など、ヒンドゥー教徒以外のダリトも存在する。例えばダリトでありムスリムである女性の経験は、「ダリト女性」の枠組みのなかでは周縁化されてしまう可能性がある[10]。ただしその一方で、彼らはともに非ダリトの人々から「ダリト女性」としてみなされ、差別を受けることもある。カーストの表れ方は、自己認識にしても他者認識にしても、状況によって異なってくる。

これに関連して留意したいのは、カースト（ジャーティ）の序列もまた、インド全体で一律に決まっているものでもなければ、時代や状況に左右されないような固定されたものでもない、という点である。ダリトが「最下層」に位置づけられる状況は変わらないとしても、ダリトの内部に存在する多数のカースト間の権力関係や、非ダリトのカースト間での権力関係は、そのときどきの状況によって異なってくる。前述の会話に見られるように、在地社会のなかでいわゆる「伝統的」な序列がいかなるものであるかについて一定の共通認識があったとしても、それがそのままカーストのもつ政治的な力を反映しているわけではない。例えばあるカーストがカーストの紐帯を利用しながら地方レベルの政治で大きな影響力を揮うようになれば、たとえ彼らが当該地域における「伝統的」カースト秩序のなかでは比較的低い地位にあったとしても、そのカーストに属していることが支配的立場を意味する場合もある。また、そのことがさらに、「伝統的」カースト秩序にも徐々に影響を与えていくこともある。

そのうえ、権力構造のなかでそれぞれのカーストがどのような位置づけにあるかについての自己認識と他者認識との間に、ずれが存在することもある。例えば、留保制度の対象とならない上位カーストの志願者は、高等教育機関の入学にあたっては一般枠で競い合うことになる。指定カースト、指定トライブ、OBCの留保枠に比べて、一般枠の競争率は総じて高く、合格するためにはより高い成績をとる必要がある。一般枠の競争率の激化は、留保制度をめぐる不公平感を生むことにもつながっており、同じような不満は、公的雇用における留保制度をめぐっても起こりうる。一般枠のなかで争う上位カースト志願者の立場から、こうした状況こそがまさしくカースト差別である、自分たちこそが不利な状況におかれている、との声も出ている。

以上のようなカーストの流動性や、それぞれの権力構造における立ち位置に関する自己認識・他者認識のずれなどを踏まえつつ、カースト、ジェンダー、階層のカテゴリーが交差し、権力構造を形づくり、人々の生活に影響を与えるありさまを明らかにすることは、一筋縄ではいかない。そのときに立ち返る必要があるのは、インターセクショナリティの観点を用いることで何をしたいのか、何を目的とするのか、というう点であるだろう。つまりその目的は、十分な教育を受けられず、経済的貧困層に属するバラモン出身者と、留保枠を介して高等教育を受け、エリート層に加わったダリト出身者とを比べながら、どちらがより差別され、抑圧されているのかを問うことではない。言い換えれば、インターセクショナリティは、抑圧状況の順位づけをするために考えられたものではないのである（ガーザ 二〇二一、一九三）。この概念の提唱者たちによって込められた思いは、カテゴリーが交差するところに隠されている差別の構造を明るみにすることであり、そのうえでそれぞれの立場を相互に理解し、その構造をどのように変えていくことができるのかを共に模索していくことであった。そうした「思い」を伴わないかたちでインターセクショナリティの議論が部分的に切り取られていった場合、それは裕福なダリト出身者の例を挙げながら、現代インドにカースト差別は存在しないと説く一部の論調に利用されかねない。

5　「ダリト」であること

映画のストーリーを先に進めよう。アヤーンはカースト差別に立ち向かい、この事件を解明する強い決意を示すべく、憲法第一五条第一・二項を印刷した紙を警察署の掲示板に張り出す。この場面では、「バンデー・マータラム（母なる地よ、万歳）」という愛国的な歌が流れ、明らかにナショナリズムの要素が加えられている。そのことはこの直前の場面で、アヤーンがアディティに語りかけるかたちで、ヨーロッパに滞在しているときに自分がインドをいかに誇りに思っていたかを振り返りつつ、インドの古からの「伝統」と対峙して社会の混乱状態を正すという、自らの決意を告げていることからもうかがえる。これらのセリフに見られる極めて単純なカースト理解や農村の捉え方（あたかもカーストや農村の状況が古代から不変であるかのような）や、カースト差別との闘いを愛国心に結びつける発想は、主人公のナイーブさを描き出したものと考えられなくもないが、こうしたつくりは、観客が権力構造への考察をさらに深める契機を失わせているようにも思われる。

物語はこの後、事件の真相究明へと一気に進んでいく。ダリト出身の女性医師マールティーの協力を得て（彼女は当初、ブラフマダットから、集団レイプという検死結果を報告しないように圧力を受けていた）、アヤーンはアンシュが少女たちに対する性暴力加害者の一人であったことをつきとめ、さらに彼が少女たちを誘拐し、暴行を加えたことを裏づける物的証拠も入手する。自らも性暴力の行為に加わっていた警官ブラフマダットは、自らの罪が露呈するのを恐れ、隠れ家にいたアンシュを口封じのために銃殺する。映画ではさらに政治的権力を背景とした捜査への妨害なども描かれるのだが、ここでは詳細は省略する。結末では事件の真相が明らかになり、行方不明であった少女プージャーも発見され、彼女の証言がもとになってブラフマダットは有罪となる。映画の最後の場面では、アヤーンも含め、カーストの異なる警官たちが、談笑しながら飲食をともにしている光景が映し出される。

以上が主なあらすじとなるのだが、実はこの映画のなかには、アヤーンを主人公として展開する物語と絡めつつ、ダリト活動家ニシャードの物語が随所に挿入されている。ニシャードの描写は、チャンドラシェーカル・アーザード（一九八六―）という実在のダリト活動家の姿を髣髴とさせるものとなっている。行方不明の少女の姉、ガウリーの恋人でもあるニシャードは、ダリトの権利を求めて運動を展開するが、その過程で、ダリトからの支持をとりつけて政治権力を得ようとする宗教指導者マハントらの勢力と対立する。SNSを用いた地下活動を通じて、ダリトによる大規模なストライキの組織にも成功したニシャードだが、それからまもなく対立勢力によって殺害される。脚本家のソーランキーはインタビューのなかで、製作過程でニシャードの場面を削ろうとする意見もあったことに触れ、「でも我々は彼のためにこそ、この映画をつくっていたのです！」と述べているが（Sharma 2019）、バラモン出身の主人公の視点からの物語に終始するかに思われるこの作品に、ニシャードの存在は明らかに異なる視点を提供している[11]。殺害される直前の場面に、彼が自らの人生を振り返るモノローグが挿入されているのだが、その内容はダリト出身の実在の人物、ローヒト・ヴェームラーが、二〇一六年に自殺した際に残した遺書――「私の生まれが私にとって致命的な事故であった」という一節がとりわけ知られている――を明らかに連想させるものとなっている[12]。

ニシャードがアヤーンや彼の部下たちと直に会話をする場面は、映画のなかでも印象深いもののひとつとなっている。ここでニシャードは、ハリジャン、バフジャン（「多数の人々」の意）などと呼び名は変わっても、ダリトは決して単なる「人」とはみなされないことを強調する。また、アヤーンの部下の一人が、ダリトに限らずどのコミュニティもそれぞれ問題を抱えていると述べると、これに対して強く反論する。ガウラーがかつて学校給食の調理の仕事を得た際に、生徒たちが彼女のつくった食べ物を一切口にしなかったことや、ヒンドゥー寺院に入ったダリトはそれだけで非ダリトから激しい暴力を振るわれることなどを例として挙げながら、ニシャードはダリトとしての経験がいかに特異なものであるのかを説く。ここではダリトのなかのカーストやジェンダーの差異に関わらず、「ダリト」が「ダリト」として経験する差別が強調されている。

これに関連して、映画のなかには、ダリトが経済的・社会的地位を上昇させたとしても、依然として「ダリト」とみなされ、差別される様子が、女性医師マールティーや警官ジャータヴの経験を通して描かれていることにも注意したい。ジャータヴは、同じダリト出身者として、被害者の少女たちが属するパーシーの人々をよく知り、彼らに同情の気持ちを抱きつつも、警官として築き上げた自身の地位を守るために、周囲に逆らってまで彼らに手を差し伸べることはしない。また、アヤーンに自らのカースト名を尋ねられたときには、自らの属する「チャマール」は、「パーシー」よりも「はるかに上位」であると何の迷いもなく答える。しかし彼もまたニシャードと同様に、

「ダリト」であることから離れて単なる「人」になることができないことを自覚している。次第にアヤーンの捜査を助けるようになった彼に対して、ブラフマダットは逮捕後に、「おまえなど、掃除させておけばよかったのだ」と憤りをぶつける。これに対してジャーダブは、思わずブラフマダットの頬をたたき、「我々はいつまで掃除し続けなければいけないのです？」と問いかえすが、すぐに顔を背けてうなだれる。

こうした彼らの描写には、彼らが「ダリト」としての差別を受け続けているという側面が表されていると同時に、その階層や職業上の立ち位置ゆえに、状況によっては彼ら自身が抑圧する側（あるいは抑圧に加担する側）に立つ可能性もあることが示されている。「単一軸」への問い直しを迫るインターセクショナリティの概念が促すのは、まさにこのように同じ人物のおかれる位置が状況によって変動することへの認識である。それはどのような立場の人間に対しても、「構造的に自分がいつ加害しうるかわからない」（新田　二〇二二、三九）ことへの自覚を促すものである。

6　「我々」とは誰か

以上のあらすじからもうかがえるように、この映画では、非ダリトとダリトが互いを「彼ら」として語り、「我々」と対置させる様子が繰り返し描かれている。しかし映画中には、「我々」と「彼ら」の境界をこれとは違う軸に転換させようとする勢力も登場する。それは宗教指導者マハントや彼の支持者・協力者たちで、そのなかにはダリトも含まれる。マハントはダリトと非ダリトがヒンドゥーとして団結し、一丸となって真の「敵」と戦うことを説く。この「敵」が誰であるのかは、映画のなかでは直接言及されていないが、その言説やふるまいは、明らかに現在インドで大きな政治的影響力をもつヒンドゥー・ナショナリズムの指導者たちを連想させる。これらの指導者たちによって「我々」と対置される「彼ら」は、ヒンドゥー以外の宗教コミュニティに属する人々、とりわけムスリムである。

ヒンドゥーの文化、伝統、権利擁護を掲げるヒンドゥー・ナショナリズム（日本語ではヒンドゥー至上主義、ヒンドゥー原理主義などと訳されることもある）は、一九八〇年代後半から台頭し、九〇年代後半にはこの勢力を代表するインド人民党が連邦レベルで第一党となり、他党とともに連立政権を樹立した。その後、いったん政権を失うものの、二〇一四年以降はナレーンドラ・モーディー首相のもとで人民党率いる連立政権が再び誕生し、インド政治において権力を増大させてきた。ヒンドゥー・ナショナリズム勢力は、しばしば「彼ら」（＝ムスリム）の脅威を強調し、「彼ら」の慣習に対する差別的な発言を繰り返している。そこでは、印パ分離独立時の記憶や、今に続く領土問題をはじめとする印パ間の政治対立を背景として、インド国内のムスリムをパキスタンと結びつける言説が展開されることが多い。さらに二〇〇一年九月一一日に起きたアメリカの同時多発テロ事件以降、世界各地でムスリムをテロリズムと結びつける言説が広まったことも、こうしたムスリム批判の動きを強めることとなった。このような状況のなかで二〇〇二年にグジャラート州で起きたヒンドゥー勢力によるムスリムの大規模虐殺では、ダリトが非ダリトとともにムスリム攻撃にかなりの規模で加わっていたことが報告されている（Teltumbde and Gatade 2020, 242）。

個々人が様々なアイデンティティをもつことは、「我々」「彼ら」の対立軸が様々なかたちでつくられることを意味し、またそのときどきの政治・社会状況に応じて、そのうちのいずれの軸が前面に出てくるのかが変化することを意味する。抑圧された状況にある人々が、それに対する抵抗のなかで主張する「我々」は、ある場面では例えば「ダリト」であるかもしれないし、別の場面では「ダリト女性」のようにカーストとジェンダーを組み合わせたかたちであるかもしれない。それはガーヤトリー・C・スピヴァクの表現を借りるならば、「戦略的本質主義」に基づいて構築された「我々」であるともいえるだろう。そこでは何らかの政治的目的を念頭におきつつ、「集団意識を表し、動員するために、関連するアイデンティティのカテゴリー（あるいはアイデンティティの組み合わせ）について意図的に本質主義的な立場」が採用されている（Collins and Bilge 2020, 186；コリンズ＆ビルゲ　二〇二一、二六九；スピヴァック　一九九八、三〇八）。

現代インドの文脈では、抑圧への抵抗のなかで「ダリト」「ダリト女性」その他、様々なかたちの「我々」が打ち出されている。しかしその傍らでは、政治的・社会的権力をもつ人々によって、「ヒンドゥー」としての「我々」を説く言説もまた、幅広く展開されている。この言説はとりわけ現政権のもとで影響力を大きく広げてきた。それはムスリムをはじめとする他の宗教コミュニティに属する人々に対してばかりでなく、「ヒンドゥー」内部においても、「ヒンドゥーとしての団結」の名のもとに様々な形態の抑圧を促し、強化している。

「我々」がどのような集団であるにせよ、「我々」が「我々」を一つの集団として語り、「我々」の権利を主張するとき、意識的であるにせよ無意識であるにせよ、そうした主張が「我々」内部の様々な声の存在を隠したり、そこに新たな権力構造をつくり出す可能性は常に存在する。また、この「我々」は、「我々」と対置される「彼ら」への排他性や差別意識を露わにしていくかもしれない。そのような危険性は、「我々」の単位がどれほど細分化されたものであったとしても、また、「「ダリト女性」のように複数の「軸」をもとに構築された集団であったとしても、常につきまとう。[13] 抑圧構造や排他性を避けるためには、その「我々」がどのような関係性のなかで、何を目的として構築されているのか（「戦略的本質主義」は何のための「戦略」なのか）を自覚し、「我々」が固定的なものではないことや、上記のような危険性がどの「我々」についても存在することを、意識し続ける必要がある。それは「我々」が、そのときどきに目的を共にする他の「我々」とつながる可能性を探るためにも必要な作業である。

おわりに

本章では映画『第一五条』の内容や映画を取り巻く状況を手がかりとしながら、インターセクショナリティの概念を用いることによって、ダリトに対する差別の状況をどのように理解し、説明しうるのかを検討した。ここで示したような論点は、「インターセクショナリティ」をめぐる議論が広範に展開されるようになる以前においても、あるいはそれ以降においても、この言葉を介さないかたちでしばしば表されてきた。しかし概念を意識化することは、地域や分野を超えて、様々な事例を相互に比較しうるかたちで提示し、対話を促し、それによって権力構造についての理解や議論を深める方向を後押しするものと思われる。

本章ではあわせて、映画『第一五条』やその製作の背景と絡めながら、カーストの流動性や、「我々」「彼ら」を対置させる言説のあり方を念頭におきつつ、インターセクショナリティの概念を現代インドの文脈で考える際に留意すべき点をいくつか提示した。インターセクショナリティの概念が、互いの抑圧状況を比較するような議論に流れたり、あるいはその概念が内包する「戦略的本質主義」が、抑圧的・排他的な性格を帯びたものとなるのを避けるためには、この視角を用いることで何を目指していたのかという出発点に常に立ち返る必要がある。

最後になるが、これまで見えづらかった差別の構造を浮かび上がらせ、それを再び覆い隠そうとする権力構造に抗う動きは、インドにおいても様々なかたちで進行している。ここではダリト・フェミニズムの例など、そのごく一部に触れるにとどまったが、インターセクショナリティ概念と絡めながら進行中の運動や議論を分析する試みを、また別途行う必要があるだろう。

（1）アメリカにおけるインターセクショナリティの概念の形成過程については、土屋（二〇二二）を参照。インターセクショナリティをめぐる議論が様々な対話を通じて発展してきた過程については、Collins（2019）を参照。
（2）これに関連して、西洋のフェミニズムを脱植民地主義の観点から批判的に検討したモーハンティー（二〇一二）の議論もあわせて参照されたい。
（3）本稿執筆時点でもインド連邦レベルでの統一民法典は未だに制定されていない。ただし近年、後述するヒンドゥー・ナショナリズム勢力のもとで、統一民法典制定を目指す動きが活発化しており、州レベルで統一民法典の制定に乗り出したところもある。
（4）このことに関連して、現代のダリトたちにみられる変化を論じたStill（2017）も参照されたい。
（5）二〇一九年年の第一〇三次憲法改正時に加えられた第六項では、この条及び第二九条（二）の規定が、経済的弱者の向上のために特別規定を設けることを妨げるものではないことが記されている。この他、本章では取り上げることができなかったが、インド憲法には不可触民制の廃止・禁止を明記した第一七条がある。
（6）アンベードカルは、死の直前にはヒンドゥー教を離れ、仏教徒に改宗している。なお、彼はカーストとジェンダーの関係についても論じており、カースト内婚がカースト制度の中核であることや、家父長制とカースト制度とが深く結びついていることを指摘していた（粟屋　二〇一五、一七九―一八一；Arya and Rathore 2020, 11；Pawar and Moon 2008, 111-113）。
（7）田中・嶺崎はまた、家父長制の概念について、「その普遍性ではなく歴史性や構築性を、その個別具体性と文脈を、そして交差性によるヴァリエーションの実態を、丁寧にみていく」（田中・嶺崎　二〇二一、七）ことの必要性を指摘している。

（8）反響の大きさを受けてインド政府は刑法を改め、強かん罪に対する最高刑を死刑に引き上げている。この結果、容疑者のうち、刑務所で死亡した一名と少年法の対象となる一名を除いた他の四名が死刑に処せられた。

（9）このようなメディアの報じ方の差異や世論の反応の違いについては、Dutta and Sircar（2013）などを参照。

（10）ただし「指定カースト」という法的な枠組みのなかには、ムスリムやキリスト教徒のダリトは含まれておらず、留保制度の対象外となっている点に留意する必要がある。「指定カースト」に含まれるのは、ヒンドゥー教、シク教、仏教を信仰する者のみであることが法律で規定されている。

（11）インド映画におけるダリトの表象については、Arora and Deka（2022）, Wankhede（2020）, Banerjee（2022）などを参照。インドの主流映画のなかでダリトの視点から描かれた物語は極めて数が限られている。アヌバヴ・シンハー監督は『第一五条』製作ののち、コロナ禍のインドの混乱をダリト出身の警官の視点から描く『群衆（*Bheed*）』（二〇二三年公開）を製作したが、この作品は商業収入の面では失敗に終わっている。

（12）当時、ハイダラーバード大学大学院生で、アンベードカル学生組織というダリトの団体に加わっていたヴェームラーは、虚偽の情報が寄せられたことがきっかけで、大学当局により寮追放その他の処分を受けていた。彼の死後、一部の政治勢力から彼の出自をダリトと認めうるかどうかを問う声があげられ（彼は非ダリト出身の父親とダリト出身の母親をもつが、母親のもとでダリトとして育てられた）、さらなる論争を呼んだ（Teltumbde 2017）。なお、本章の脱稿後に鈴木（二〇二四）が刊行された。校正刷り段階では本論に組みこむことができなかったのだが、同書にもこの事件とその影響が詳細に記されている（二一九—二三一）。

（13）インターセクショナリティの概念におけるカテゴリー化をめぐる問題については、（Carbin and Edenheim 2013）などを参照。

参考文献

粟屋利江（二〇一五）「フェミニズムとカーストの不幸な関係？——ダリト・フェミニズムからの提起」『周縁からの声（現代インド5）』東京大学出版会、一七七—一九八頁。

粟屋利江（二〇一八）「フェミニズム運動の新潮流」粟屋利江・井上貴子編『インド　ジェンダー研究ハンドブック』東京外国語大学出版会、三九—四三頁。

粟屋利江（二〇一八）「ルース・マノーラマ」粟屋利江・井上貴子編『インド　ジェンダー研究ハンドブック』東京外国語大学出版会、三一一頁。

ガーザ、アリシア（二〇二一）『世界を動かす変革の力——ブラック・ライブズ・マター共同代表からのメッセージ』人権学習コレクティブ監訳、明石書店。

熊本理抄（二〇二二）「抵抗する知の創造——部落女性からの問い」『現代思想　インターセクショナリティ——複雑な〈生〉の現実をとらえる思想』第五〇巻五号、一四七—一五八頁。

孝忠延夫（一九九二）『インド憲法』関西大学出版部。

コリンズ、パトリシア・ヒル、スルマ・ビルゲ（二〇二一）『インターセクショナリティ』小原理乃訳、下地ローレンス吉孝監訳、人文書院。

鈴木真弥（二〇二四）『カーストとは何か——インド「不可触民」の実像』中公新書。

スピヴァック、チャクラヴォルティ・ガヤトリ（一九九八）「サバルタン研究——歴史記述を脱構築する」R・グハ／G・パンデー／P・チャタジー／G・スピヴァック『サバルタンの歴史——インド史の脱構築』竹中千春訳、岩波書店、二八九—三四八頁。

田中雅一・嶺崎寛子（二〇二一）「ジェンダー暴力とは何か？」田中雅一・嶺崎寛子編『ジェンダー暴力の文化人類学——家族・国家・ディアスポラ社会』昭和堂、一—三七頁。

土屋和代（二〇二二）「ブラック・フェミニズムとインターセクショナリティ——人種・階級・ジェンダー・セクシュアリティ」藤永康政・松原宏之編『「いま」を考えるアメリカ史』ミネルヴァ書房、二二七—二五三頁。

新田啓子（二〇二二）「この「生」から問う——ラディカリズムとしての交差

点」『現代思想　インターセクショナリティ――複雑な〈生〉の現実をとらえる思想』第五〇巻五号、三五―四七頁。

モーハンティー、チャンドラー・タルパデー（二〇一二）『境界なきフェミニズム』堀田碧監訳、法政大学出版局。

Arora, Nehu and Junali Deka. 2022. "Crafting Caste in Indian Cinema: Reinforcing Stereotype or Challenging Negation?" *IIS University Journal of Arts* 11, no.1: 38-55.

Arya, Sunaina and Aakash Singh Rathore. 2020. "Introduction: Theorising Dalit Feminism." In *Dalit Feminist Theory: A Reader*, edited by Sunaina Arya and Aakash Singh Rathore, 1-21. Abingdon: Routledge.

Banerjee, Debjani. 2022. "Historiography and Historiophoty in Anubhav Sinha's *Article 15*." In *The Routledge Companion to Caste and Cinema in India*, edited by Joshil K. Abraham, Judith Misrahi-Barak, 79-90. Abingdon: Routledge.

Business Standard, 30 June 2019. "Bihar: Dalit Outfit Protests after Screening of 'Article 15' Stopped Following Threats." https://www.business-standard.com（二〇二四年一月六日閲覧）

Carbin, Maria and Sara Edenheim. 2013. "The Intersectional Turn in Feminist Theory: A Dream of a Common Language?" *European Journal of Women's Studies* 20, no.3: 233-248.

Collins, Patricia Hill. 2019. *Intersectionality as Critical Social Theory*. Durham: Duke University Press.

Collins, Patricia Hill and Sirma Bilge. 2020. *Intersectionality*. 2nd edition. Cambridge: Polity.

The Constitution of India. 2022. New Delhi: Government of India. https://legislative.gov.in/constitution-of-india（二〇二四年一月六日閲覧）

Crenshaw, Kimberle. 1989. "Demarginalizing the Intersection of Race and Sex: A Black Feminist Critique of Antidiscrimination Doctrine, Feminist Theory and Antiracist Politics." *University of Chicago Legal Forum* 1989, iss. 1, article 8: 139-167.

Dutta, Debolina and Oishik Sircar. 2013. "India's Winter of Discontent: Some Feminist Dilemmas in the Wake of a Rape." *Feminist Studies* 39, no. 1: 293-306.

FII Team. 2020. "Suman Saurav: Dalit Queer Feminist & Anime Enthusiast." *Feminism in India*, 29 September. https://feminisminindia.com（二〇二四年一月六日閲覧）

Guru, Gopal. 1995. "Dalit Women Talk Differently." *Economic and Political Weekly* 30, no. 41/42: 2548-2550.

Harikrishnan, Charmy. 2019. "It Would Have Been Too Bollywood to Have a Dalit Hero: 'Article 15' Director Anubhav Sinha." *The Economic Times*, 7 July. https://economictimes.indiatimes.com（二〇二四年一月六日閲覧）

Jone, Mary E. 2015. "Intersectionality: Rejection or Critical Dialogue?" *Economic and Political Weekly* 50, no. 33: 72-77.

Menon, Nivedita. 2015. "Is Feminism about 'Women'?: A Critical View on Intersectionality from India." *Economic and Political Weekly* 50, no.17: 37-44.

Paunksnis, Runa Chakraborty. 2022. "*Aarakshan* and *Article 15*: Is There Any Transformation in the 'Brahminical Gaze'?" In *The Routledge Companion to Caste and Cinema in India*, edited by Joshil K. Abraham and Judith Misrahi-Barak, 91-102. Abingdon: Routledge.

Pawar, Urmila. 2009. *The Weave of My Life: A Dalit Woman's Memoirs*, translated by Maya Pandit. New York: Columbia University Press.

Pawar, Urmila and Meenakshi Moon. 2008. *We Also Made History: Women in the Ambedkarite Movement*, translated by Wandana Sonalkar. New Delhi: Zubaan.

Rege, Sharmila. 1998. "Dalit Women Talk Differently: A Critique of 'Difference' and Towards a Dalit Feminist Standpoint Position." *Economic and Political Weekly* 33, no. 44: WS39-WS46.

Rege, Sharmila. 2020. "Brahmanical Nature of Violence against Women." In *Dalit Feminist Theory: A Reader*, edited by Sunaina Arya and Aakash Singh Rathore, 103-116. Abingdon: Routledge.

Saurav, Suman. 2019. "Article 15 Review: On Why Is It a Problem to Call It Just a Problematic Film." *Feminism in India*, 5 July. https://feminisminindia.com（二〇二四年一月六日閲覧）

Sharma, Priyanka. 2019. "Decoding Article 15 with Screenwriter Gaurav Solanki." *The Indian Express*, 7 July. https://indianexpress.com（二〇二三年一二月一八日閲覧）

Sinha, Anubhav and Gaurav Solanki. 2019. *Article 15*. New Delhi: Rajkamal Paperbacks.

Still, Clarinda. 2017. "Dalit Women, Rape and the Rivitalisation of Patriarchy?" In *Dalit Women: Vanguard of an Alternative Politics in India*, edited by S. Anandhi and Karin Kapadia, 189–217. Abingdon: Routledge.

Teltumbde, Anand. 2017. "Robbing Rohith of His Dalitness." *Economic and Political Weekly* 52, no. 9: 10–11.

Teltumbde, Anand and Subhash Gatade. 2020. "Gujarat: In Search of Answers" In *Hindutva and Dalits: Perspectives for Understanding Communal Praxis*, edited by Anand Teltumbde, 241–267. Revised edition. Los Angeles: Sage.

Wankhede, Harish S. 2020. "It's 2020, and We Still Don't Have an Iconic Dalit Hero in Bollywood." *Huffpost*, 5 September. https://www.huffpost.com（二〇二三年一二月一八日閲覧）

映画

Article 15.（ヒンディー語）監督 Anubhav Sinha.　製作 Benaras Media Works, Zee Studios. 2019.

II

インターセクショナリティから読み解く現代世界

6 インターセクショナリティ（交差性）に関する四つの疑問
——インターアクション（交互作用）効果を用いた概念の拡張性の検討

和田　毅

（わだ　たけし）
東京大学大学院総合文化研究科教授
専門は社会学、ラテンアメリカ地域研究
著書に『「暴力」から読み解く現代世界』（分担執筆、東京大学出版会）、*Popular Politics and Protest Event Analysis in Latin America*（共編、University of New Mexico Press）などがある。

はじめに

人種による差別と性に基づく差別が交差する場に生きているアメリカ合衆国の黒人女性は、黒人男性や白人女性に比べて深刻な差別構造のもとに置かれている。この現実を表現すべく生まれた概念が「インターセクショナリティ（交差性）」である。それは、単に黒人差別に女性差別が加わったのではなく、双方が同時に絡み合い作用することによって、一層克服困難な障壁が存在していることを示す概念である。インターセクショナリティとは、このような重層的な差別構造が生み出す障壁を可視化させ認識させようとする「知的プロジェクト」なのである。同時に、黒人男性が主導してきた人種差別反対運動も、白人女性が声を独占してきたフェミニズム運動も、黒人女性の置かれた複合的な差別構造を認識したうえで自己変革していく必要があることを訴える「政治プロジェクト」の側面も持つ（Crenshaw 1989; フックス二〇一〇）。

このように、アメリカの白人女性主導のフェミニズムや黒人男性主導の公民権運動を黒人女性が批判するためにインターセクショナリティが必要な概念であったことは理解できる。しかし、この概念は、アメリカの黒人女性という文脈以外でも学術的に有用なものなのだろうか。つまり、アメリカの黒人女性研究の専門家以外の研究者も学ぶ意味のある、より一般的な利用価値（拡張性）を含有する概念なのだろうか。

この問題について考える際に、具体的に四種類の拡張可能性について検討したい。第一に、「空間的（地域的）拡張性」である。これは、インターセクショナリティが、アメリカ社会だけでなく、他の地域の研究にも役に立つ概念であるかという問題である。第二に、「時間的（歴史的）拡張性」である。これは、現在我々が直面している差別だけでなく、過去の差別構造の研究にも拡張できるかという点である。第三に、「差別構造的拡張性」である。これは、人種と性差に基づく差別構造だけでなく、他の差別構造（例えば、階級、年齢、障害、市民権の有無、出自、学歴等）の分析にも役に立つ概念かという点である。第四は、「研究アプローチの拡張性」である。キンバリー・クレンショーやパトリシア・ヒル・コリンズのような知識人が、黒人女性としての自らの体験から生み出した理論はそれ自体に重みと価値があることはもちろんだが、それ以外の研究アプローチをとる研究者にとっても役立つ概念だろうかという問題である。

もし、これらの拡張性を期待できるのであれば、どのような研究が新たに可能になるのだろうか。アメリカ合衆国の黒人女性の経験から生まれたインターセクショナリティという概念を、他の地域や異なる文脈に適用すると、一体どのような新たな知見を得ることができるのだろうか。本稿は、ラテンアメリカ地域の社会運動を研究する社会学者の視点からこの問題を考察する。具体的には、インターセクショナリティ論を従来の社会学や社会運動研究の理論と接続する作業を通じて、新たな社会学的な問いや研究テーマの可能性を考え、この概念の意義を論じていく。まず次節では、インターセクショナリティ概念を構成する三つの要素を先行研究から抽出する。そして、この概念を理解するにあたり、先行研究の議論では必ずしも明らかになっていない四つの疑問を提示する。

1　インターセクショナリティ概念を構成する三つの要素

インターセクショナリティという概念の拡張性について考えるためには、まず概念そのものを理解しなければならない。本節の目的は、先行研究からこの概念を構成する三つの要素を整理することである。

第一の要素は、「複合的差別」である。複合的差別とは、人種、階級、性別、セクシュアリティ、年齢、能力、国家、民族性等のカテゴリに基づく複数の差別が交差する場に生きている特定の人々が、重層的に抑圧される構造があることである（Collins 2015, 14）。この概念を最初に提示したクレンショーは、有名な交差点の比喩（後述）を用いて「複合的差別」を説明したが、要するに、人種等ひとつの差別構造（シングル・イシュー）だけに着目していては、黒人女性のように複合的差別に苦しむ人々のニーズを捉えきれず、差別を真に解消できないことを意味している（土屋 二〇二二、二四五；藤高 二〇二〇、三五；Crenshaw 1989, 154; フックス 二〇一〇、二〇）。従って、複数の差別構造に同時に着目する必要があるのだが、ここで注意すべきは、人種と性別というふたつの差別構造が及ぼす影響は、それぞれの単なる「和」ではないと主張されていることである。つまり、人種と性別の問題をそれぞれ解決すれば、黒人女性の問題も自動的に解決するわけではないという点が、インターセクショナリティ論の中核なのである（Crenshaw 1989, 149; 森山 二〇二二、六八；清水 二〇二一、一五四―一五五）。

第二の要素は、「隠蔽された差別の可視化」である。複合的な差別の構造は、一般の人々には見えていない場合が多いという。黒人女性が、黒人であることと女性であることに加えて、黒人女性であることによってさらに差別に苦しんでいることが、黒人女性以外の人々には理解されていないということである。藤高（二〇二〇、四六）は、このような状態を「隠蔽されている」「抹消されている」といった言葉で表現している。インターセクショナリティとは、このように「隠蔽された」重層的な差別構造を可視化する必要を訴える「知的プロジェクト」であるという主張（森山 二〇二二、六七）が、第二の要素を構成している。

インターセクショナリティを構成する第三の要素は、「変革のための複合的連帯」という点である。これは、複合的差別に苦しむ人々が、その複合的なカテゴリ間の連帯・協働を促す役割を担い、変革を実現していくべきだという「政治的プロジェクト」を意味している（Crenshaw 1989, 167）。このような政治的プロジェクトを達成するためには、当然のことながら、その隠蔽された複合的抑圧に苦しむ人々の困難や現実を、まず認識・理解・可視化する必要があり（第二の要素）、知的プロジェクトと切り離して考えることはできない。黒人として受ける差別、女性として受ける差別、さらに、黒人女性として受ける差別をすべて解消することを政治的プロジェクトの目標とすることによって、誰一人取り残すことなく、重層的な抑圧構造からの脱却と構造そのものの解消を目指す政治理論なのである。

2 インターセクショナリティ概念に関する四つの疑問

研究者により焦点や強調点の違いはあるものの、上記三点はインターセクショナリティ概念の主要な構成要素だと筆者が理解したものである。一方で、先行研究からはよく理解できなかった点もあった。拡張性を検討する際には解決すべき重要なポイントとなるので、以下に四つの疑問として整理する。

(1) 第一の疑問――交差点の比喩は適切か

ひとつめの疑問は、クレンショーがインターセクショナリティを説明するために用いた有名な交差点の比喩がその本質（つまり、三つの構成要素）を捉えきれていないのではないかというものである。実際の論文に書かれた交差点の比喩は以下の通りである（Crenshaw 1989, 149, 訳藤高 二〇二〇、三六）。

> 交差点（intersection）という交通路に類推して考察してみよう。そこでは、四つの方向から往来がある。差別は交差点のように、あるひとつの方向から起こるかもしれないし、それとは別の方向から生じるかもしれない。もし事故が交差点上で起こるなら、事故は複数の方向から来る車によって引き起こされる可能性があるし、ときには全方向から引き起こされうる。これと同様に、もし黒人女性が交差点上にいるために傷つけられるなら、彼女の損傷は性差別あるいは人種差別によるものでありうる。

要するに、黒人女性は交差点に居て、ときに人種差別という方向から轢かれ、ときに女性差別という方向からも轢かれ、ときに両方向から同時に轢かれるということを、この交差点の比喩は示している。

しかし、この交差点の比喩では、概念を構成する三つの要素のうち、ひとつめの「複合的差別」しか読者に連想させることができない。他のふたつ（「隠蔽された差別の可視化」と「変革のための複合的連帯」）を連想させる比喩ではない。しかも、この比喩において、白人男性、白人女性、黒人男性をどう理解したらよいのだろうか。また、複合的差別のない状態は、どう表現できるのか。立体交差のような交わらない道路を連想すればよいのだろうか。本章は、次節にて、インターセクショナリティの概念をより的確に捉えた比喩を紹介し、この疑問を解決しようと試みる。

（2）第二の疑問――複合的差別は複数の差別の「和」でないなら何か

第二の疑問は、複合的差別（第一の構成要素）の意味の本質に関するものである。それは、複合的差別とは人種と性別等のふたつの差別構造がもたらす影響の「和」ではないのなら何なのかという疑問である。先行研究によるこの点の主張をみると、クレンショーは、「インターセクショナルな経験は、人種差別と性差別の合計よりも大きなものである」（Crenshaw 1989, 140）と言う。差別の程度の問題のように読める。また、彼女は、人種と性別というふたつの差別構造は単なる「和」ではなく、ふたつが「二重差別・複合効果」を生み出していると言い換えている（Crenshaw 1989, 149）。では、その「二重差別・複合効果」とは何なのだろうか。

清水（二〇二一、一五五）は、黒人女性として受ける差別は、単に人種差別と性差別との「合計」ではなく、それらと異なる性質をもちうる、というクレンショーの主張を重視している。「和」ではない別種の差別を指すのが複合的差別ということである。本稿は、次節にて、インターセクショナリティ概念の中核要素である複合的差別の意味を明瞭にするために、それを「和」ではなく「積」として理解することを提案し、これを「インターアクション」という統計ツールを用いて説明する。

（3）第三の疑問――何重にも複合した差別をどこまで可視化するのか

第三の疑問は、「隠蔽された差別の可視化」（第二の構成要素）に関するものである。隠蔽された重層的な差別を可視化するのは重要だとしても、実際問題として、何重にまで重なった差別構造を可視化すればよいのだろうか。

「黒人」「女性」という大きなカテゴリを押しつけることによって、「黒人女性」が受ける差別が隠蔽されてしまうことは理解できる。しかし、ひとつのカテゴリを用いると、そのカテゴリの中の多様性を捨象し隠蔽する効果がつきまとう（藤高 二〇二〇、三八―四〇）。すなわち、「黒人女性」の差別を主張する理論は、黒人女性の間の差別構造（例えば、黒人女性の間の階層の違い、アメリカ市民の黒人女性とカリブ海地域からやってきた黒人女性の違い等）を可視化しない状態にとどまったものである。それで満足すべきという理論なのだろうか。もし、可視化作業を続けようとすれば、次々にさらなる差別構造を分析に加えていかねばならず、究極的には「個人は皆異なる重層的差別構造下にある」という議論に落ち着かざるを得ないようにも思われる。

この疑問をどう解決すればよいのか。黒人女性のように差別に抗う声をあげている人々の重層性だけをとりあげればよいという考え方もあるだろう。つまり、隠蔽された重層的差別構造を可視化しようとする運動を分析すればよく、さらなる重層性のことまで心配する必要はないという見方である。しかし、そもそも隠蔽された差別構造を暴くのがインターセクショナリティの知的プロジェクトだとするのなら、誰も声をあげていないから重層的差別はない、または見る必要はない、とするのでは自己矛盾に陥ってしまう。この難題に正面から答えているのが清水（二〇二一、一五六―一五七）である。

> インターセクショナリティとは、複数の差別が折り重なる、限られた特別な領域への着目を促す観点ではない……いわばより周縁化された、より少数派の集団へと焦点を絞り込み続ける作業ではない。そうではなく、黒人の経験というときに視野から外されがちだった黒人女性の経験を、黒人の男性の経験とは異なる、しかしあくまで黒人の経験として扱うことを要請するのが、インターセクショナルな視点である。その意味では、インターセクショナルな分析とは、焦点を絞り込む作業というよりは、これまで注意深く視野から外されてきた部分までを視野に収めるように焦点を絞りなおして視野を広げていく作業だ。

ここではインターセクショナリティ概念はこう使うべきという明快な主張が展開されている。しかし、これは「べき論」であり、二重の重層的差別構造どころか三重、四重、五重の差別構造が現実社会に存在する（可能性がある）のならば、なぜ「焦点を絞り込む作業」を続けないのかという疑問の答えにはなっていない。本章は、次節にて、インターアクションの考えから導き出せる筆者なりの答えを提示する。

（4）第四の疑問――複合的な連帯はどのように生まれるのか

最後に、第四の疑問は、「変革のための複合的連帯」（第三の構成要素）に関するものである。どうすれば女性運動と黒人運動の連帯や協働が生じるのか。重層的な差別構造を認識しさえすれば、連帯は自動的に生じるのだろうか、という問いである。

アンジェラ・Y・デイヴィスは、インターセクショナリティは個別の社会運動をつなげ、より強力な大衆運動へと変えていくための枠組みであり、構造的・制度的変革をもたらすための思想に他ならないと述べている（土屋 二〇二二、二四八）。要するに、「認識する・可視化する」という知的プロジェクトを、連帯し抵抗運動をおこし制度的障壁を変えるという政治的プロジェクトにつなげるまでがインターセクショナリティ論だという主張である。「べき論」としては理解できるものの、ここは、「知的プロジェクト」からいかにして「政治プロジェクト」が生まれ（または生まれず）、それが成功するか（または失敗するか）という重要な問いについての理論が必要なのではないだろうか。

実際に、この過程の難しさ――つまり、重層的な差別構造に苦しむ人々がいることを認識しても、それが自動的に連帯へとは結びつかないという難しさ――を「ジレンマ」と表現した研究者もいる。森山（二〇二二、七二）は、「マジョリティでもマイノリティでもある自分」というジレンマを指摘している[1]。それは、知的プロジェクトを徹底していくと、様々な権力関係に注意が向かい、必然的に自分が「マジョリティ側」となる権力関係もあることに気がつくというジレンマである。マイノリティである黒人の権利を求めて立ち上がった黒人男性が、ジェンダーの力学においては支配的な立場にあることに気づくといった状況である。この構造においては支配的な立場にある黒人男性が、どうすれば被支配的な立場にある黒人女性や、人種の力学では支配的であるがジェンダーの力学では被支配的立場に置かれる白人女性と政治的に連帯するのか。何らかの理論が必要である。

主要なインターセクショナリティ論者のコリンズ（Collins 2015, 12）も、インターセクショナリティの研究には、交差するアイデンティティが運動間の連帯や融合をいかに生み出すのか、という政治動員過程の理論が弱いと指摘している。本稿は、社会運動理論を導入することによって、このインターセクショナリティ論の弱点を補完する。それにより、インターセクショナリティ概念の有用性と拡張性を高めることを目指す。

3　インターセクショナリティをインターアクションとして理解する

本章は、インターセクショナリティに関する四つの疑問について考えるために、インターアクション・エフェクト（interaction effect; 以下、交互作用効果）を導入する。交互作用効果とは、回帰分析を用いる際に、複数の変数の相乗効果を推定するために用いる方法である。あらかじめ断っておくが、インターセクショナリティの分析には統計分析を使うことが望ましいという主張をしているわけではなく、また、数値化が必須であると述べているわけでもない。この統計ツールを使うと、インターセクショナリティ概念を直感的に理解するために役立つと言っているだけである。

①：制度的障壁（差別）$= \beta_0 + \beta_1$人種$+ \beta_2$性別$+ \varepsilon$

①の回帰モデル（数式）は、制度的障壁、つまり差別の程度は、人種と性別によって異なる（変動する）ことを示している。人種と性別が足し算でつながっているので、これを「和モデル」と呼ぶことにする。この和モデルを理解するために、図

1を参照されたい。

縦軸は、数式の左辺、つまり、制度的障壁（差別）の程度を示す。値0は差別を受けていない人たちの位置と仮定する。これより上方向、つまり、正の値は差別を受けるどころか有利な立場にいることを意味する。負の値、つまり、図の下方向にいけばいくほど差別を受けていることを示している。

人種という変数は、白人の場合は値0を、黒人の場合は値1をとることにする。性別変数は、男性の場合は値0を、女性の場合は値1をとる。これらの値から、白人男性、白人女性、黒人男性、黒人女性を図中のどこに位置づけられるかが決まり、図1に示してある。要するに、この図は、それぞれのカテゴリに属する人々がどれだけ差別を受けているかを垂直方向の位置で示そうとするものである。

図1　和モデルと積モデルの概念図

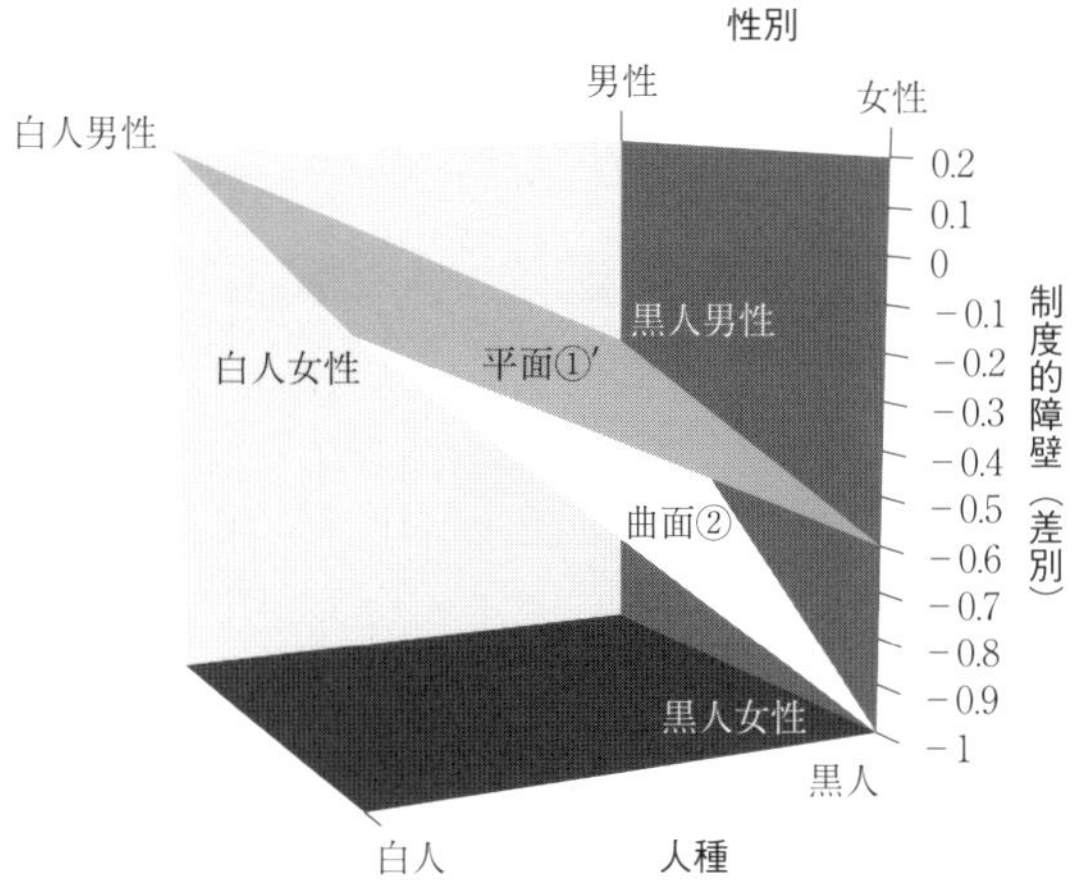

次に、回帰モデルの数式①の三つのパラメータ（β_0、β_1、β_2）に数値を代入したのが数式①′である。実際の回帰分析では、データからこれらのパラメータの値を推定することが主要な目的になるのであるが、ここでは理論的な説明をするために数式を用いているので、これらの数値は筆者がインターセクショナリティ論の意味することを鑑みて作った仮定の数字に過ぎない。

①′：制度的障壁（差別）＝0.2−0.5人種−0.3性別＋ε　（和モデル）

図の中のグレーの平面①′がこの数式①′を表している。白人男性の縦軸（制度的障壁）の位置は0.2であり、正の値である。白人男性というカテゴリに属することによって有利な立場に立っていることが図で示されている。白人女性の垂直方向の位置は−0.1であり、白人男性の位置から白人女性の位置へ向かって平面が下がっていることが分かる。つまり、白人女性は白人男性に比べて制度的障壁に苦しみ差別を受ける構造下にあることが示されている。黒人男性も白人女性と同様に白人男性の位置からは人種変数の係数分（−0.5）下がった位置（−0.3）にいる。黒人女性の場合は、白人女性が下がった分（−0.3）と黒人男性が下がった分（−0.5）を加えた分だけさらに下に位置し（−0.6）、最も差別的な構造のもとに置かれていることが分かる。

しかし、既述のように、インターセクショナリティ論は、人種と性別というふたつの差別構造は単なる「和」ではないと主張している。つまり、この平面はインターセクショナリティ論の主張を正しく反映したものではないことになる。では、どうすればインターセクショナリティ論を数式で示し、図中に描くことができるのだろうか。

本章は、回帰モデルの数式②を提案する。和モデルの数式①との違いは、人種と性別の掛け算が含まれている点にある。

②：制度的障壁（差別）＝ β_0＋ β_1人種＋ β_2性別＋ β_3人種×性別＋ ε　（積モデル）

これこそが交互作用効果であり、インターセクショナリティの概念の構成要素「複合的差別」を反映するものだと考える。これを「積」モデルと呼ぶ。和モデルの数式①と共通する三つのパラメータの値は同じと想定し、新たに加わった β_3 の値を－0.4だと仮定すると、図1に示された白い曲面②になる。

積モデルが示す曲面上で、白人男性、白人女性、黒人男性は和モデルの平面上と同じ位置にいる。しかし、白人女性や黒人男性の位置から黒人女性の位置に向けて平面が曲がり、より急な角度で下がっていく。黒人女性の位置は、和モデルでは－0.6であるが積モデルでは－1となる。この差こそがインターセクショナリティの影響だと言い換えることができる。和モデルであれば、人種と性別の差別がそれぞれ解消すれば（数式①のそれぞれの差別の程度を示す係数 β_1、β_2 の値が0になれば）、黒人女性の差別も解消することになる。しかし、積モデルは、たとえ係数 β_1、β_2 の値が0になったとしても、黒人女性に特有の差別（数式②の β_3）が残ることになり、差別問題は解消しないことを示している。この交互作用効果を含む積モデルがインターセクショナリティの概念の中核部分をより忠実に表していると言えるだろう[2]。

4　交互作用効果モデルから導かれる解答

交互作用効果モデルを使うと、インターセクショナリティ概念に関する多くの疑問を解決し、その拡張性を見出すことができる。まず、インターセクショナリティの意味することが「和」でないなら何か、という第二の疑問に明確な答えを提示できる。その答えは「積」だということである。複合的差別、二重差別、複合効果等意味が明確ではない用語が使われてきたが、「相乗効果」という、積という意味を含む用語が的確のように思われる。

また、「隠蔽されている差別」、「可視化すべき差別」とは、具体的に $\beta_3<0$ のことだと言い換えることができる。つまり、この積の項が必要で、かつ、その係数 β_3 が負であるという仮説を、量的調査をやるにしても質的調査をやるにしても研究の構想に含めるべきである、という明確な指針を示してくれるのである。これは、積モデルの曲面を和モデルの平面と比べるこ

とで一層の効果を持つ。和モデルの平面では、隠蔽された差別は存在せず、従ってインターセクショナリティ論の示唆する状態にはない。和モデルの平面と積モデルの曲面の差分こそがインターセクショナリティを意味し、具体的には、図1の黒人女性の位置の差β_3（平面の−0.6に対し、曲面の−1.0）が、インターセクショナリティ論が問題とする可視化すべき差別に相当する。

しかし、具体的に何がこの「可視化すべき差別」なのだろうか。クレンショーは、黒人女性を狙い撃ちにして解雇する差別的な慣行に反対して一九七六年に五人の黒人女性がゼネラル・モーターズ社を訴えた裁判を例に説明している（Crenshaw 1989）。その際、裁判所は、原告らが性差別と人種差別をひとつのカテゴリにまとめることを認めず（つまり、インターセクショナリティを認めず）、人種差別または性差別のみに基づく提訴を要求した。その結果、会社の全女性が差別されたわけではないので男女差別を証明することができず、会社の全黒人が差別されたわけではないので人種差別を証明することもできなかった。仮に黒人女性全員が解雇されても、黒人男性と白人女性が解雇されなければ、制度的な人種差別や性差別は存在しなかったことになる。黒人女性だけを解雇する偏見に満ちた慣行はもちろんのこと、そのような慣行から法的に身を守ることができない司法の在り方も黒人女性のみが直面する可視化すべき差別なのである（Rosette et al. 2018, 3）。

次に、交互作用効果モデルを念頭に置くと、インターセクショナリティに関する第一の疑問「クレンショーの交差点の比喩は適切だろうか」についても、ひとつの解答を示すことができる。クレンショーの有名な交差点の比喩は、インターセクショナリティ概念を構成する三つの要素のうちのひとつ「複合的差別」を喩えたものであるが、他の二要素を表せていないだけでなく、複合的差別の本質である「和ではないこと」も表現できていないことは既に述べた。ところが、彼女が同じ論文の後半に用いた「地下室（basement）の比喩」（Crenshaw 1989, 151–152）は、インターセクショナリティの概念の構成要素を見事に捉えていて分かりやすい。

地下室の比喩の要点は以下の通りである。（ア）各種の差別構造下で不利な立場にあるすべての人々がいる地下室がある。（イ）すべての差別構造が複合的に重なってしまっている人は地下室の一番下に居て、その肩の上に差別の程度が少し軽い人たちを支えている。（ウ）地下室の天井は、実は上の階の床で、何の差別も受けていない特権的な立場の人々がそこで暮らしている。（エ）ひとつの差別構造だけによって不利な立場に置かれている（いわば差別の程度が最も軽い）人々は地下室の一番上に居て天井に触れる位置にいる。（オ）地下室から上の階への昇降口は、通常これらの天井に触れる位置にいる人だけが這い上がれるようにできていて、多重の差別を受ける人々はその位置にたどり着くことすら容易でない。この地下室の比喩を交互作用効果モデルのグラフ上に具象化したのが図2である。

まず、白人男性の位置（制度的障壁の値が0.2）に水平の平面

図2　地下室の比喩と交互作用効果モデル

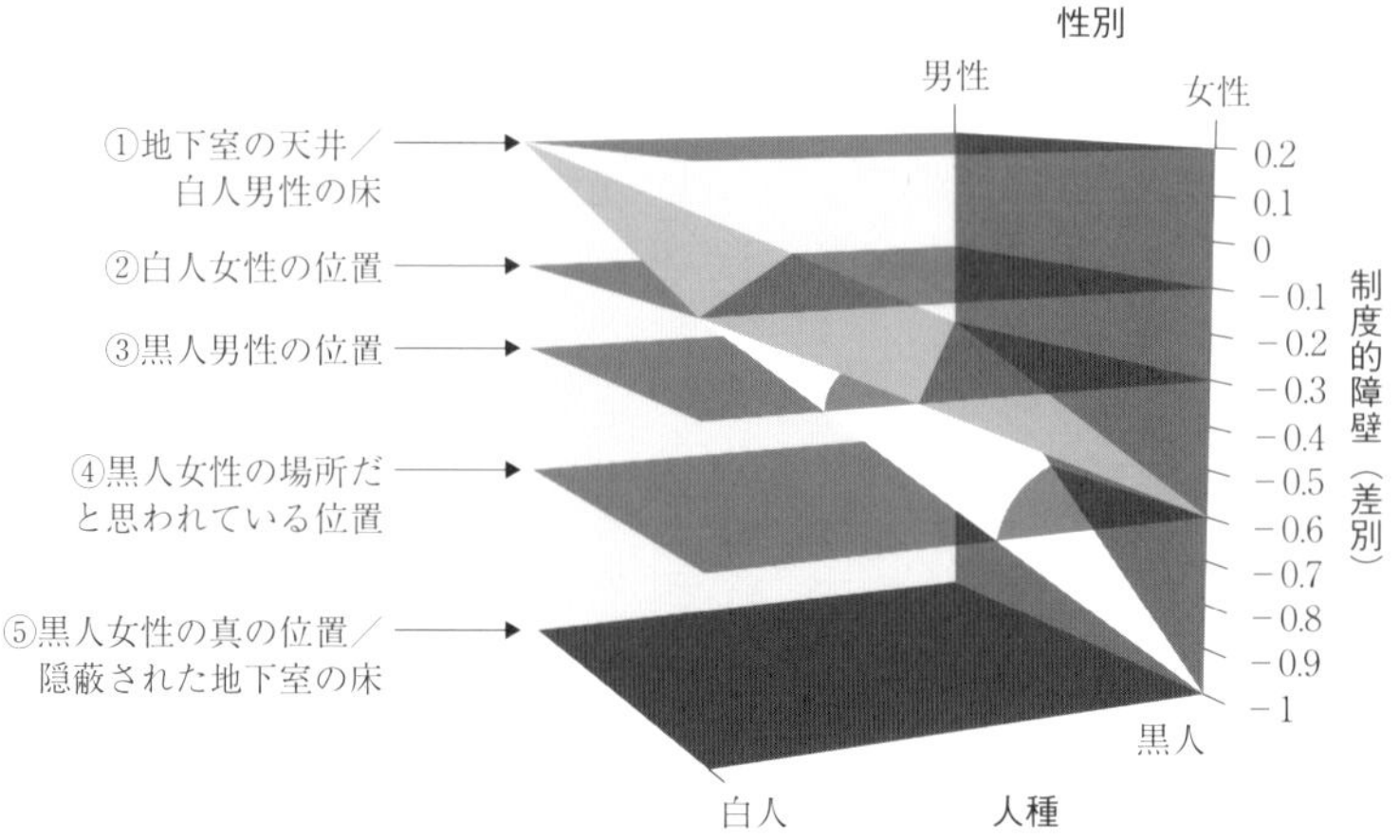

を描く。これが、白人男性にとっての床であり、地下室の天井である（上記の要点ウ）。何らかの差別を受けている人々は、皆この天井より下の地下室にいる（ア）。また、図の設定では、白人女性が天井に一番近い場所に位置し、その場所に次の平面を描いている（エ）。地下室の中では一番上部にあり天井に触れることのできるこの位置は、上の階に這い上がる可能性が最も高い場所である（オ）。もし、上の階（建物の一階部分）が見えているにもかかわらず、なかなかそこに這い上がれないのだとすれば、この天井は、ヒラリー・クリントンの言う「ガラスの天井」になっていると解釈できるだろう[3]。

地下室の住人である白人女性や黒人男性は、それぞれが直面するひとつの差別構造を克服して（シングル・イシューの運動をおこなって）這い上がろうとしている。その一方で、黒人女性は、人種と性別という複数の差別を受けているため、地下室の一番下の床に居て、天井には手が届かない（イ）。そして、この図はインターセクショナリティ論の核となるアイデアを見事に示している。それは、黒人女性の立ち位置である地下室の底は、上から四番目の平面（制度的障壁が−0.6の位置）だと人々は思っているが、実際はさらにその下の五番目の平面であり（制度的障壁が−1.0の位置）、地下室の真の床がここにあることが認識されていないのである。このインターセクショナリティ論の第二の構成要素「隠蔽された差別の可視化」を、地下室の比喩で端的に表すと、それは真の地下室の床が四番目ではなく五番目の平面であることを可視化しようという主張なのである。

さらに、交互作用効果モデルを導入する利点は、インターセクショナリティに関する第三の疑問「何重にも複合した差別をどこまで可視化するのか」に、答えることができることである。理論的にも、現実的にも、二種類どころか数多くの差別構造が重なって抑圧されている個人は存在すると考えるべきであろう。しかし、知的および政治的プロジェクトとしてのインターセクショナリティを考えた場合、極度に重層的な差別構造は、それが現実に存在していたとしても、それを認識することは極端に難しい。なぜ難しいのか、その理由を交互作用効果モデルが教えてくれるのである。

人種と性別だけでなく、階級が加わり、合計三種類の差別構造が複合的に作用する状況を想定しよう。インターセクショナリティは和モデルではなく積モデルであることを学んだ読者は、以下の交互作用効果モデル③を思いつくかもしれない。

③：制度的障壁（差別）$=\beta_0+\beta_1$人種$+\beta_2$性別$+\beta_3$階級$+\beta_4$人種×性別×階級$+\varepsilon$

より複雑な回帰モデルになったことは間違いないが、推定すべきパラメータの数が②の四つ（β_0、β_1、β_2、β_3、）から五つに増えただけなので、深刻な問題ではないと感じるかもしれない。しかし、三つの変数の交互作用効果モデルを推定しようとすれば、三つの変数の掛け算だけではなく、それより低次元の掛け算すべてを含める必要があり、以下のモデル④が必要になる。

④：制度的障壁（差別）$=\beta_0+\beta_1$人種$+\beta_2$性別$+\beta_3$階級$+\beta_4$人種×性別$+\beta_5$人種×階級$+\beta_6$性別×階級$+\beta_7$人種×性別×階級$+\varepsilon$

この複雑な回帰モデルのすべてのパラメータをたとえ正しく推定できたとしてもそれを解釈することは非常に難しい。例えば、人種という変数は四回もこのモデルに表れている。これらがどのような影響を「複合的に」制度的障壁（差別）に及ぼすのかは、推定結果の値を見るだけでは見当がつかない。社会学の学術論文をみても、三つの変数の積を含む回帰分析をみることはほとんどない。回帰モデルにおいて何が起きているのかを正確に解釈することがそれだけ難しいのである。[4]

認識することが難しい、理解できなくなる、というのは統計モデルの問題というよりは人間の能力の問題なのだと言える。しかし、それは人々が認識できなければ社会運動としてのアピール力や動員力が弱まることに直結するという点で現実的な意味を持つ。つまり、差別構造の複合性（数）が増すにつれて、知的プロジェクトとしての認識・可視化が難しくなり、政治的プロジェクトとして機能しなくなるのである。これが交互作用効果モデルから得られる第三の疑問への答えである。

本節では、交互作用効果モデルを用いて、四つの疑問のうち三つの解答を示した。しかし、第四の疑問「複合的な連帯はどのように生まれるのか」についてはまだ答えることができていない。この疑問への解答は、後述の政治的プロジェクトに関する節で試みる。そこでは、人間には時に統計モデルが示す認識の限界を克服し、三種類以上の多層的な差別構造を認識して政治プロジェクト化する能力があることも指摘する。第四の疑問を検討する前に、まずインターセクショナリティ概念の拡張可能性について、交互作用効果モデルが示唆する点をみていきたい。

5　交互作用効果モデルから導かれるインターセクショナリティの拡張性

インターセクショナリティという概念は、アメリカの黒人女性の経験を説明するためだけのツールではなく、それ以外の研究にも役に立つものなのか。この問題を検討するのが、本章の主な目的であった。ここでは、交互作用効果モデルの助けを借りながら、その作業をおこないたい。

まず、交互作用効果モデルを想定することによって、他の差別構造にも適用しやすくなることが挙げられる。それは、積モデル②の人種と性別を別の変数に置きかえれば、他の種類の複合的差別構造の研究にも簡単に応用できることが一目瞭然だからである。つまり、交互作用効果モデルを念頭に置くことによって、差別構造的拡張性を高めるメリットがあると言える。

また、重層的な差別構造の影響を（β_1、β_2、β_3）の三つに分解して考える視点を提示することによって、「三つのうちどの影響が大きいのか、それが地域や時代によってどう変わっているのか」といった問いを思いつく機会を与えてくれる。これが、研究の空間的（地域的）拡張性や時間的（歴史的）拡張性につながっていくと考えられる。

さらに、交互作用効果モデルを考えることで、他の研究アプローチを導入しようという発想を与えてくれる点も重要である。複合的差別を受けてきた当事者でもある知識人が声をあげ隠蔽された差別構造を可視化するという従来の研究アプローチだけでなく、例えば、大量のデータを収集して上述のような積モデルを推定し、どの差別構造が複合的に交わったところにインターセクショナリティの状態を特定できるかを調べ、これまで見えていなかった重層的差別を可視化するといった統計的なアプローチも、インターセクショナリティ研究を豊かにするひとつの手法になり得るだろう。従来の研究アプローチの対極にあるとも言える統計アプローチが有効なのであれば、その間の様々な社会科学的アプローチが有効であろうことは想像に難くない。つまり、交互作用効果モデルは、研究アプローチの拡張性を示唆しているのである。

具体的に示すために、即席ではあるが、交互作用効果モデルを用いたインターセクショナリティの実証分析をここで例示したい。アメリカの黒人女性ではなく、ラテンアメリカ地域の（空間的拡張性）先住民女性を対象に（差別構造的拡張性）、統計分析アプローチを用いて（研究アプローチの拡張性）、インターセクショナリティの探究に挑戦する。目的は、積モデル（交互作用効果モデル）の数式②の三つのパラメータ（β_1、β_2、β_3）を、実際にデータを用いて推定することである。

このために、二〇二〇年ラテンバロメーター（Latinobarómetro）というラテンアメリカ地域の世論調査を用いる。[5] 制度的障壁（差別）という概念を数値化するために、調査項目の中の、社会の公正性・公平性に関する四つの問い（所得分配、教育、健康、正義に関するもの）の回答を合計して用いた[6]。この変数の点が高い人ほど社会は公正・公平だと認識していることを示している。数式②をラテンアメリカ地域に応用することから、人種（黒人）のところを先住民というエスニシティのカテゴリに置きかえて分析する。具体的には、母語が先住民言語であると答えた人のエスニシティを先住民＝1とした。性別については、女性＝1とした。さらに、差別的構造は、性別とエスニシティによるものだけではないことから、その他の差別構造の影響（ここでは、階級、教育、年齢の影響）を統計的に制御することとし、制御変数として回帰モデルに組み込んだ。このように、他の差別構造が、性別やエスニシティと差別の関係に及ぼす潜在的な影響を制御したうえで検討できることも、インターセクショナリティ論を交互作用効果モデルに接続させるメリットだと言える。

表1は分析結果をまとめたものである。先住民変数の係数β_1の推定をみると、ラテンアメリカ五か国すべてにおいて負の値であり、非先住民男性に比べて先住民男性は社会が公正・公平だと感じる程度が小さいことが分かる。しかし、この差が統計的に有意なのはチリ、アルゼンチン、ペルーに限られることから、先住民男性が大きな障壁を認識している国々と、認識していない国々（ブラジル・メキシコ）との間でばらつきがあることが判明した。

一方、女性変数（β_2）に関しては、五か国すべてにおいて有意な差があった。非先住民女性は、非先住民男性に比べて社会を公正・公平だと感じていない、つまり、構造的差別があると認識していることが分かった。興味深いことに、その男女の差は、どの国でも−0.3から−0.4であり、同程度であった。

最後に、インターセクショナリティを表すβ_3をみると、アルゼンチンとペルーにのみ有意な結果を確認することができた。ところが、推定したβ_3は想定していた負の値ではなく正の値であった。β_1とβ_2の値とともに勘案すると、先住民女性は先住民男性と比べても、また、非先住民女性や非先住民男性と比べても、社会は公平公正だと認識しているという結果が出ている。なぜだろうか。その理由は、先住民女性が複合的差別を実感していないからかもしれないし、スペイン語が母語ではない先住民がスペイン語の調査にどう答えるかといった方法論の問題があるのかもしれない。男性の先住民のほうが非先住民社会と接触し差別に直面する機会が多い可能性もある。統御変数として用いるべき他の差別構造を見逃した結果かもしれないし、データの収集や変数の作り方に問題があるのかもしれない。先住民やジェンダー研究の専門家ではない筆者には、残念ながら現時点でこれ以上の答えを用意できないが、ひとつ言えることは、インターセクショナリティを念頭に置いてβ_3を含めたこのような分析をしてみたおかげで、新たな興味深いテーマを見つける可能性があるということである。

今回の分析は二〇二〇年時点の空間的（地域的）比較であるが、過去のラテンバロメーターを用いて、同様の交互作用効果モデルを推定すれば、差別構造の認識がどのように変遷したの

表1　ラテンアメリカ地域におけるエスニシティと性別による複合的差別の統計アプローチによる分析結果

制度的障壁（差別）$=\beta_0+\beta_1$ 先住民 $+\beta_2$ 女性 $+\beta_3$ 先住民×女性 $+\varepsilon$				
国	先住民	女性	女性×先住民	データ数
	β_1	β_2	β_3	N
ブラジル	−0.48	**−0.35**	−0.16	1126
メキシコ	−0.23	**−0.30**	0.63	1131
チリ	**−1.58**	**−0.37**	0.97	1146
アルゼンチン	**−2.25**	**−0.41**	**3.47**	1034
ペルー	**−0.56**	**−0.33**	**0.99**	1138

データ：2020年ラテンバロメーター
表中の太字の数値は、係数 β の推定値が0.05水準で統計的に有意であることを示す。

かといった時間的（歴史的）比較も可能になる。まさしく、インターセクショナリティを研究構想に組み込むことによって、その研究を様々な方向に拡張することが可能になるのである。

6　政治的プロジェクトとしてのインターセクショナリティ

ここまで、交互作用効果モデルを使って、三つの疑問に一定の答えを示した。唯一残っているのが、第四の疑問「複合的な連帯はどのように生まれるのか」である。もちろん、インターセクショナリティ論においても、この問題は検討されてきた。なかでも政治的連帯の理論として重要なのは、サラ・アーメッド（Ahmed 2016）の「ハンマーの類縁性（affinity of hammers）」の議論だろう。ハンマーとは、制度や規範による障壁によって差別・排斥される経験を意味する。差別された経験のない者にはその存在さえ認識されない障壁によって打ちのめされる人々がいるのである。そして、そのハンマーは、人それぞれが直面する制度的障壁の内容によって異なるものであるが、その打ちのめされる体験が似ているために、他者が直面する障壁を認識し、その痛みを想像し、共感し、連帯することができるようになるという理論である（藤高 二〇二〇、四五）。つまり、ハンマーには同一性はないが類縁性があるというわけである。差別に苦しんだ経験はお互いに同じではないが、その体験からお互いの同様な経験に共感し連帯を生み出すことができるという考えである（清水 二〇二一、一六〇―一六一）。

アーメッドのハンマーの類縁性の議論は、複合的差別構造によって排斥された経験が他者への共感と連帯を生み出すという、政治的プロジェクトを実現するメカニズムを見事に描き出した理論である。しかし、この「類似体験・共感・連帯」によって実際にどの程度大衆運動を実現できるのだろうか。ハンマーの類縁性にも程度があり、共感しやすい差別経験とそうでないものがあるのではないだろうか。これを「ハンマーの類縁度」とでも表現するならば、次のステップとして、ハンマーの類縁度と連帯の関係の研究が必要になると考えられる。

ハンマーの類縁度が低い場合、つまり、互いに共感を抱きにくい社会運動間の連帯はどうすれば可能になるのだろうか。ここで参考になるのが、社会運動研究のフレーミング論である。

フレームとは、個人の生活空間やより広い世界で起きている出来事を「位置付け、知覚し、識別し、ラベル付け」することを可能にする解釈の図式（Snow et al. 1986, 464）と定義される。人それぞれが異なる価値観や規範を内面化しているため、フレームは個人により異なるが、それでも社会広範に受け容れられている解釈の図式も存在している。社会運動を担う活動家は、人々を動員し広範な支持を獲得するために、運動の目的や要求を「社会運動のフレーム」として提示する。そのフレームに人々の持つフレームが共鳴した場合に、その人々が動員され、連帯に基づく社会運動の力が増していくという理論である。具体的には、社会運動組織や活動家の発言や文書等の言説を分析する研究アプローチを用いることになる。連帯感を強化したい対象のフレームに自分たちの運動のフレームが共鳴するように、後者を戦略的に修正し、拡張し、架橋し、また時には、当初のものとは違うものに変換させる場合もある。社会運動は多かれ少なかれこのような戦略的操作をおこなうが、その成否を分析するのがフレーミング論が示唆する点であり、インターセクショナリティに基づく連帯の考察にも必要な視点ではあるだろう。

さらに、フレームや言説が連帯の成否を検討する際に重要なのはもちろんであるが、異なる運動間の連帯や協調を考える際に、必ずしも言説に依拠しない、シンボルとしての人物を見過ごしてはならない。複数の集団が特定の個人の存在によって結びついている場合、その個人をブローカーと呼ぶ（Diani 2013）。このブローカーが多様な集団・運動・アクターから同時に信頼されるという特殊な状況が生じた場合には、その集団・運動・アクター間の連帯や協調が生まれやすい。たとえ差別構造についての認識を共有できていなかったとしても、である。

パジェットとアンセルは、このようなブローカーの状態を多声的アイデンティティ（multivocal identity）と名付けた（Padgett and Ansell 1993）。彼らの一五世紀前半のフィレンツェにおけるルネサンス国家の誕生過程の研究によると、コジモ・デ・メディチが他の有力一族との婚姻等を通じて諸勢力との個人的信頼関係を強化することに成功し、分断されたエリートのネットワークの中でメディチ家だけが諸勢力とつながる多声的アイデンティティの地位を占め、政治的支配を確立したという。ひとりのブローカーの行動や発言が多様な意味をもって諸勢力から解釈され、政治的連帯が可能になったという分析であるが、それは、多声的アイデンティティを持つ人物が出現すれば、その人物が体現する声の「多さ」によって、何重にも重なった差別構造をもとに複合的な連帯を可能にするかもしれない。統計分析としては解釈できなくても、シンボルとなる人をみて複合的差別を認識し連帯する可能性があるわけである。

おわりに

インターセクショナリティ（交差性）は、複数の差別が単に重なっているだけではなく、その相乗効果によって苦しむ人々がいることを可視化する重要な概念である。この相乗効果という核となるアイデアをより直感的に理解するために、本章ではインターアクション（交互作用効果）という統計ツールを用いた。これにより、インターセクショナリティの本質を捉えた用法と間違った適用を区別しやすくなると思われる。

　また、交互作用効果モデルを活用して、アメリカの黒人女性を研究するだけの概念ではなく、異なる時空間や差別構造を対象にした研究にも十分に役に立つ概念だと結論付けた。とくに、虐げられた人々に焦点を当てて、その人たちの声を直接誠実に聞いて交差性をくみ取っていくアプローチだけでなく、統計分析を含めた他のアプローチを用いて、インターセクショナリティの研究の多角化を目指すことが望ましいと考える。

　政治的プロジェクトとしてのインターセクショナリティについては、スペースの都合上十分な検討ができなかったが、社会運動論と接続することにより、相互にその研究を高めていくことができると思われる。今後の一層の研究分野の相互の連帯が期待される。

(1)　なお、森山はマジョリティ／マイノリティという二分法からこぼれ落ちる複雑性に光をあてる概念として、インターセクショナリティを捉えている。

(2)　ちなみに、ここでは人種も性別もマジョリティとマイノリティのふたつのカテゴリしかないと単純化しているが、交互作用効果モデルは三つ以上のカテゴリがある場合でも扱うことが可能である。また、すべての差別構造をカテゴリ変数として表現できるのであれば、図で平面や曲面を描く必然性はない。性の値が0.3とか0.7等の人は存在しない想定だからである。しかし、所得格差や年齢のように差別構造によってはカテゴリ変数ではなく量的変数として扱ったほうが望ましい場合があるだろうし、アリシア・ガーザは人種も「黒人から白人へ続くスペクトラム（連続体）」だと表現している（TED. An interview with the founders of Black Lives Matter | Alicia Garza, Patrisse Cullors, Opal Tometi. https://youtu.be/tbicAmaXYtM?si=wDiom53mtYTTdfK, 二〇二三年一二月二日アクセス）。そのような場合も想定し、本章ではより一般的な量的変数として説明している。

(3)　「ガラスの天井」とは、女性のキャリアパスを阻む見えない壁を表すために長年用いられてきた言葉であり、二〇一六年のアメリカ大統領選挙でヒラリー・クリントンがドナルド・トランプに敗れた際の敗北宣言で用いた表現である。

(4)　三変数の交互作用効果を解釈する複雑さについては、次を参照されたい。UCLA: Statistical Consulting Group. "How Can I Understand a 3-Way Continuous Interaction? (STATA 12) | STATA FAQ" (https://stats.oarc.ucla.edu/stata/faq/how-can-i-understand-a-3-way-continuous-interaction-stata-12/). 二〇二三年一一月二七日アクセス。

(5)　ラテンバロメーター（www.latinobarometro.org/）は、ラテンアメリカ地域の十八か国、六億人以上の住民を対象に、毎年約二万件の聞き取り調査をおこなう世論調査である。その内容は民主主義や経済・社会の状況に関するものであり、意見、態度、行動、価値観等の多様な指標を用いている。

(6)　ラテンバロメーターにおける四つの問いの番号は、それぞれ所得分配（P19ST. A）、教育（P19N. B）、健康（P19N. C）、正義（P19N. D）である。

参考文献

清水晶子（二〇二一）「「同じ女性」ではないことの希望――フェミニズムとインターセクショナリティ」岩渕功一編『多様性との対話――ダイバーシティ推進が見えなくするもの』青弓社、一四五―六四頁。

土屋和代（二〇二二）「ブラック・フェミニズムとインターセクショナリティ

――人種・階級・ジェンダー・セクシュアリティ」藤永康政・松原宏之編『「いま」を考えるアメリカ史』ミネルヴァ書房、二二七―五三頁。
藤高和輝（二〇二〇）「インターセクショナル・フェミニズムから／へ」『現代思想』第四八巻四号、三四―四七頁。
フックス、ベル（二〇一〇）『アメリカ黒人女性とフェミニズム――ベル・フックスの「私は女ではないの？」』大類久恵監訳、柳沢圭子訳、明石書店。
森山至貴（二〇二二）「今度はインターセクショナリティが流行ってるんだって？」『現代思想』第五〇巻五号、六四―七三頁。
Ahmed, Sara. 2016. "An Affinity of Hammers." *TSQ: Transgender Studies Quarterly* 3 (1-2) : 22-34.
Armstrong, Elizabeth A., Miriam Gleckman-Krut, and Lanora Johnson. 2018. "Silence, Power, and Inequality: An Intersectional Approach to Sexual Violence." *Annual Review of Sociology* 44 : 99-122.
Collins, Patricia Hill. 2015. "Intersectionality's Definitional Dilemmas." *Annual Review of Sociology* 41, no.1 : 1-20.
――――. 2019. *Intersectionality as Critical Social Theory*. Durham: Duke University Press.
Crenshaw, Kimberle. 1989. "Demarginalizing the Intersection of Race and Sex: A Black Feminist Critique of Antidiscrimination Doctrine, Feminist Theory and Antiracist Politics." *University of Chicago Legal Forum* 1989, iss. 1, article 8 : 139-67.
Diani, Mario. 2013. "Brokerage." In *The Wiley-Blackwell Encyclopedia of Social and Political Movements*, edited by David A. Snow, Donatella Della Porta, Bert Klandermans, and Doug McAdam. 3 vols, 156-58. Malden, MA: Wiley.
Padgett, John F., and Christopher K. Ansell. 1993. "Robust Action and the Rise of the Medici, 1400-1434." *American Journal of Sociology* 98, no.6 : 1259-1319.
Rosette, Ashleigh Shelby, Rebecca Ponce de Leon, Christy Zhou Koval, and David A. Harrison. 2018. "Intersectionality: Connecting Experiences of Gender with Race at Work." *Research in Organizational Behavior* 38 : 1-22.
Watkins-Hayes, Celeste. 2014. "Intersectionality and the Sociology of HIV/AIDS: Past, Present, and Future Research Directions." *Annual Review of Sociology* 40, no.1 : 431-57.

7　イスラエルにおける性的少数者／動物の権利運動とパレスチナ問題
――単一争点か複数争点か

保井啓志

（やすい　ひろし）
人間文化研究機構／同志社大学研究開発推進機構研究員
専門はイスラエル地域研究、ジェンダー・セクシュアリティ研究
著作に「シオニズムにおける動物性と動物の形象――近代化とショアーをめぐる議論を事例に」（『日本中東学会年報』）、「あなたには居場所がある――イスラエルのLGBT運動における国家言説とシオニズムとの関係」（『女性学』）などがある。

はじめに[1]

差別や平等といった社会正義に関わる運動の現場においては、団体がどのような理念を掲げるのか、またどのような人が運動に携わり、どんな懸念が運動の話題の中心となるのかなど、インターセクショナリティが指し示すところの差別の複数性と複層性をいかに捉えるかが常に問われてきた（藤高 二〇二〇、三六；清水 二〇二一、一五一―一五二）。それは筆者の研究対象とするイスラエルでもそうである。イスラエルの権利運動において、長きにわたり「パレスチナ問題」は差別の複数性を語る上で欠かせない要素であり続けてきた。それはなぜなら、一九六七年の第三次中東戦争以降、現在のヨルダン川西岸地区及びガザ地区にあたる領域がイスラエルの占領下に置かれたことによって、この問題が、パレスチナの人々の生存権、すなわち人権の問題として捉えられるようになったからである。イスラエルにおいてこのパレスチナ問題は国家の根幹に関わる問題であり、現在でも人々の関心が高いと同時に意見が激しく対立する論点でもある。そのため、社会運動に携わる団体や個人にとってこの問題にどのような態度を取るのかは、その時々の運動の特徴や背景を知る一つの試金石となってきた。

本章の目的は、まさにこのパレスチナ問題との関わりにおいてイスラエルの権利運動がどのような態度を取ってきたかを探ることにある。そこで、イスラエルにおいて一九九〇年代以降盛り上がりを見せてきた性的少数者の権利に関する運動と動物の権利に関する運動の二つを取り上げる。結論をやや先取りしてしまうと、一九九〇年代以降、この二つの運動はどちらも、規模が拡大・主流化してゆく中で、パレスチナ問題との連帯を積極的に断ち切り、単一争点（single-issue）を志向してきた。

単一争点とは、ある特定の社会問題を解決する上で特定の軸や話題に焦点を置き、「それ以外」と見なされる問題系に言及することをできるだけ避ける方針や戦略のことを指す。反対に、複数争点（multi-issue）は問題の複数性や複層性に着目し、一つの問題を解決するのではなく、同時に複数の問題の総合的な解決を求める方針や戦略のことを指す。

これを性的少数者の権利運動を例に取って考えてみたい。一般に性的少数者の権利運動において同性婚や性的指向・性自認に基づく差別の禁止などの性的指向及び性自認に固有の問題がその中心的な課題であると理解されている。しかし、当然のことながら性的少数者の中にはレズビアンやバイセクシュアルの女性などがおり、これらの人々の人権の擁護にはおのずと男女の賃金格差やジェンダーの問題、婚姻制度における家父長制的な社会制度へのフェミニズム的視座が不可欠となってくる。人種や階級、あるいは障害といった問題も同様、例えば性的少数者の雇用の問題、格差や貧困、教育格差の問題などの要素から、必ずしも性的指向・性自認の要素だけを抜き出すことはできない。しかし、この問題の複数性・複層性に目を向けず、性的少数者の権利固有とされている問題のみに着目するのが単一争点である。そうではなく特定の問題解決のためには上述のジェンダー、人種、階級あるいは障害を含めた総合的な解放の視座が必要であると考え、差別の複数性・複層性に着目するのが複数争点と言える。その意味で、運動が単一争点を選択するか、複数争点を選択するかは、まさにインターセクショナリティの問題である。

本章ではこのインターセクショナリティの問題が運動の場でいかに表れているかを論じるため、性的少数者の権利運動と動物の権利運動という二つの事例を取り上げる。まず第1節で、イスラエルの性的少数者の権利運動について、続く第2節で動物の権利運動の変遷とその特徴を論じることにしたい。

1　イスラエルにおける性的少数者の権利運動
――「良き」市民であることの強調

イスラエルにおいて一九九〇年代は、「ゲイの一〇年」と呼ばれるほど、性的指向や性自認に関する権利擁護について大きな進展が見られた年代である。一九九二年には労働機会平等法が改正され、性的指向に基づく差別の禁止が明確化された。この改正がイスラエル社会に与えた影響は多大で、一九九三年にはイスラエル国防軍の従軍規定においても差別的取り扱いの禁止が明示されることとなった。さらに、一九九四年、異性カップルに与えられている福利厚生が、同性カップルに対し与えられていないことはこの改正法に反するとして、国営航空会社のエル・アルに対する訴訟が起こり、この最高裁判決をもって同性カップルの権利が公的に認められることとなった。

以下で取り上げるのは、一九九二年の労働機会平等法の改正に関する議論、及び一九九三年のイスラエル国防軍の同性愛者の従軍規定に関する議論の二つである。これらの法案の審議には「ハ＝アグダ」と呼ばれる組織の活動家が議会で答弁をするなど、重要な役割を担った。「ハ＝アグダ」は、一九七五年に設立され、現在イスラエルの性的少数者の権利団体としては最大の規模を持つ。イスラエルの性的少数者の権利運動の転換期であった一九九〇年代において、性的少数者らがどのように位置付けられ、また論じられているのかを取り上げることで、当時の運動の特徴を炙り出したい。

まず一九九二年の職場における労働機会平等法の改正に伴う議論だが、これは、一九八八年に成立した職場における労働機会を保障する法律の改正案で、クネセト（イスラエルの議会に相当）内に設置された厚生労働委員会において主に議論がなされた。ここでは主に二点の修正点が示され、一つ目としては、当該法律の第一項「定義」の条項に、『個人の地位』＝独身であるもしくは婚姻している、離婚している、寡夫・寡婦であること」という定義を付加する案が挙げられた。二つ目には、当該法律の第二項「差別の禁止」の条文「雇用主は、その雇用者もしくは求職者間において、その性別を理由に、もしくは婚姻していること、親であることを理由に差別してはならない」という条文のうちの「婚姻していること、親であることを理由に」という表現を「性的指向あるいは個人の地位、親であるということ」に変更するという内容であった。前者は比較的「技術的なもの」であり（Divrei Ha-Kneṣet 1991, 793）、この修正案における最大の焦点は、後者の「性的指向」の文言を条文内に組み込むかどうかであった。

この修正案は、ハ＝アグダの政治部門の下部組織として設立された「オツマ」の提案に従い、超党派の世俗派議員らにより提出された。この法案が議論されるに至った背景には、「イスラエル社会で性的指向に基づく差別の話題がだんだん語られるようになってきた」（Divrei Ha-Kneṣet 1991, 795）経緯があり、そのためこの改正案の骨子は、「ゲイとレズビアンらが、この審議中の社会関連法が与える保護を獲得できるようにすること」（Divrei Ha-Kneṣet 1991, 793）であった。

法案提出の代表者であるモルデハイ・ヴィルショヴスキは、以下のように法案の意義を強調する。「この（法案の）拡大によって、我々は、そのライフスタイルがおそらく一般的な規範とは異なるような一部の人々——これらの人々は非常に多くいるけれども——に自らの心・精神の指向に基づいて生きる権利を与えているのです。さらに我々は皆を完全な市民と見做し、法制化により公が与えうる完全な保護を与えることを求めています」（Divrei Ha-Kneṣet 1991, 793）。

このように、修正案の審議においては、近年イスラエルでも同性愛者の権利の問題が語られるようになったことを受けて、普遍的な権利概念に基づいて、他の市民らと変わらない平等な権利を与えるというこの法案の意義が繰り返し説明されている。この他にも「リベラリズム」や「平等」、「民主主義」、あるいは「寛容」といった普遍的とされる価値観に基づき法案の基本的な重要性を擁護する発言が三つの審議過程を通じて他の議員らからも踏襲され、委員会の中で共有されていた（Divrei Ha-Kneṣet 1991, 794-796）。

一方、平等や民主主義あるいはリベラリズム等、普遍的とされる価値観に基づいてこの法案を擁護するのではなく、同性愛者の「良き」市民としての側面を強調する語りも見受けられる。シヌイ所属議員のアムノン・ルビンシュタインは、ヴィルショヴスキに続き法案の重要性を強調する際に、一九八八年に撤廃されたソドミー法に触れながら、「彼らは、民主的・文化的な社会の合意された秩序を傷つけることなく、つまり老年者あるいは未成年に対する不適切な影響と圧力を与えることなく、自らのやり方でこの性的指向を実現したい（だけな）のである」と述べている（Divrei Ha-Kneṣet 1991, 795）。ルビンシュタインの語りの中では、民主的な社会への脅威としてではなく、一般的な市民と変わらない「良き」市民としての同性愛者らの側面が強調されている。

この「良き」市民としての側面をさらに強調したのが、修正案の提出者の一人に名を連ねていた、リクード所属議員のルーベン・リヴリンである。

議長、生活の糧を稼ぐという人間の権利とは、何にも譲れない権利であります。この意味においても、イスラエル国建国直後に、最高裁判所が、バルマン裁判で司法長官に向けて「生活の糧を稼ぐ権利は、たとえそれが明文化されていなくても人間に与えられた基本的な権利である」と述べたことと同様です。我々には、良い市民と悪い市民がおり、我々には有益な市民もいれば、寄生的な市民もいます。法を守る者もいれば、法を破る者もいます。しかし、他人に押し付けるのでない限り、彼らのしていることや、求め享受する指向を基に、我々が（権利を）剥奪することのできる人々などおりません。我々は、その性行為についても、保護者ではありません。もしある人が自らの尊厳を認めるよう求めるのならば、彼の尊厳は認められるのです。もし彼の友人が同じ要望を彼のために頼むならば、彼らの望むことができるのです。彼らの心の指向を原因にした（権利の）剥奪は、（同性愛行為と）同様のこと全てが闇の中で行われるという結果しかもたらさないと私は述べなければなりません。このことは、（同性愛でない）人々が同じ指向に傾き、享受し始める（＝同性愛者になる）ようなお墨付きを与える、もしくは（そのような）文化を創り出すということではありません。ここで話されているのは、人間が生まれ持ち、内にある間に発達させた指向についてです。どんな社会的制約も彼らを止めることができないでしょう。そしてもし彼らが望む通り行動することを求めるならば、他人に強制するのでない限り、民主的な社会や啓蒙された国家において、我々は、彼らの望む全てのことを可能にする他ないのです。そのため、我々には、他の人と同じように法を守る市民に、他と変わらない有益な市民に向かって、どの職場であれ、どの指向であってもそれが原因で差別されることを求めるいかなる権利も有していないのです。（Divrei Ha-Kneṣet 1991, 796）

リヴリンは、他の議員とは異なり、同性愛に対する嫌悪感を隠さない。しかしリヴリンは、仮に同性愛がリヴリン自身にとって受け入れられないものであったとしても、他人に危害を加える者でない限り、「民主的な社会」あるいは「啓蒙された国家」の中では差別されてはならないと主張する。注目すべきは、リヴリンのこの発言の中では、同性愛者らが、異性愛者と変わらない「有益な市民」と描かれていることである。特に、本修正案が「生活の糧を稼ぐ」という最も基本的な権利に関わる事柄のため、リヴリンは「寄生的な市民」との対比を強調している。ここでは、この「寄生的な市民」に対置するものとして、国家や社会にとって「有益な市民」の一部に同性愛者らが位置付けられている。リヴリンのこの発言は、国家や社会にとって有益かどうかという点を権利擁護の理由付けにしている点で、普遍的な人権概念から同性愛者の権利を擁護しようとする他の議員らとは異なっている。ここでは、普遍的に賦与される権利の主体としてより、むしろ国家に望ましい主体としての同性愛者らの側面が強調されている。

この修正案は、ユダヤ教超正統派政党の議員からの反対によって審議が騒然となったものの、最終的には無事に成立した。しかしその法案が成立した翌年一九九三年にも再び、これに関連する話題が取り上げられることとなる。それが二つ目に分析する、イスラエル国防軍における性的指向に基づく差別禁止規定をめぐる論争である。

一九九二年の労働機会平等法の改正は、イスラエル国防軍も例に漏れずその対象にしている。この改正を受け、一九九三年にイスラエル国防軍は、同性愛者の除隊規定を撤廃した。[2] しかし、同年七月にイスラエル国防軍内部の組織であるナハルに所属する兵士であったヨスィ・ミカイトンが、軍の制服のまま性的少数者の権利に関連するテル・アヴィヴのイベントに参加し、メディアの取材を受けたことが事件を引き起こす。ミカイトンの写ったメディアの写真が流布すると、それを原因に、ナハルはミカイトンを除籍処分とする決定を下したのである。これに対して、イスラエルのゲイ・コミュニティや活動家らは大きく反発した。さらにこの一件は、当時クネセト議員であったヤエル・ダヤンが同じく当時の国防相兼首相であったイツハク・ラビンに向けて公開質問状を送るという事態にまで発展した。

ここでは、この一連の出来事における、『マガイーム（Maga'im）』の論調を取り上げたい。マガイームは、一九八七年に創刊されたゲイ・バイ男性をターゲットとした月刊誌で、本格的な商業誌としてはイスラエルで初めてのものであった。マガイームは、海外の事情や政治、文化等、男性の同性愛に関わる幅広いトピックやコラム、魅力的な男性モデルの写真等で構成されている。また、巻末には「ルアフ・マガイーム（luah maga'im）」と名付けられた読者の個人情報欄が載せられている。これは、雑誌を通じて読者同士が繋がるよう設計された機能で、SNSやインターネットが発達する以前のゲイ・コミュニティでは、孤立しがちな当事者らの出会いと繋がりを支援する重要な機能を担っていた[3]。この個人情報欄は、例えば同時期の一九八〇年代後半から発行されていた雑誌『クラフ』にはないものであり、政治に関心を持たず、出会いを目的として講読する層にもこの雑誌の読者層が広がっていたことがここから推測できる。

このマガイームは、一九九三年のイスラエル国防軍の従軍規定の変更を、いくつかの巻にわたり詳細に報じている。一九九三年五月の第四七号では、イスラエル国防軍の参謀総長が、従軍する同性愛者が差別されることのないよう命じる決定を下したことを報じている。この決定は、先述のヤエル・ダヤンが委員長を務める委員会での質疑の結果、イツハク・ラビン首相（当時）がイスラエル国防軍の従軍規定における差別禁止を要請したことに由来する。さらにこの従軍規定の変更を請願したのが、ハ＝アグダであった（'Ari'el 1993a, 11）。

同年七月の第四九号でマガイーム編集部は一〇人のクネセト議員に対しこのイスラエル国防軍の規定の変更についての見解を求めるインタビュー記事を掲載している。インタビューを受けたクネセト議員は共産主義系左派のハダシュから、ユダヤ教超正統派のトーラー・ユダヤまで、イスラエル政治の様々な立場の政党に所属していたが、半数以上の六人がインタビューにまともに応じない、もしくは否定的意見を述べていた（'Ari'el 1993b, 8）。興味深いのはこの頁の見開きのもう片方の頁には、そのような意見を一蹴するかのように、「真のシオニスト」という題の特集記事が掲載されている点である。この特集記事では、アラブ人オープンリー・ゲイの男性がイスラエル国防軍に志願した初めての事例が報じられている（'Ari'el 1993b, 9）。この特集記事は前頁のインタビュー記事と直接的な関係があるわけではないが、反対意見の多いイスラエル国防軍への同性愛者の従軍に対する懸念を払拭する効果があるように読める。そこには、同性愛者であっても、アラブ人であっても国家に自身を捧げ、国家に貢献する「良き」市民であり、「真のシオニスト」であるとのメッセージが込められていたと考えられる。

これより後の号でも、一九九三年にイスラエル国防軍が差別禁止を定めたにもかかわらず、兵士らから不満や差別の報告が相次いでおり、イスラエル国防軍が平等に向けて軍のあり方を真剣に顧みているのかを問いただす記事を、マガイームは載せている（'Ari'el 1993c, 9）。

一九九三年に軍規を変えたにもかかわらず、相変わらず同性愛嫌悪的な組織体制なのではないかとの疑いの目がイスラエル国防軍に対して向けられている中で起きたのが、ヨスィ・ミカイトンのナハルからの除籍処分である。この事件について、マガイームは、同年一一月の第五三号で、ヤエル・ダヤンに宛てたイツハク・ラビンの応答に対し、解説を載せている。イツハク・ラビンは、応答文でミカイトンの除籍理由を、軍の許可なくメディアの取材を受けたことによる軍規違反だとし、イスラエル国防軍を正当化しているが、この記事では、ラビンのこの正当化は理に適っておらず、ミカイトンを「通常とは異なる」個人的・医療的要素を含むと表現している点で同性愛者に対して差別的であると指摘されている（'Ari'el 1993d, 10–11）。

さらに、マガイームは、この件に関し、ヨスィの従軍の正当性を補強するために、一二月の第五四号でヨスィの母ダフナへの単独インタビュー記事を載せている（'Ari'el 1993e, 10–11）。このインタビューのタイトルは、「誇り高き母親」と題されている。このタイトルには二つの意味が込められている。一つはセクシュアリティに関する誇りすなわち、プライドの表明である。性的少数者の権利運動では、しばしばプライドという言葉がセクシュアリティを肯定するために用いられてきた。そのため、ここでもセクシュアリティに対するプライドの意味が込められているものであると推測ができる。そして二つ目に、イスラエル人としての誇りである。従軍し、国家に仕えるイスラエル人、すなわち「良き市民」である息子を擁護するというメッセージと読めるのである。

インタビューの冒頭で、彼女は、「全面的にヨスィを支持しています。ヨスィは、勇気があり、理想主義的で、信じたもののために最後まで戦う人物だと思います」（'Ari'el 1993e, 10）と述べる。ここでダフナは、息子のヨスィの人物像を、「勇気のある」や「理想主義的である」さらには「最後まで戦う」と描写することによって、軍務に何ら支障がないだけでなく、むしろ軍にとって望ましい人材である点を強調する。さらに、ナハルから除隊されたヨスィが軍隊で現在何をしているかを問われたダフナは、このヨスィの軍人としての才能が無碍にされていると主張する。曰く、「どこかの倉庫で、物を移動させる仕事をしています。これは本当にひどい仕打ちです。こんなに潜在能力のある青年が、運送屋のように働いている」（'Ari'el 1993e, 10）。ダフナはさらに、「ヨスィは自分がゲイだと口にするのを憚らなかったことでナハルを首になりました。軍の機密を暴露したとかそういうことではありません」（'Ari'el 1993e,: 10）と続け、息子に降りかかった不当な軍の処遇を強調している。

このインタビューでダフナは、「軍の機密を暴露」する兵士と対置する形で、自らの息子がイスラエル国防軍にとって望ましい兵士であることを強調している。さらに、ナハルでの従軍が叶わないことが、単にヨスィにとって不利益であるだけでなく、有能な人材を生かせないという点でイスラエル国防軍にとっても損失であると主張している点も見逃せない。ダフナの語りの中で一貫しているのは、同性愛者であることが国家にとって有害でないだけでなく、むしろ国家や軍隊にとって何ら支障がなく、他の兵士らと変わらず国家にとって有益であるという論理である。

マガイームは、一九九四年五月の第五八号でもさらにこの件の取材を続け、除隊したヨスィ・ミカイトン本人へインタビューを行っている。「良き青年」と題されたこのインタビューでは、「もしヨスィ・ミカイトンを二単語で定義しなければならないなら、私は『良き青年』と言うだろう、そしてこれは一般的な含意［皮肉］を込めているのではない。つまりヨスィ・ミカイトンは本当に良い青年なのだ。それ以外にも、彼は無垢でもあり、夢見がちであり、お世話焼きで、衝動的で、敏感で、そして聡明である。言い換えるなら、誰もが結婚したがるような人間である、ナハルの司令官メナヘム・ズトルスキ准将以外は」（'Ari'el 1994, 8-9）。ここでも、明示的ではないものの、ミカイトンがイスラエル国防軍にとって理想的な兵士であったということを皮肉的に強調している。このように、イスラエル国防軍の同性愛者嫌悪に関する一連の議論は、同性愛者がイスラエル国防軍に貢献する良き兵士であることが一貫して強調されていることが分かる。グロスによれば、一九九四年にヨナタン・ダニロビッツが国営航空会社であるエル・アルを同性カップルの権利の侵害について訴えた際も[4]、異性愛者と変わらないカップルとして「良き市民」であることを強調する方針が踏襲されていた（Gross 2001）。

このハ＝アグダの「主流化路線」という基本的な姿勢は、今日の性的少数者の権利運動まで継承されている。ここでは、「良き」市民であることを強調することによって、パレスチナの占領や徴兵制といった軍隊などの既存の制度に対する批判が基本的にそぎ落とされていることは言うまでもない。一方、イスラエル世論に対し迎合的で、単一争点的な、いわゆる主流化を目指す流れに対し、二〇〇〇年代以降になると反発するイスラエルの活動家たちも登場してくる。それがイスラエル初の「クィア系[5]」の団体として知られる、「ブラック・ラウンドリー（Black Laundry）」である。この団体は軍国主義こそが家父長制や同性愛嫌悪の根源であると捉え、徴兵制やイスラエルの占領を公に批判していった。例えば、従軍する兵士と協働でイベントを行っていたハ＝アグダに対して、占領の終結を訴えるデモンストレーションなどを行っていた（Ziv 2010）。同団体はしかしながら、イスラエルの多くの人々の支持を得るのが難しく、二〇〇〇年代に入ると徐々にその活動を衰退させていった。

2　イスラエルにおける動物の権利運動
——非政治化路線と単一争点化

第1節では、一九九〇年代以降、性的少数者の権利運動で主要な役割を果たした活動家らが、ゲイやレズビアンが「良き」市民であることを強調し、主流化路線を採用してきたことを確認した。本節では一九九〇年代から二〇〇〇年代の動物の権利運動の流れに着目し、その性格が変遷してきたことを明らかにする。

イスラエルでは、一九八〇年代に動物の権利運動が黎明期を迎え、草の根レベルでの活動を開始した。これらの動きは、一九九〇年代になると拡大し、一九九四年に、現在イスラエルで最大の動物の権利団体となる「アノニマス」が設立される。また同年には、包括的な動物の保護について明記したものとしてはイスラエルで初となる二つの重要な法律が整備され、これらの活動家はその法律の制定に重要な役割を担った。さらにこの法律は、二〇〇〇年代にはサーカスやフォアグラ生産の禁止などのさらなる動物の権利擁護の土台になった。

しかし二〇〇〇年代になると、動物の権利運動は一つの分岐点を迎える。これは二〇〇〇年代にいわゆる第二次インティファーダが起き、エルサレムを中心に各地で暴力や自爆攻撃が増加した結果、パレスチナ問題に対するイスラエル側の世論が硬化したことであった。このようにパレスチナ問題がイスラエル及びパレスチナ双方の世間の関心を集めてゆく中で、次第に動物の権利運動に対してもその影響が顕著になっていった。当時の動物の権利運動で中心的役割を担った活動家は、イスラエル国内で支持を得て主流化してゆくために、パレスチナ問題に言及することを避け、パレスチナ人の人権を支持する左派団体との連帯から手を引き、動物の権利の問題のみに焦点を当てる戦略を取るようになったと語っている（269Life 2013）。例えば一九九四年に設立され、現在イスラエルで最大の動物の権利団体であるアノニマスは、パレスチナ問題との連帯を忌避する路線をこのころから採用している。

一方、二〇〇一年に、この路線に反発し、動物の権利の問題とパレスチナの人権の問題の交差性を重視し、片方のみの解放など存在し得ないという批判的な視座に基づき設立されたのが、「一つの闘争」という団体である（269Life 2013）。「アノニマス」がその後もイスラエル最大の活動団体としてイスラエル側の世論を携えて拡大していった一方で、「一つの闘争」は反戦やイスラエルによる占領に対する反対、パレスチナとの連帯を訴えていったが、国内での支持を得るのが難しく、二〇〇八年までに徐々に活動の規模を縮小し、解散することとなる。エリカ・ワイスが述べるように、とりわけ二〇〇〇年代以降のイスラエルにおける新しい動物の権利運動は「左派政治、さらにはその根底にある人道主義的考えにおける思想的・倫理的埋め込みから自らを切り離し」（Weiss 2016, 703）、動物の権利の問題のみに焦点を当てる「単一争点化」を指向している。

この動物の権利問題のパレスチナ問題からの切り離しは、二〇一〇年代以降の脱政治化されたヴィーガニズムの流行に繋がってゆくことになる。イスラエルでは、二〇一〇年代に、飛躍的にヴィーガン人口が増えたと言われており、一部では「ヴィーガン革命」と呼ばれている[6]。このようにイスラエル社会で動物の権利意識が主流化していった二〇一〇年代にも、この単一争点の戦略的方針は受け継がれていた。

この単一争点化を端的に表しているのが、二〇一二年に設立された「ヴィーガン・フレンドリー（Vegan Friendly）」という団体である。この団体の設立者であるオムリ・パズは、ヴィーガニズムを、政治的なものではなく、個人主義的なものだと捉え、脱政治化されたヴィーガニズムを推進する活動家の代表的存在である。二〇一五年に行われたヴィーガン会議における講演の中で、パズは二〇一二年から二〇一五年までの、街頭に出てプロテストを行う、あるいは実際に人に会いフライヤーを配るといった動物の権利運動の手法を「伝統的な手法」と位置付け、その問題点は「個人的なものだ」と婉曲的に批判した。一方で、近年、大手アイスクリーム会社のベン&ジェリーズ社がヴィーガンのアイスクリームを開発したことの社会的なインパクトが大きかったことから、大企業に対する働きかけを重視すべきであるとも述べている（Vegan Friendly 2015）。英国のユダヤ人を中心としたベジタリアニズムに関する団体「ユダヤ人・ベジタリアン協会（Jewish Vegetarian Society）」の依頼を受けてオンラインで講演を行ったパズは、自らの活動についてこのように説明する。

二〇一二年には、我々［ヴィーガンら］にはヴィーガン・チーズやヴィーガン肉等のヴィーガンの選択肢や代替品はほとんどありませんでした。したがって、そのことが、私が最初に取り組んだことでした。当時私が若いヴィーガンとしてやりたかったことは、屠殺場に行ってプロテストをする、あるいは動物を殺している人々に向かって叫ぶことだったのですが、私がやらなければならないことは、ヴィーガニズムをよりアクセスしやすいものにすることだと理解していました。当時はヴィーガンらがヴィーガンという選択肢を持てるよう活動する時に、彼ら［活動家ら］がやっていたことは、簡単に言えば彼ら［企業側］を脅す、または請願を行うことでした。もしヴィーガンの選択肢を持ちたいなら、署名してボイコットをして誰もそこで買わないようにと。しかし国の人口の〇・五％にも満たないコミュニティがそれをしても、大きな脅威にはならず、成功しませんでした。そのため、私の考え方は、常にポジティヴな方法で行動を起こすことに向けられていました。常にビジネスに協力してくれるよう動機づけを発掘し、双方にとってウィンーウィンのモデルを見つけ出すことです。そのため私が始めなければならなかったことは、フェイスブックやウェブサイトを作り、ビジネス側に、これだけのヴィーガンの選択肢を増やしていただければ、ヴィーガン・フレンドリーということで素晴らしいヴィーガン・フレンドリーの認証がもらえると伝えることでした。実際は一週間前に作ったばかりの認証でした。しかし、あなたたち［ビジネス側］はフェイスブックやウェブサイトで我々の持つ指標に見合った素晴らしい広告が手に入ります、そしてお金はかかりません、というふうに。二〇一二年にはこれは素晴らしい成功を収めました。（Jewish Vegetarian Society 2020）

パズは、プロテスト等の他の方法と対置させながら、自らの運動の手法がポジティヴな方法であること、そしてビジネス側にとっても有益な方法を心がけていることを強調する（Jewish Vegetarian Society 2020）。ここからパズが、伝統的な手法ではなく「ポジティヴ」な手法で社会を変えることが必要であり、そのためには伝統的な手法から離れ、屠殺場でのプロテスト等の人々に衝撃を与えるようなやり方ではなく、むしろおいしいヴィーガン・レシピの紹介といった食事のことだけに焦点を置くことの方が、動物の権利を推進する上では有益だと考えていることが分かる。

パズが代表を務める非営利組織団体の「ヴィーガン・フレンドリー」は、年に一度テル・アヴィヴ市の後援を受けながら、

「ヴィーガン祭り」を開催している。このヴィーガン祭りはヴィーガニズムが非政治的であることを強調した点で顕著なイベントである。パズはそこでこのように述べる。

> ヴィーガン祭り2019は、史上最大のヴィーガン・イベントとなることが予想されており、我々は、それを主導していることに誇りを持っています！　最も興味深く、そして革新的なヴィーガン関連コンテンツの体験を提供するヴィーガンの楽園になること間違いなしでしょう。（中略）我々の唯一の願いは、より多くの国がこの取り組みを取り上げ、もっと大きなヴィーガンのお祭りにすることです。我々の考えでは、これが人々にヴィーガニズムを試すよう説得する、最善で、最もポジティヴな方法です。（The Veganary n.d.）

パズは、この発言の中で、楽園という言葉を使いながらこのイベントが愉快なお祭りであることを強調しつつ、このヴィーガン祭りがヴィーガニズムを人々に広めるための「ポジティヴ」な方法であり、「最善」の方法であることを強調する。これらの発言の論理から示唆されていることは、パズが、直接的な言及を避けながらも、プロテストや対抗的な活動の方針を婉曲的に批判し、それらと距離を取っていることである。パズは、プロテストや社会に対する批判を行う「伝統的な」活動を通じてではなく、菜食体験の「ポジティヴな」経験を通じて人々を説得しつつ、大企業等に標的を絞りながら、ヴィーガニズムの「主流化」路線を採用していることが分かる。ここまで見てきたことから、二〇〇〇年代に団体の分裂など方針の転換を経験した動物の権利運動が、ヴィーガニズムや動物の権利をできるだけ非政治的な問題として、とりわけパレスチナ問題との言及を避けてきたこと、また、その主流化路線が現在まで引き継がれていることが分かる。

おわりに

本章では、イスラエルにおける性的少数者の権利運動と動物の権利運動を取り上げ、両者がとりわけ二〇〇〇年代以降単一争点を志向してきたことを確認した[7]。具体的には、第1節で、性的少数者の権利運動について、一九九二年の労働機会平等法の改正に伴う議論と、翌年に起きたイスラエル国防軍における性的指向に基づく差別禁止規定をめぐる論争を取り上げ、これら当時重要な議論において、「良き市民」としての性的少数者の側面が強調されていったことを確認した。これ以降「ハ＝アグダ」をはじめとした主流の性的少数者の権利団体は、軍隊といった国家の制度に歯向かうのではなくそれに適応する形で性的少数者の権利を擁護してゆく方針が継承されてゆくこととなる。また、動物の権利運動については、「ヴィーガン・フレンドリー」に代表されるように、二〇〇〇年代のアノニマスの分裂などを経て、とりわけ二〇一〇年代にはヴィーガニズムを非政治的なものとして位置付ける方針が見受けられる。

このように、イスラエルの権利運動をインターセクショナリティの観点から論じてみると、運動をする側はパレスチナ問題との連帯を避け、単一争点を志向しているという特徴が浮かび上がってくる。しかしながら、権利運動が単一争点化している今であるからこそ、それとは立場を異にし、より周縁的なイスラエルの活動家たちの草の根の動きに注目することが重要である。本章を終えるにあたって、第1節で取り上げたイスラエルで初めての団体であるブラック・ラウンドリーによって二〇〇一年のテル・アヴィヴのプライド・イベントの際に掲げられ、その活動が終了した後も草の根のクィア系の活動家によって用いられている、とあるスローガンを紹介したい。そのスローガンとは、「占領にプライドなし」の文言である。占領を直接的に批判したこの「占領にプライドなし」には、まさにインターセクショナリティの視点が端的に表れている。もともとプライドという言葉は、同性愛が恥や宗教的な罪だと見なされてきた米国などにおいて、同性愛性を肯定的に捉えなおし、再び意味づけなおすために用いられてきた単語である。この歴史的に固有の含意を持つ用語を用いて「占領にプライドなし」と言うとき、そこにはいくつかの意味が同時に込められている。それは第一に占領がイスラエルにとって恥ずべき行為であるということである。占領という国際法や倫理性に悖《もと》る行為にはイスラエル人として、あるいは権利を持つ市民として誇ることはできないという含意が込められている。もう一つは、「占領」という行為においてＬＧＢＴフレンドリーであることなどありえないというメッセージである。これは戦争や占領地は暴力や土地の収奪、移動の制限など本来的に人権侵害を内包したものであって、占領と性的少数者の人権の擁護は本来的に矛盾するというメッセージが込められている。この「占領にプライドなし」のスローガンは、インターセクショナリティに人々の目を向けさせ、イスラエルの権利運動が抱える本質的な問題を見事に抉《えぐ》り出すことに成功している。

(1)　本章の内容は、二〇二三年三月に東京大学大学院総合文化研究科に提出した博士論文「現代イスラエルにおける権利をめぐる政治とナショナリズム——性的少数者の権利と動物の権利の比較分析」の第一章及び第四章の内容を、紙幅に合わせて加筆・修正したものである。

(2)　ナハル（Naha"l）とは、入植地・農業開拓を行うことを主な軍務としたイスラエル国防軍の中の部隊で、社会福祉活動等も行う。

(3)　例えば、日本のゲイ・バイ男性向け雑誌でも同様の個人情報欄があり、繋がりたいと思う読者を見つけた場合は、編集部に連絡をすることによってその個人の連絡先を入手することができるという構造になっていた。

(4)　ダニロビッツは、エル・アルで働く従業員であったが、従業員の異性パートナーに与えられる無料の航空券が、自身の同性パートナーに与えられないのは、上述の一九九二年成立の改正案の職場における性的指向に基づく差別禁止に反するとして、エル・アルを訴え、勝訴した。この判決を契機に、イスラエルでは同性カップルの事実婚の次元での権利が認められると見做されるようになった。

(5)　「クィア・ポリティックス」とは、主流社会に迎合せず、既存の制度に対する根本的な変更と要求を求めるラディカルな主張を行う方向性のことを指す。一九九〇年代に米国でＨＩＶ／ＡＩＤＳが流行した際に、同性愛者に対する強い侮蔑語であった「クィア」を当事者らが、「I am queer＝私は変態だ、（だから何だ）」という反抗的な態度を込めて肯定的に用いてきた経緯があり、そこから、同性愛というアイデンティティに依拠し異性愛者並みを求めるのではなく、社会の逸脱者という視点からの既存の制度に対する批判を重視する運動が盛り上がったことに由来する。

（6）　中央統計局が行った調査を見ると、確かにこの間ヴィーガニズムを選択する人が増加していることが確認される。二〇一〇年には全人口のうち二・六%がヴィーガンあるいはベジタリアンであると答えている（Ha-Lishkah Ha-Merkazit Li-Ṣṭaṭisṭiqah 2012）。一方で、二〇一四年の調査では、ヴィーガン及びベジタリアンの人口は全イスラエル人口のうち四・七%が自らをベジタリアン、そして一・七%が自らをヴィーガンであると回答している（Ha-Lishkah Ha-Merkazit Li-Ṣṭaṭisṭiqah 2016）。

（7）　興味深いことに、イスラエルの場合とは対照的に、パレスチナにおける性的少数者の権利運動と動物の権利運動は、占領の問題やフェミニズムなどの他の団体との連帯を重視する複数争点の方針を基に活動を行ってきた。このような違いが生じた背景には、占領される側と占領する側の違いや、占領に起因するリソースが枯渇しており、連帯の必要性・喫緊性の違いがあると考えられるが、パレスチナにおける運動の推移や特徴については、紙幅の関係から稿を改めて論じることとしたい。

参考文献

清水晶子（二〇二一）「「同じ女性」ではないことの希望――フェミニズムとインターセクショナリティ」岩渕功一編『多様性との対話――ダイバーシティ推進が見えなくするもの』青弓社、一四五―一六四頁。

藤高和輝（二〇二〇）「インターセクショナル・フェミニズムから／へ」『現代思想――総特集：フェミニズムの現在』第四八巻四号、三四―四七頁。

269Life. 2013. Facebook, June 16, "Interview with Santiago Gomez, an Activist Who Has Been Part of the 269 Initiative from the Beginning." https://www.facebook.com/notes/388475285506504/ (Accessed July 2, 2022).

'Ari'el, Marq, ('orekh). 1993a. Maga'im. gilayon 47, Tel 'Aviv.

———. 1993b. Maga'im. gilayon 49, Tel 'Aviv.

———. 1993c. Maga'im. gilayon 51, Tel 'Aviv.

———. 1993d. Maga'im. gilayon 53, Tel 'Aviv.

———. 1993e. Maga'im. gilayon 54, Tel 'Aviv.

———. 1994. Maga'im. gilayon 58, Tel 'Aviv.

Divrei Ha-Kneṣet. 1991. November 18.

Gross, Aeyal. 2001. "Challenges to Compulsory Heterosexuality: Recognition and Non-Recognition of Same Sex Couples in Israeli Law." In *Legal Recognition of Same-sex Partnerships: A Study of National, European and International Law*. edited by Robert Wintemute and Mads Andenæs, 391-414. Oxford: Hart Publishing.

Jewish Vegetarian Society. 2020. "Omri Paz from Vegan Friendly." https://www.youtube.com/watch?v=HPiMIZLyNdc&t=1037s (Accessed June 22, 2022).

Ha-Lishkah Ha-Merkazit Li-Ṣṭaṭisṭiqah. 2012. "Ha-Ṣeqer ha-ḥevrati-Kolel nos'im yiḥudiyim: Bri'ut ye-'oraḥ ḥayim, ye-shimush ba-maḥshev u-ba-'Inṭerneṭ 2010." https://www.cbs.gov.il/he/publications/Pages/2012/הסקר-החברתי-2010-כולל-נושאים-ייחודיים-בריאות-ואורח-חיים-ושימוש-במחשב-ובאינטרנט.aspx (Accessed February 14, 2022).

———. 2016. "Leqeṭ netunim ḥadash mitokh ha-ṣeqer ha-ḥevrati 2014 ba-nose': Tsarḥanut ye-shiqulim ṣvivatiyim." https://www.cbs.gov.il/he/mediarelease/Pages/2016/לקט-נתונים-חדש-מתוך-הסקר-החברתי-2014-בנושא-צרכנות-ושיקולים-סביבתיים.aspx (Accessed February 14, 2022).

The Veganary. n.d. "The Largest VEGAN Festival in the World!." https://www.theveganary.com/the-largest-vegan-festival-in-the-world/ (Accessed October 30, 2023).

Vegan Friendly. 2015. "Pniyah le-liv-o shel kol 'aqṭiviṣṭ-Ne'um-o shel 'Omri Paz, Ha-Qongreṣ Ha-Ṭiv'oni." https://www.youtube.com/watch?v=idyfx-mA_I50&t=49s (Accessed October 30, 2023).

Weiss, Erica. 2016. "'There Are No Chickens in Suicide Vests': The Decoupling of Human Rights and Animal Rights in Israel." *Journal of Royal Anthropological Institute* 22, no. 3: 688-706.

Ziv, Amalia. 2010. "Performative Politics in Israeli Queer Anti-Occupation Activism." *GLQ: A Journal of Lesbian and Gay Studies* 16, no. 4: 537-556.

8　エイズから新型コロナ、白紙運動からフェミニズム運動へ

——中国における構造的な差別への抵抗とインターセクショナリティの予感

阿古智子

（あこ　ともこ）
東京大学大学院総合文化研究科教授
専門は現代中国研究
著書に『貧者を喰らう国——中国格差社会からの警告』（新潮選書）、『香港——あなたはどこへ向かうのか』（出版舎ジグ）などがある。

はじめに

本章は、参与観察（participant observation）の手法で中国社会の研究を続けてきた「私」（阿古）の視点から、時代を超えてつながるテーマを追いながら、中国社会の断裂と矛盾、それを乗り越えようとする人々の葛藤と衝突、連帯のなかで浮かび上がるインターセクショナリティの予感を明らかにする。

インターセクショナリティは米国における有色女性のフェミニズムから発展してきた概念であり、ブラック・ライヴズ・マターをはじめとする多くの社会運動を支える指針となってきた。例えば、米史上最大級の約五〇万人が集まった二〇一七年一月の首都ワシントンDCでのウィメンズ・マーチ（Women's March＝女性の行進）は、女性蔑視や人権差別への抗議に関わるアジェンダの設定において、インターセクショナリティが前面に出されたわけではなかったが、社会活動やソーシャルメディアにおいては、その理論形成や実践が大いに活かされていた（Vardeman and Sebesta 2020）。

中国においても、LGBTQやフェミニズム運動の理論や実践が欧米から伝わってはいるものの、人種、性別、階級、性的指向、性自認などに関わる複数のアイデンティティを組み合わせて差別の現状を捉えることは、依然一般的ではない。それはなぜなのか。エイズ問題で悲劇が生じたことから浮かび上がるように、都市と農村、民族、所得格差、ジェンダー、セクシュアリティなどの差異が関わり合うなかで抑圧の構造が生じているが、社会正義を求める闘いには、そうした交差性を踏まえた連帯が欠如している。しかし、ゼロコロナ政策への抵抗から起こった白紙運動を契機に、そのような状況には変化が生じている。例えば、フェミニストたちには、交差する問題から構造的

な差別を捉え、それを変えていこうとする動きが見られる。

1　エイズ村の悲劇から二〇年

「経済的利益と人の命、選択を迫られた時、私たちはどうするべきか」

これは、二〇二三年一二月に日本の俳優座が上演した『閻魔の王宮』（原題 "The King of Hell's Palace"）のキャッチフレーズだ。私は大学の教え子である中国人留学生たちと東京でこの演劇を観た。数十万人に影響を及ぼしたと言われる中国・河南省のHIV（エイズウイルス）集団感染事件を題材に、中国系アメリカ人フランシス・ヤーチュ・カーウィグがこの戯曲を書いた（Cowhig 2019）。不幸にも、主人公の王淑平はロンドン・ハムステッドシアターでの初演の一ヶ月前、二〇一九年一一月に登山の最中に心臓発作で急死している（Mozdy and Sikalis 2019）。

中国が鄧小平政権による改革開放政策で市場経済を拡大していた一九九〇年代、河南省では省や市、県の衛生部門が血液銀行の開設を奨励し、農民に売血を呼びかけていた。地方の共産党幹部が「ゆとりのある生活を早く実現したいなら、献血に行こう」とテレビで語りかけ、「売血による地域振興」がスローガンになっていた。当時、多くの中国人が献血は体に害を及ぼすと考えていたため、売血は貧しさゆえにどうしようもなく行う行為だった。しかし、一九九〇年代半ばの最盛期に、農民たちが毎日列を成して売血の機会を奪い合うほどになったのは、政府と業者が一体になって宣伝を繰り返したからだった。

河南省周口市の衛生部門で勤務していた王淑平は一九九四年、売血者血液ビジネスを通じて血漿が集められる際に、提供者別に分けておらず、それが原因で肝炎とHIVが蔓延している事実を突き詰め、血液サンプルを収集し詳細な検査を行うよう訴えた。農村で体調を悪化させる人々の相談に乗っていた産婦人科医の高耀潔は、王淑平と連携し、HIVに関する情報を広め、体調を悪くする人たちの診察と治療にあたった。

しかし、関係当局の監視や脅迫を受け、危険を感じた王淑平は二〇〇一年に、高耀潔は二〇〇九年に米国に移住した。私は二〇一六年の米国出張の際、高層ビルの一室でサポーターの介護を受けながら暮らしていた高耀潔を訪問した。彼女は米国に移り住んでも尾行や監視の気配を感じてしまうのか、「怪しい人たちがいる」、「私の名前を利用して利益を得ようとする人がいるから、自分の墓はつくらないで欲しい」と話していた。高耀潔は同じことをジャーナリストら支援者にも話している（Bei 2016）。二〇二三年一二月、高耀潔はニューヨークの自宅で九五歳の生涯を閉じた。

私は二〇〇七−二〇〇八年にかけて、河南省や河北省の病院などを訪れ、多くのエイズ問題の被害者や関係者から話を聞いている。そのうちの一つ、多くのHIV感染者を出した河北省沙河市の康秦医院には、「私人輸血隊」と呼ばれる私設の輸血チームが結成され、血液売買ブローカーのリーダー格である「血頭」が「血源」（売血者）を確保していた。血液の値段は四

○○cc当たり四六○元（約六四○○円）だが、そのうち二○○○元以上が売上として血頭に渡り、病院と売血者はそれぞれ一○○元程度を受け取っていた（阿古 二○一四、二五）。

河北省邢台市の血液センターは一九九五年九月から一九九七年一月、山西省南部の洪洞県、運城市、永済市などから血液を購入して利益を上げていた。これらの血液は「山西血」と呼ばれ、毎晩二二時の邢台市に到着する列車で運ばれた。ブリキ缶に入れられた血液の「山西」のラベルは「邢台」に張り替えられ、当時血液センターで働いていた職員によると、一部の血液は溶血現象（赤血球が破壊されその成分が血漿中に出る現象）を起こし、緑がかった色になっていた。山西血は四○○cc当たりの仕入れ値が二○○元、販売価格が四六○元だから、二六○元がセンターの収入となる。輸血用に使われなかった血液は、血漿の一部が血液製剤研究所に、血漿の大半は北京の研究所に臨床検査用として販売され、残りはセンターの職員が持ち帰り、花を染めていた。このようにして、血液ビジネスは腐敗した役人たちの錬金術となっていた（阿古 二○一四、二七）。

2　浮かび上がる抑圧の構造

中国語に「国情」という言葉がある。主に政府系メディアが使うことが多いが、「中国には中国の特殊な事情がある」というような文脈で、「西側民主主義国のような多党制は中国の国情には合わない」、「国情が異なるのだから《社会の安定》を第一にしなければならない」と論じられることがしばしばある（鄭 一九九○）。

中国は世界第二の経済大国になったが、地域間の経済格差が大きく、一国のなかに急成長する先進国と停滞する途上国を抱えているというような状態がある。二○二○年の中国における一人当たり可処分所得は全国では三二万一八九元に達しているが、農村部では一七万一三二元と都市部の四三万八三四元の三九・一%にとどまっている。都市部と農村部の所得格差は、地域間格差や階級間格差の大きな原因にもなっており、都市化が進んでいる地域（省・自治区・直轄市）ほど、一人当たり可処分所得が高いという傾向が顕著である。一人当たり可処分所得の各階級の間の格差を見ると、それぞれ世帯数の二○%を占める「上位」、「中上位」、「中位」、「中下位」、「下位」の五つの階級において、「上位」の「下位」に対する比率は、二○二○年に全国が一○・二倍に上り、都市部の六・二倍と農村部の八・二倍を上回っている（関 二○二二）。

さらに中国には、一種の身分制度とも言える農業戸籍（農村戸籍）と非農業戸籍（都市戸籍）で区分する戸籍制度があり、社会保障、土地所有、納税、教育や医療に至るまで、どこに戸籍を有しているかによって、内容が変わってくる。農村からの出稼ぎ労働者「農民工」は出稼ぎ先の都市の戸籍（つまり、都市の市民権）を持っておらず、市民権を持つ人たちと同等の公共サービスを受けることができない。戸籍取得の基準を緩和する中小都市もあるが、大都市部の戸籍を取得することは難易度が高い。

この戸籍制度というのは一九五〇年代、重工業分野での資本蓄積を加速するため、農産物価格を抑え、都市住民の福利厚生を優遇すると共に、農村から都市への人口移動を規制する目的で導入された。都市戸籍を持つ者に対してのみ、食糧及びその他の消費財、住宅、仕事が分配され、農村戸籍を持つ者は特別なルートを通して都市で仕事を得るか、都市の大学を卒業して就職する場合を除き、戸籍を転換し、都市に移住することはできなかった。改革開放政策の進展に伴い移動の制限はなくなったが、農村戸籍を持ったまま都市で出稼ぎ労働を行う「農民工」が数多く存在する（阿古 二〇一四、五一）。

都市で農業以外の仕事をしているにも関わらず、「農民工」（「工」は「工人」（労働者）。すなわち「農民労働者」）と呼ばれ、いつまでも「農民」のタイトルを外すことができないのは、戸籍の規制がなくなれば都市が過密化し、新たに用意しなければならない公共サービスのコストが膨大になるからだ。農民工は戸籍上では「暫定的な居住者」でしかなく、居住している都市では限定的にしか社会サービスを受けることができない。

農民工が多く居住する地域では、民家の一室に赤十字を掲げる「黒診所」を見かけることがあるが、都市の病院は治療費が割高で、保険に加入していても戸籍所在地以外の病院では自己負担率が高くなるため、このようなヤミ診療所が繁盛している。だが、無資格の医師が治療行為を行うため事故も多く、一人っ子政策が続いていた時期には、超音波で胎児の性別を調べて女児を中絶させるというような違法行為が横行していた。年金制度が発達していない農村では、老後に対する心配もあり、家の後継ぎとして男の子を望む家庭が少なくない。そのため、子どもの性別を選別する親が後を絶たなかった（阿古 二〇一四、一〇三）。

3　戸籍差別がエイズ問題に与える影響

周縁化されてきた黒人女性の経験を「単一軸にもとづく分析」では十分に捉えられないという問題意識から、黒人女性の訴えに対するセクシズムとレイシズムの裁判所の判例を分析したキンバリー・クレンショーは、前者においては白人女性の、後者においては黒人男性の経験が基準となってきたことを明らかにした（Crenshaw 1989; 土屋 二〇二二）。差別や不平等は時代ごとのコンテクストのなかで、重層的に構築されている。中国における不適切な血液管理をめぐって生じたエイズの問題とその対応は、貧富の格差、戸籍制度、ジェンダーなどに影響を受けており、そうした抑圧の構造はインターセクショナリティの文脈からこそ、その特徴をより明確に表すことができる。

都市に移住しても市民権が保障されない農民工は、都市で差別されながら働き続けるよりも、家族と生活しながら働けるように地元で勤務先を見つけるか、農業や商売をして収入を増やしたいと思うだろう。しかし、農村部は都市部のように産業が発展しているわけではなく、増収の機会は限られている。私が河南省で話を聞かせてくれた人たちは、子どもの教育費や病気の親の医療費を工面しようと、農作業の合間に移動血液収集車に血液を抜いてもらい、小銭を稼いでいた。

　感染者が事実の解明や賠償を求める際にも、うまくいく場合とそうでない場合に分かれた。裁判で勝利を勝ち取ったのはごくわずかで、メディア、弁護士、NGO、研究者などの後ろ盾を得て、注目を浴びたケースのみである。例えば、二〇〇〇年、王為軍が河南省沙河市の康泰医院に対して起こした訴訟は、彼の妻が同病院で出産時の輸血でHIVに感染して死亡したことに対する同病院の責任を問うものであった。類似の訴訟はまだほとんど行われていない早い時期であったことに加え、王自身の行動力が実を結び、国内外のメディアや北京大学の支援を受け、訴訟を進めることができた。二〇〇四年、河北省高等裁判所は病院側の過失を認め、三六万二〇〇〇元（約五〇七万円）の損害賠償の支払いを命じた（阿古 二〇一四、三三―三四）。

　中央政府が感染症対策の成果をアピールしようとしているなかで、検察や裁判所が異例の措置を取るケースもあった。二〇〇三年、内蒙古自治区清水河県で輸血による一三人のHIV感染が明らかになったが、これは中国政府がSARS（重症急性呼吸器症候群）への不適切な対応に関して激しい批判を浴びていた時であった。汚名を返上するため、中国政府は感染症対策を次々に発表した。こうした流れに乗る形で清水河県の問題は厳しく対処されることになった。県衛生局局長と副局長が「職務怠慢罪」で、清水河県医院の検査科主任が「違法血液収集罪」で起訴され、県長や副県長も党内の警告や降格の処分を受けた。二〇〇七年一月には同病院での輸血でHIVに感染し、死亡した陳玉蓮の家族が起こした訴訟に対し、四七万元（約六六〇万円）の損害賠償を命令する判決が下された（阿古 二〇一四、三四―三五）。

　感染者が少なく、関係機関の対応能力が高いため、実現した訴訟もある。二〇〇〇年、上海市のHIV陽性血友病患者が、衛生部直轄の上海生物製品研究所を相手取って起こした集団訴訟では、証拠不十分のため研究所の責任は認められなかったが、和解調停の結果、二〇〇一年末、上海市赤十字社が一〇万元（約一四〇万円）の補償金と月一〇〇〇元（約一万四〇〇〇円）の生活補助の支給を行うことに同意している。上海のHIV陽性血友病患者は六三名で、市の財政力も高い。ただ、この六三名には上海市の戸籍を持っていない上海市在住のHIV陽性血友病患者は含まれていない。農村部の人たちは高価な血友病治療薬を買えず、農村部にはHIV陽性血友病患者はほとんどいないが、ごく少人数、上海で暮らす非戸籍保持者の患者がおり、そうした人たちは補償の対象から排除された（阿古 二〇一四、三五）。

　さらに、不適切な血液管理によるHIV感染の被害者の多くは女性であった。私の河北省、河南省での聞き取り調査では、帝王切開で出産し、回復を早めるには輸血が効果的だと勧められた人が少なくなかった。当時、中国の農村で帝王切開の比率が急速に高まっていたが、その原因の一つは、病院が効率よく分娩室や病室を回転させ、手術費で利益を上げようとしたためであった（Mi and Liu 2014）。急速な経済発展を重視した結果、健康と生命を犠牲にしなければならなくなった。病院や医療業界の上層部は男性中心の世界であり、女性の立場に立って考えられる人が少ないという現実もあった。

4　コロナ禍のロックダウン
——「私たちは最後の世代」（#最後一代）

二〇一九年一二月、新型コロナウイルスの感染が広がり始め、多くの人がバタバタと倒れていった。二〇年以上前のエイズ禍のような悪夢が再来したのは、前述した抑圧の構造が変わっていないからではないだろうか。さらに、別の側面において、社会的弱者に対する圧力がより大きくなっている部分もある。興味深いのは、こうしたなかで、今までほとんどつながりのなかった異なる社会階層の人たちが、問題意識を共有し始めたことである。

エイズの際は関係当局が感染拡大に迅速に対応せず、被害が大きくなったが、コロナに関しては各地で厳しいロックダウン（都市封鎖）が行われた。白い防護服を着た人たちが家々を回り、消毒薬を撒き、感染の疑いがある人を強制的に隔離施設に連行した。ドアを開けない家ではドリルで鍵を壊して立ち入るなど、文化大革命時代を彷彿とさせる光景も見られた。文化大革命時代には、紅衛兵たちが「資本家階級をぶっ殺せ」と叫び、個人の家に入って財産を奪い取ったり、仏像などの美術品を破壊したりした。その時の紅衛兵をもじって、白い防護服を着た人たちは「白衛兵」と呼ばれた（Bloomberg 2022）。

こうした無謀なゼロコロナ政策によって、持病や精神状態の悪化、食料の不足などで心身を弱らせた数多くの人たちが亡くなった。その数を正確に把握することは難しいが、中国では「一比十四億」（一対十四億人）という新語も生まれた。十四億人の中国人が反対しても、たった一人の皇帝・習近平主席が推進する政策は正しいのであり、必ず従わなければならないという意味だ（近藤 二〇二二）。中国当局は折に触れてネット上の投稿を削除しているが、子どもを持つ親の悲壮な叫び、苦情に応対している市の職員が苦労する様子など、ソーシャルメディアはゼロコロナ政策に対する不満で溢れかえった。

そうしたなか、二〇二二年三月末から五月末にかけてロックダウンが続いていた上海で、自宅から政府の隔離施設に連行しようと、ある家族に対して白い防護服を着た警官が圧力をかけている場面を撮影した動画が拡散した。この警官は「市の命令に従わなければ処罰される。その罪はあなた方一家の三世代に影響を及ぼすぞ！」と怒鳴りつけ、そばにいた男性は即座に、「私たちは最後の世代だから。結構です」と述べた。そして、ハッシュタグを付けた「私たちは最後の世代」（#最後一代）という言葉が広く使われ始めた。つまり、少なからぬ若者たちが、子どもを産み、育てていくつもりはない、との宣言をしたと受け取れる。

なぜ、一介の警察官が、「三世代に渡って影響を及ぼすぞ」などといった脅しの言葉を投げかけられるのか。有無を言わせぬロックダウンで、上海のような本来モノで溢れていた国際都市に住む人々が、深刻な食料不足に陥った。官製メディアの言説に影響を受け、「コロナの大流行はアメリカの陰謀だ」、「ゼロコロナ政策で中国は世界に打ち勝った」といった発信をし続けてきた若者たちも、あまりにも厳しい状況を前に、ゼロコロナ政策に疑問を持ち始め、ソーシャルメディア上では「ウイグルや香港の人たちがどのようにして自由を奪われているのかが、やっと分かった」というコメントさえ見られるようになった。

さらに深刻な就職難が若者たちを不安にさせていた。中国国家統計局が発表した二〇二三年五月の全国都市部の一六－二四歳の失業率は二〇・四％に上った。理想を描き希望に満ちているはずの若い世代が不安を抱え、国家からの圧力が強い社会で苦痛を感じ、前向きな姿勢を持てなくなった。「九九六」（週六日、朝九時から夜九時まで、あるいはそれ以上働く）というライフスタイルに不満を抱き、「内巻」と呼ばれるエンドレスに非理性的な競争が加速する社会に嫌気がさした若者たちのなかには、立身出世や物質的利益に関心を示さず、「躺平」（寝そべり族）になることを選ぶ者もいる（田中 二〇一九）。少子高齢化は加速し続け、二〇二二年の出生数は九六五万人と、一九四九年の建国以来最少となった。中国人口・発展研究センターなどがまとめた分析レポートによると、二〇二二年の合計特殊出生率（一人の女性が生涯に産むと見込まれる子どもの数）は一・〇九と日本の一・二六よりも低かった（ロイター 二〇二三）。

中国政府は二〇二一年五月、三人の出産を認める奨励策を出した。だが、出生率が一向に上向かない背景には、公的年金や社会保障制度の未整備、農村と都市の格差、就業機会や教育を受ける機会の不平等といった問題がある。一人っ子政策での人口抑制は、中絶や不妊手術といった手段で目標を達成させた。だが、三人っ子政策は、いくら強権的な政府でも容易には実行できないだろう。

5　白紙運動――文芸活動で広がる公共空間と社会的つながり

コロナ禍では多くの農民工が給与の未払いや不当な解雇に直面したが、景気の停滞、就職難、人口政策における国家からの圧力等によって、これまで不満を表さなかった社会階層までもが、反感を示し始めた。そうしたなか、新型コロナ対策で強まる行動制限に対して、二〇二二年五月中旬から下旬にかけて北京大学、北京師範大学、天津大学などの学生が集会を開き、「早く家に帰らせてくれ」、「このような形式主義や官僚主義はおかしい」などと訴えた。天安門事件が起きた六月を目前にした時期であり、当局による警戒が強化されていたなかでの必死の抗議だった。そして、一一月下旬、ロックダウン下のウルムチで多くの人が団地から出られず、火災の犠牲者となったことをきっかけに、広州、成都、北京など、全国各地で同時多発的に白紙を掲げて抗議する人たちが現れた。

このような動きは、交差性にもとづくさまざまな抑圧や差別の経験を相互に理解しようとするなかで生じたものではないか。以下、北京の白紙運動参加者について、現場で取材を続けた中国人ジャーナリストによる文章をもとに、その状況と参加者の特徴を分析してみよう（歌洛哩亜　二〇二三；素年　二〇二三；Sharon 二〇二三）。

北京における白紙運動の状況と参加者の特徴

・二〇二二年一一月二七日夜、北京の亮馬橋でウルムチの火災の被害者への追悼とロックダウンへの抗議活動が行われた。

・曹志欣さん：二〇二一年七月、中国人民大学歴史学科で清朝末期の環境史を研究した。卒業後、北京大学出版局に入社。故郷は湖南省衡陽市で、家族のほとんどは体制内公務員。胡同（フートン：北京市の旧城内を中心に点在する細い路地）を愛する若者。卒業後、鼓楼近くの胡同に部屋を借りて暮らし始めていた。

・翟登蕊さん（ニックネーム登登）：曹志欣さんと同じ日に逮捕された当時二七歳の女性。福建師範大学で学んだ後、北京外国語大学で比較文学と世界文学の修士の学位を取得。演劇を学ぶためにノルウェーのオスロ大学大学院に入学する準備を進めていた。教育業界への就職を望んでいたが、中国政府の「双減」政策の影響もあり、実現しなかった。逮捕前はオンライン授業の教師や教材の販売をしていた。

＊「双減」は教育部が出した「義務教育段階の生徒の宿題や校外学習の負担をさらに軽減するための意見」をきっかけに始まった政策。教育コンテンツの厳格な規制、恣意的な資本の投入の厳禁、広告の厳格な規制など。

・李元婧さん：天津の南開大学を卒業し、オーストラリアへ留学した後、中国で会計士として働いていた。政治に関わろうというのではなく、友人たちとの交遊の延長線上でテレグラム（セキュリティ機能の高いコミュニケーションアプリ）グループを運営していた。逮捕前、フランスへの留学準備を進めていた。

・李思琪さん：読書や文章の執筆が好きで、自らを「不自由なライター」と称していた。ロンドン大学ゴールドスミス・カレッジで学んだ。同カレッジは二〇二三年一月二八日に彼女の逮捕に抗議する声明を発表した。

・楊柳さん：華南師範大学で社会福祉を専攻した後、シンガポールで教育学の修士号取得。卒業後も仕事を得てそのままシンガポールに留まることができたが、生まれ育った土地で働きたいと記者になった。詩を書くことやお化粧が好きで、ボーイフレンドの林昀さん（不二酒館の経営者）が彼女の詩を曲に編集したこともあった。

・曹源さん：曹志欣さんの友人で人民大学の同級生でもあり、社会学を学び、人類学のサイトの編集に参加し

> ていた。文学、芸術、映画からフェミニズム、エコロジー、自然などに関心を持っていた。二〇二三年一月六日に逮捕された。

ここで紹介されているのは白紙運動に参加した若者のごく一部であり、全体を代表するわけではないが、比較的、積極的に行動していた人たちである。彼女ら・彼らは学歴が高く、海外留学の経験がある者も少なくない。会計士の李元婧さんを除いて、就職したばかりか、あるいは臨時の仕事をしているような状態で、経済的に余裕があるわけではなかったが、生活を楽しみ、文学や詩、音楽を愛するといった共通点があった。性的指向を意識した自己認識を持ち、フェミニズムやＬＧＢＴＱ、貧困や社会の不正義に対して関心を向けている。日常の生活において、胡同（フートン）や農民工が集住するエリアにおいて、社会の底層で暮らす人たちと直接的・間接的な接点を持つこともあった。

胡同とは北京の旧城内を中心に点在する細い路地のことで、伝統的家屋建築の四合院が残っていることから、古き良き北京の面影をしのばせる。老朽化した家屋を取り壊し、再開発を待つエリアの居住環境はそうよいとは言えないが、交通の便が良いため、市内中心部で働く食料配達員や三輪タクシー運転手、屋台で食品や物品を販売する人たちなどが住んでいる。

二〇一七年、北京では「低ランクの人々」（低端人口）という言葉が流行語となった。農民工が集住する大興区で起きた火事をきっかけに、市内の多くの地域で老朽化した家屋や不法に占拠されている建物の取り壊しが進み、一部の農民工は追い出されたのだ（阿古 二〇一八）。胡同でも多くの興味深い空間が取り壊されて変化し、さらに、コロナの期間を経て公共空間が次第に衰退していった。

市場経済と情報技術の発展、リベラルな思想の普及に伴い、北京ではオンライン・オフラインの公共空間においてさまざまな討論が行われるようになった。三味書店や万聖書園といった書店はカフェを併設し、度々読書会やワークショップを開催した。鼓楼の周辺にはライブハウスが集まり、中央戯劇学院の近くには映画、テレビ会社、文化メディア出版機関が立ち並んでいた。北京のインディーズ音楽とライブパフォーマンスの中心地であり、北京で最も権威のあるインディーズミュージシャンだけでなく、トレンディで新鮮なサウンドを愛する若者も集まった。二〇二二年一二月一八日に逮捕されたジャーナリスト楊柳の恋人のミュージシャン林昀が友人らと経営していた「不二酒館」では、かつてフェミニズムをテーマにした映画《正発生》（今まさに起こっている！）を上映したこともある。

紹介した北京の白紙運動参加者の多くが大学に入学したのは、中国の市民社会が激しく抑圧されはじめた二〇一五年頃である。彼ら・彼女らは比較的自由に活動できた二〇〇〇年代前半の空気を知らないが、社会問題に関心を抱き続けていた。

公の場での抗議や声明の発出といった政治活動を行ったことがない若者たちは、「歌の集い」に出かけ、友人同士冗談を言い合い、生活を楽しんでいる。女性、環境、家族の問題に焦点を当て、映画を上映したり、読書クラブで討論を行ったりしていた。人生を愛し、「あらゆることに興味があり、挑戦する意欲のある若者のグループ」であり、「半積極分子」であった（素年 二〇二三）。

一人の若者はこう問いかけている。「なぜ中国はこれほどまでに非情な土地（無情無義的土地）になってしまったのか」。大学受験を終えるまで、彼ら・彼女らの社会との接点は非常に限られていたが、社会に出て、コロナ時代の多くの制限の下で、より鮮明に社会の不正義を目の当たりにした。そのようにして、異なる立ち位置にいる人たちの抑圧状況に関心を向け、インターセクショナリティの視角を無意識のうちに内包するようになったのである。

6　「私」が開いていく言論と記憶の空間

白紙運動は中国国内だけでなく、海外でも行われた。日本では新宿南口で一〇〇〇人以上が集まり、ウルムチの火事で亡くなった人たちを追悼し、自由が奪われ、言論が統制される中国の現状を批判する声を上げていた（阿古も現場で話を聞いた）。

コロナの政策に乗じてパワーアップした中国の社会統制システムは、健康状態を確認するだけでなく、監視を強化するために今も解除されることなく使われ続けている。さまざまな行動が追跡され、疑いを持たれれば入場を拒否されたり、銀行口座を凍結されたりもする。結婚するにも、子どもを育てるにも、こんな国では嫌だと海外移住を考える人たちの間では「潤学」が広まっている。中国語の「潤」のピンイン（発音のローマ字表記）は“run”。つまり、「潤いのある」生活を求めて海外に脱出する（英語のrun）、移住するという意味だ。「学」を付けることで、海外移住のノウハウという意味になり、それをネットユーザー間で伝え合う動きが加速している（ラージャオ／トウガラシ 二〇二三）。

しかし、国内に残り、厳しい言論統制や構造的な差別に抵抗し、「私」の主体性を取り戻そうとする人たちもいる。特にフェミニストたちの活動は注目されており、白紙運動に参加した多くの人たちもフェミニストムーブメント（女権運動）に影響を受けていた。東京で白紙運動が行われたのは二〇二二年一一月。その約一ヶ月後から三ヶ月間、日本に滞在した周暁璇（ニックネーム「弦子」）は、帰国前に東京大学駒場キャンパスで講演を行った。＃MeToo運動のシンボル的存在で、中国で暮らす彼女が公開の講演会を行うのにはリスクが伴う。弦子は講演を行うか迷っていたが、次から次へと彼女との交流を望む声が届いていた。そのため、情報の伝達は内輪の範囲内に留めて講演会を行うことにしたのだが、講演会当日、会場には二〇〇人以上が集まり、立ち見が出るほどだった。聴衆のほとんどが中国大陸出身の若者であり、涙を流しながら彼女の講演を聞いている人もいた。

二〇一四年六月九日、二一歳の大学二年生だった弦子は、国営テレビ・中央電視台（CCTV）の番組「芸術人生」のインターンをしていた。その司会者の朱軍から更衣室でセクシュアル・ハラスメントを受けた弦子は、恥辱感ですぐに助けを呼べなかった。しばらくして、大学の教員、ルームメイト、弁護士らと共に警察署に出向き、訴状を提出したものの、警察は「朱軍は有名人だから、あなたに起きたことを話すと彼のファンである視聴者を失望させ、CCTVに恥をかかせることになる」と述べ、弦子が訴えを取り下げるよう両親を説得しようとした。当時、警察が本人確認のために撮影したワンピースの行方は分からなくなり、裁判所は楽屋の外の廊下に設置された監視カメラの映像の証拠としての使用を認めず、公開審理を拒否した。そして、朱軍は法廷に一度も姿を見せなかった。

弦子は、相手が有名人だからという理由で通報をあきらめるよう説得した警察は、「自由に暴力を振るうことのできる弱者」だとみなされているセクハラの被害者の人格を二度傷つけたと指摘した上で、自分は沈黙を強いられ、真実を語る権利も、記憶する権利も認められなかった、「裁判所が裁いたのは原告ではなく、被害者である私だった」と述べる（Xianzi 二〇二三）。

敗訴は弦子を深く傷つけた。二〇一四年の告訴から二〇一八年の提訴を経て、二〇二二年に二審敗訴が確定した時には彼女は二九歳になっていた。彼女は本来なら輝かしい時期であるはずの二〇代の時間の多くを訴訟に費やした。しかし彼女は、同じような経験をしている女性たちの苦しみを理解し、正義を求めるために、活動を続けている。以下、多くの人の心を動かしてきた彼女の言葉を引用したい（Xianzi 二〇二三）。

敗訴は私を傷つけました。でも、調べられ、尋問されたのは私だけではないことを私は分かっています。法律は、条項やテクスト、審判だけで作られているわけではありません。私たちの真理の追究と手続き上の正義によっても構成されています。法律の本質は、関わった人たちが平等、公正、そして道徳を信じているかどうかにかかっているはずだし、周縁に追いやられ、恩恵を受けられない人たちがそのシステムの下で援助を求めた時には、尊厳を持って扱われるべきでしょう。法律は私たちの心の中の最も複雑で脆弱な部分に関わるものであるはずです。この訴訟の本当の問題は事実や証拠ではなく、人間性に疑いがかけられていることにあると思います。

裁判官から〝自分の人生を生きなさい〟とアドバイスされました。しかし、それには自分が平等で尊厳ある人間だという確認が必要であり、その確認が、私が自分の人生を生きていくための前提だったのです。このようなすべての経緯を経て、最後に判決の瞬間を迎えた時、私はようやく、自分の身体が完全に自分のものであること、自分の言葉や記憶が誰にも書き換えられてはならないことを証明したのだと自分に言い聞かせることができ、裁判官に「あなたには私の身体や記憶を判断する権限は本来ありません」と静かに伝えました。

弦子を応援するために、第一審には何百人もの支援者が看板を掲げて裁判所の外で待っていた。しかし、弦子と支援者らのオンライン上でのやり取りに関して検閲が強化され、警察の取り締まりの強化もあり、第二審で裁判所に集まることができたのは一〇〇人以下であった。しかし、それでもリスクを冒して全国から支援者が集まったことに対し、弦子は「中国では何年もの間起きなかった奇跡」と述べた。

裁判が始まり、弦子は日中から夜にかけて、六時間以上法廷に座り続けた。そのうち、彼女のなかには、「こんな裁判は馬鹿げている。私の体に起こった事実を裁く資格は裁判所にはない」という思いがどんどん膨らんでいった。彼女は法廷から飛び出して、外に行きたかったという。なぜなら、そこには全国から集まった私の支援者たちが、警察の嫌がらせを避けながらも長時間待機し、裁判の行方を見守り、彼女が出てくるのを待っていたからだ。

弦子は、自分の居場所はそこにあり、支援者たちとの連帯にこそ意義があると考えていた。彼女たちのなかでこそ、弦子が受けた傷は貴重な真実となる。つまり、共に闘った何年もの時間とその闘いそのものが、弦子とその仲間たちにとって、自らの尊厳を維持した上での「記憶」にもとづく唯一の「真実」であった。弦子は敗訴したが、女性たちの抵抗と問いを、悔しさや傷と共に歴史に残そうとした。彼女たちの言葉と行動は、水の滴りが川になるように、社会の不正義に抵抗するための流れを生み出していった。

私は性的暴行の被害者として、＃MeToo運動の数え切れないほどの支持者と友達になり、彼らを支援することができました。これこそが＃Me Too運動の特別で貴重な点です。＃MeToo運動は感情的なつながりによって推進される運動であり、女性の感情的なつながりは壊せない。運動が止まることはないのです（Xianzi 二〇二三）。

おわりに

『閻魔の王宮』の主人公、血液ビジネスによるＨＩＶの蔓延を内部告発した王淑平と共に活動した医師の高耀潔は二〇二三年一二月、ニューヨークの自宅で亡くなった。高耀潔を追悼するイベントが日本でも行われ、フェミニストでドキュメンタリー作家、中山大学等で教鞭をとったこともある艾暁明の記録映画『中原紀事』を上映した。上映後のトークで解説を頼まれた私は、当局の監視下にあり、海外に出ることも海外の活動に参加することも難しい艾暁明からメールで資料を受け取った。トークの最中に艾暁明のアシスタントを務める中国の専門家が二人、オンラインでディスカッションに参加してくれた。

『閻魔の王宮』の観劇や『中原紀事』の上映会を通して、若者たちは知らなかった中国社会の一面を捉え、視野を広げている。私は自らのフィールドでの経験を話しながら、若者たちにこのように強調した。「皆さんが生まれる前に血液ビジネスが引き起こしたエイズの悲劇は、実際に生じたことなのです。私が話していることは二〇年以上前、私が現場に直接足を運び、

図1　フェミニズム版画ワークショップでつくった作品（阿古撮影）

図2　東京・中野区の「あじあんコモンズ」で行われた版画ワークショップの様子（阿古撮影）

HIVに感染した被害者から直接聞いた話です。」

言論空間が統制され、検閲によって大量の重要な情報やコメントが削除されていくなかで、ジャーナリスト、人権派弁護士、ドキュメンタリー映画の監督、出版業者、学者、芸術家など、日本に中国から多くの知識人が押し寄せている。彼ら・彼女らは清朝末期に西洋思想を吸収しようと来日した、辛亥革命（一九一一年）をリードした先人たちを彷彿させる。しかし、中国のネット上には過激な愛国的主張を繰り返す「小粉紅」（ピンクちゃん）が勢いを増している。日本では二〇二三年八月、福島第一原子力発電所からの処理水放出に反応して「当店の食材はすべて福島県産です」との黒板を掲げた新宿の居酒屋に中国人が突撃した動画が話題になった。しかし、その一方で、そうした店を応援する中国人もおり、在日中国人コミュニティ内の政治的傾向の違いも鮮明になってきている。

一方、新宿駅南口で白紙を掲げて抵抗した若者たちの一部は、さまざまな社会課題に取り組むとグループと連携しながら活動を続けており、社会の不正義を自らの思考で理解し、自らの言葉で表現しようとしている。香港では国家安全維持法が施行され、日本でもよく知られている周庭が二〇二三年一二月、愛国教育を押し付けられことに耐えられない、「ただ自由に生きたい」と、カナダに実質上亡命したことを公表した（NHK 二〇二三）。日本留学中に「香港独立」を支持する内容を交流サイト（SNS）に投稿したなどとして二〇二三年一一月、香港人女性が刑事罪行条例違反（扇動の意図を有する行為）で禁錮二ヶ月の判決を受けた際には（阿古 二〇二三）、中国人留学生たちが彼女に同情を寄せ、言論統制によって阻害される人間の学びや表現について、活発に議論を展開した。このなかの一部は、「以前は愛国精神が旺盛で、社会運動に動員する香港の『暴徒』に憤るピンクちゃんだった」と自ら話してくれた。日本で香港の若者たちに出会い、彼ら・彼女らが中国の政府系メディアで報じられるイメージとは異なり、自らとそう変わらない、ごく普通の大学生や若い社会人であることに気づき、互いに言葉をかけるようになっていく。そして、高等教育を受けた若者たちが、農民や農民工の苦労を想像し、エイズやウルムチの火災で亡くなった人たちを追悼し、性暴力被害者の抱える傷を理解しようとしている。フェミニズムや労働運動の観点から、版画など簡易に表現できるアートや演劇を通したアクティビズムの活動も始まった。

人間性を破壊する構造的な差別に反発する人たちの動きは、違いを乗り越えて相互に連動し合っている。中国において、インターセクショナリティの明示的なうねりは確実に生じている。

参考文献

阿古智子（二〇一四）『貧者を喰らう国——中国格差社会からの警告』新潮選書。

阿古智子（二〇一八）「アウトロー空間としての「城中村」」『現代中国研究』第四〇号、四〇—五四頁。

阿古智子（二〇二三）「日本留学中のソーシャルメディア投稿で扇動罪か——注目される香港出身女子大学生の裁判、判決は一一月三日に」『Yahoo ニュース』一〇月二八日（https://news.yahoo.co.jp/expert/articles/0d845e3b7680fbe65ea290393636 0eafd4f9db72）。

ＮＨＫ（二〇二三）「「ただ自由に生きたい」周庭さん香港への思い」『ＮＨＫ国際ニュースナビ』一二月七日（https://www3.nhk.or.jp/news/special/international_news_navi/articles/qa/2023/12/07/36417.html）（二〇二四年二月五日閲覧）。

歌洛哩亜（二〇二三）「呼吁更多人為〝白紙青年〟発声、她們如何発起一場聯署行動?」『ＮＧＯ ＣＮウェブサイト』三月一五日（https://ngocn2.org/article/2023-03-15-Open-Letter/）（二〇二三年二月五日閲覧）。

関志雄（二〇二二）「「共同富裕」を目指す中国——カギとなる農村所得の向上と二次分配改革」『経済産業研究所ウェブサイト中国経済新論』一月五日（https://www.rieti.go.jp/users/china-tr/jp/ssqs/220105ssqs.html）（二〇二四年二月五日閲覧）。

近藤大介（二〇二二）『ふしぎな中国』講談社現代新書。

Sharon（二〇二二）「被捕者：那些青年」『ＮＧＯ ＣＮウェブサイト』一二月一八日（https://chinadigitaltimes.net/chinese/691042.html）（China Digital Times が転載二〇二四年二月五日閲覧）。

Xianzi（二〇二三）「裁判所における Xianzi の個人的陳述」『ウィメンズアクションネットワーク（Women's Action Network）』五月二五日（https://wan.or.jp/article/show/10628#gsc.tab=0）（二〇二四年二月五日閲覧）。

Xianzi（二〇二三）“Failed Lawsuit, the Best Result I Could Get”『ウィメンズアクションネットワーク（Women's Action Network）』六月二日（https://wan.or.jp/article/show/10628#gsc.tab=0）（二〇二四年二月五日閲覧）。

素年（二〇二三）「白紙運動被捕者：她門是誰、了什麼?」『ＮＧＯ ＣＮウェブサイト』二月三日（https://chinadigitaltimes.net/chinese/692646.html）（China Digital Times が転載二〇二四年二月五日閲覧）。

田中信彦（二〇一九）「中国の「９９６問題」とは？ 労働問題から見える遠ざかるチャイナドリーム」『Business Leaders Square Wisdom』四月二六日（https://wisdom.nec.com/ja/business/2019042601/index.html）（二〇二四年二月五日閲覧）。

鄭伝芳（一九九〇）「西方多党政治制度不适合中国国情」『学術評論』第六期、五二―五四頁。

土屋和代（二〇二二）「ブラック・フェミニズムとインターセクショナリティ――人種・階級・ジェンダー・セクシュアリティ」藤永康政、松原宏之編『「いま」を考えるアメリカ史』ミネルヴァ書房、二一七―五三頁。

舛友雄大（二〇二四）「言論の自由求め、中国のインテリが東京に大集結中国国内の政治対立が日本を巻き込み始めた」『東洋経済オンライン』二月三日(https://toyokeizai.net/articles/-/730965?fbclid=IwAR2NW5_77ADSg3D_czmF64fhuD81VQsqyLFv1Ue-18xq_QuueFzrJY3yRk4)（二〇二四年二月五日閲覧）。

ラージャオ（中国人風刺漫画家）／トウガラシ（コラムニスト）（二〇二三）「海外脱出の方法「潤学」の道を探求する中国人たち」『ニューズウィーク日本版』一月一一日。

ロイター（二〇二三）「中国の出生率、昨年は過去最低の１・０９」八月一六日。

Bei Ming. 2016. "I Don't Want Anyone To Make Money Out of My Life or Death." *Radio Free Asia*. November 28. https://www.rfa.org/english/women/oney-11282016135143.html（二〇二四年二月五日閲覧）.

Bloomberg. 2022. "Anger Erupts at Xi's 'Big White' Army of Lockdown Enforcers." *Bloomberg News*. April 26. https://www.bloomberg.com/news/articles/2022-04-26/anger-erupts-at-xi-s-big-white-army-of-lockdown-enforcers（二〇二四年二月五日閲覧）.

Cowhig, Frances Ya-chu. 2019. *The King of Hell's Palace*. Bloomsbury Methuen Drama.

Crenshaw, Kimberlé. 1989. "Demarginalizing the Intersection of Race and Sex: A Black Feminist Critique of Antidiscrimination Doctrine, Feminist Theory and Antiracist Politics." *University of Chicago Legal Forum*. 1989, iss. 1, article 8 : 139-67.

Mi, Jie and Fangchao Liu. 2014. "Rate of Caesarean Section Is Alarming in China." *The Lancet* 383, no.9927 : 1463-1464.

Mozdy, Michael and Amy Sikalis. 2019. *Shuping Wang, A Hero in Our Midst*. University of Utah Health Website. https://medicine.utah.edu/radiology/news/2019/10/shuping-wang-hero-our-midst（二〇二四年二月五日閲覧）.

Vardeman, Jennifer and Amanda Sebesta. 2020. "The Problem of Intersectionality as an Approach to Digital Activism: The Women's March on Washington's Attempt to Unite All Women." *Journal of Public Relations Research*. 32, no. 1-2 : 7-29.

9　インターセクショナリティに抗するフランス？
――共和国の普遍主義の盲点を突く視座の有用性と前途多難な定着の可能性

伊達聖伸

（だて　きよのぶ）
東京大学大学院総合文化研究科教授
専門は宗教学、フランス語圏地域研究
著書に『ライシテから読む現代フランス――政治と宗教のいま』（岩波新書）、『「暴力」から読み解く現代世界』（共編著、東京大学出版会）などがある。

はじめに

二〇二三年六月二八日、パリ郊外ナンテールにて、一七歳のマグレブ系の少年ナエル・メルズークが交通検問の警官に胸を撃たれて死亡した。当初、警察側は正当防衛と説明していたが、発砲の場面を通行人が撮影していた。録画は、警察暴力の行使による射殺が事件の真相であったことを告げており、瞬く間に「暴動」がフランス全土に広がった。

フランスでは二〇〇五年秋にも、パリ郊外のクリシー＝シュル＝ボワで、警察に追われた一〇代の移民系の若者が変電所で感電死したことを受けて、大規模な「暴動」が発生した。鉤括弧をつけて「暴動」と記すのは、治安当局から見れば鎮圧の対象となる騒乱だとしても、抗議行動を起こす側からすれば正当な異議申し立てという意識があるはずだからである。

フランス共和国は、出自や人種、性別や宗教によって人を差別することなく、すべての市民に法の前の平等を保障する普遍主義の立場に立つとされている。この公式見解に立てば、フランスには人種差別はないことにされかねないが、同じ履歴書をアラブ系の名前で送ると面接に呼ばれる割合が半減する、ムスリムや黒人が警察に職務質問を受ける割合は圧倒的に高いなど、実際には多くの差別が常態化していることが知られている。

ナエル少年の死から約一ヶ月後、週刊誌『ポリティス』はフランスの人種主義に抗議する声明を二〇〇名以上の署名を集めて発表した。左派系の知識人を中心に、インターセクショナルなフェミニズムに連なる人たちもそこに名を連ねていた（*Politis*, 19 juillet 2023）。

フランスで「インターセクショナリティ」（＝アンテルセクシ

ョナリテ intersectionnalité）の語は二〇〇〇年代からジェンダー研究の領域で使われていたが、この語がフランス社会を席巻するに至ったのは——日本と同じく——ここ数年のことである。それがひとつの最高潮に達したのは二〇二〇年六月で、その波はアメリカからやって来た。この年の五月二五日、アメリカ合衆国ミネアポリスで、アフリカ系アメリカ人ジョージ・フロイドが警察の不適切な拘束によって死亡した。これをきっかけにブラック・ライヴズ・マター（BLM）運動が再燃する形で巻き起こり、コロナ禍にもかかわらず、人種差別に対する闘いが世界中で見られた。こうした事情を理解するには、ケア労働従事者などウイルスの影響を最も受けやすい人たちが、最も警察暴力にさらされやすい人たちでもあるという切実な状況を念頭に置いておく必要があるだろう。

この流れのなかで、フランスでは四年前の出来事が想起された。二〇一六年七月一九日、黒人男性が警官から身分証明書の提示を求められ、携行していなかったために逃げ出したところ、取り押さえられて警察署に移送中に死亡した。彼の名はアダマ・トラオレ。その日は彼の二四歳の誕生日だった。これがフランス版ジョージ・フロイド事件としてクローズアップされたのである。

「アダマの真実と正義委員会」は、ジョージ・フロイドとアダマ・トラオレの名前を掲げ、二〇二〇年六月から七月にかけて、コロナ禍のパリで複数回の動員に成功した。そこには若者たちを中心に、フランスの人種主義や植民地主義を告発する者、フェミニスト、社会活動家、エコロジストたちが集まった。警察に取り抑えられたジョージ・フロイドが「息ができない」と言ったのを受けて「自分たちは息がしたい」とメッセージを発したエコロジストは、運動の射程を拡張したとされる。コロナの隔離期間を経て、異なる立場にある者たちの連帯が見られたのを、『リベラシオン』紙は「インターセクショナルな理念の明白な成功」と評した（*Libération*, 12 juin 2020）。

属性の異なる人びとの連帯は、しかしながら共和国の為政者の目には、警戒すべき反抗と映った。マクロン大統領は、隔離の時期を過ごした若者たちが「人種主義に対する闘いにひとつの理念を、ひとつの普遍主義を見出したのは理解できる」としつつ、次のように述べた。「大学人は罪を犯した。これはネタになると思って、社会問題のエスニシティ化を煽った。だが、その行き着く先は分断であるほかはない。これでは共和国が二つに割れてしまう」。こうしてマクロンは、「人種化された言説」と「インターセクショナリティ」の両義性を強調した（*Le Monde*, 10 juin 2020）。

これを受けて、哲学者のエティエンヌ・バリバールらは、マクロン大統領は人種主義に対する闘いではなく、反人種主義に対する闘いを始めてしまった、人種主義に反対する人びとによるデモを「無秩序」として「共和国の秩序」を対置していると批判した（*Le Monde*, 22 juin 2020）。

二〇二〇年一〇月一六日に中学校教師のサミュエル・パティがイスラーム過激主義者に斬首される事件が起きると、ジャン

＝ミシェル・ブランケ国民教育大臣は、「親イスラーム左翼が大学を荒らし回っている」と発言し、こう述べた。「アメリカの大学とインターセクショナルな理論に由来する知の基盤と闘わなければならない。それは、共同体とアイデンティティを本質主義化しようとするもので、出自や性別や宗教などの属性とは関わりなく人間の平等を打ち立てる私たちの共和国モデルの対極にある。それは私たちの社会を蝕み断片化し、イスラーム主義者の関心と合致する世界観を養うものだ」(*Journal du dimanche*, 25 octobre 2020)。こうして教育大臣は、フランスの共和国原理とインターセクショナリティを対極に置き、そしてインターセクショナリティとイスラーム過激主義が親和的であるかのような図式を描き出したのである。

二〇二一年二月には、高等教育研究刷新大臣のフレデリック・ヴィダルが、大学などが親イスラーム左翼の温床になっているのではとの憶測に基づき、脱植民地主義、ポスト植民地主義、人種主義、ジェンダー・スタディーズ、インターセクショナリティに関する研究状況を調査することを求めた。政治権力が学問の自由を脅かすとも見なされる振る舞いである。

二〇二一年七月一日、マクロン大統領はパリで開催された国連女性世代平等フォーラムにちなむ雑誌『エル』のインタビューで、「すべてを破砕するインターセクショナルな論理」は「各人をそのアイデンティティに連れ戻す」と、一年前にも増して、インターセクショナリティについて否定的な見解を示した。「私の見るところでは、社会の人種化が少しずつ進んでいる」。しかし、「私は普遍主義の立場に立つ。各人をそのアイデンティティや特殊主義に立ち返らせる闘いには共感できない」(*Elle*, 1er juillet 2021)。

このように、近年のフランスでは、インターセクショナリティという言葉が人口に膾炙するようになる一方で、共和国の普遍主義とは本質的に相容れないという強い拒否反応も見られる（ここまでは特に為政者について言及してきた）。本章の目的は、なぜこのようなことになっているのかについて、説明を試みることである。そして、フランスにインターセクショナリティという概念が根づくとしたら、どのような形になりえるかについて考察することである。

1　アメリカ発の概念、フランス導入の経緯――翻訳は裏切り？

インターセクショナリティの概念は、アメリカの弁護士で人権活動家のキンバリー・クレンショーによる一九八九年の論文「人種と性の交差点を脱周縁化する――反差別の教義、フェミニスト理論、反人種差別主義政治に対するブラック・フェミニスト批評」と一九九一年の論文「周辺をマッピングする――インターセクショナリティ、アイデンティティ・ポリティクス、有色の女性に対する暴力」に由来する。それ以前のアメリカや他の社会でも、インターセクショナリティに相当するものを探り当てて議論を展開していた者はいた（序論参照）。

インターセクショナリティという概念によってとりわけ思考可能になったのは、複数のカテゴリーに属する人間が経験する差別の実態である。たとえば黒人女性の権利は、黒人の権利の観点からは黒人男性の陰に隠れ、女性の権利の観点からは白人女性の陰に隠れて見えにくくなっていた。この概念は、そのような複合的な差別の経験の独自性に光を当てることができるところに、その特長がある。

フランスでインターセクショナリティ概念を最初に取り入れたのはジェンダー研究者で、クレンショーの一九九一年の論文は二〇〇五年の『ジェンダー手帖』に翻訳掲載された（Crenshaw 2005）。

フランスのラジオ番組で「インターセクショナリティ」という言葉を初めて紹介したのは、二〇〇九年一二月二六日に放送されたフランス・キュルチュールの番組「思想のなかの組曲」にゲスト出演したエルザ・ドルランである。ドルランは前年にアメリカのブラック・フェミニズムについてのアンソロジーを編集し、番組では近著『性、人種、階級――支配の認識論のために』をめぐって語った（Dorlin dir. 2008 ; Dorlin 2009）。ドルランは、女性に対する眼差しと植民地に対する眼差しの相関関係を批判的に論じていることで知られている。

二〇一五年には、「フェミニズム研究のための教育・研究センター」（CEDREF）が雑誌で「インターセクショナリティと植民地性」特集を組んだ（«Intersectionnalité et colonialité», *Les cahiers du CEDREF*, n°20）。

二〇一七年五月には、パリ郊外クレテイユの高等教職教育院で「教育研究においてインターセクショナリティを考える」と題されたコロックが開催された。しかし、この公開研究会は、開催予定情報がネットなどで出回ると、右翼団体のみならず、厳格なライシテの適用を求める左派のライシテ団体からも圧力を受けて、あやうく中止に追い込まれるところだった。「共和国ライシテ委員会」（CLR）は二〇〇四年のヴェール禁止法に反対する者たちに発言を与えるだけの会であると批判し、「ライシテ家庭連合」（UFAL）はこの研究会は「逆向きの人種主義」であると評し、「ライシテ家庭団体全国会議」（CNAFAL）は「クレテイユの高等教職教育院で反ライシテの共同体主義的なイデオロギーが拡散されることに反対する」と声を上げた（*L'Obs*, 18 mai 2017）。

英語で「共同体主義」（communitarianism）と言えば、個人を共同体の成員としてとらえ直す視座から、行き過ぎた個人主義や自由主義を修正することを含意している。二〇世紀後半のアメリカの政治哲学・社会思想の分野から出てきた言葉で、十分に肯定的な意味合いで使うことができる。これに対し、フランス語で「共同体主義」（communautarisme）と言えば、共和国という不可分の政治共同体のなかに別の原則に基づく共同体を導き入れるニュアンスを帯び、徹底的に否定的な意味でしか用いられない。

英語の「インターセクショナリティ」（intersectionality）は、それまでほとんど見えていなかった抑圧を可視化することによって歴史的・社会的に構築されてきた構造的問題を把握し、分析することを可能にするもので、自由と平等を目指して闘う社会運動につながる。フランス語の「アンテルセクショナリテ」(intersectionnalité) も、その推進者にとっては、まさしく同様の認識と行動をもたらしてくれるはずのものである。だが、その反対者にとっては、このアメリカ由来の概念は、属性によるアイデンティティを個人に持たせ、共同体主義的な引きこもりを招き、社会を分断させるものと映るのである。

クレンショーの一九八九年の論文がフランス語に訳されたのは二〇二一年で、少なくとも二種類の翻訳が同じ年に出た (Crenshaw 2021 a; 2021 b)[1]。論集『インターセクショナリティとは何か』に収録された（エマニュエル・ドラノエによる）翻訳のリード文では、クレンショーの論文は「共同体的な分割の思考や狭義のアイデンティティの承認からは程遠い」と強調されている (Crenshaw 2021 a, 282)[2]。

翻訳までに三〇年ほどの時間が経過していることを思えば導入は遅いくらいだが、アメリカ発の「ウォーキズム」が現在のフランス社会を席巻していると見える者の目には、フランスでインターセクショナリティ・ブームが収めつつある「成功」は脅威に映る。ウォーキズムとは、「目覚める」を意味する英語「ウェイク」(wake) の過去形「ウォーク」(woke) に由来し、社会的不公正に対して高い意識を持ち、敏感に反応する政治的左派に見られる傾向を指す言葉で、それに批判的な目を向ける保守派側が用いるという構図が基本である。

オーギュスト・コントの研究で知られるジャン＝フランソワ・ブロシュテインは、差別と闘うと称して「黒人は全員犠牲者」で「白人は全員人種主義者」と主張する者たちの不条理と不寛容を批判している。そして、西洋の文化的遺産を性差別主義的で人種主義的で植民地主義的だと告発するウォーキズムを「新しい宗教」と呼び、ジェンダー理論や批判的人種理論そしてインターセクショナリティの理論をその教義に含めてこう述べている。「インターセクショナリティの理論は、自分が差別されていると感じているあらゆるマイノリティ・アイデンティティの闘いを理論的にまとめあげ、それによって西洋社会を揺るがすための武器を提供するという利点を備えているのである」(Braunstein 2022, 193)[3]。

パトリシア・ヒル・コリンズとスルマ・ビルゲの『インターセクショナリティ』（英語原書二〇二〇年、日本語訳二〇二一年）のフランス語訳は二〇二三年に出版された。モントリオール大学教授でフランス語話者でもあるビルゲは「フランス語版まえがき」で、フランスではこの語が「ますます根本的に否定的な意味で使われるようになっている」と指摘している。「それはほとんどカリカチュアであって、不平等の相互作用に関する研究、変革的視点から社会正義を志向する研究が告発され、価値が貶められている。極右が常態化し、一部の「左派」でさえ「大転換」理論［フランスや西洋のイスラーム化］を信じている現況では、もはや研究の具体的内容が批判されるのではなく、研究に従事している人が丸ごと「ウォーキズム」だ、土着主義だ、親イスラーム左翼だと批判されている」(Bilge 2023, 12-13)。それでもビルゲは、二〇〇四年にフランスのトゥールで開催された学会で初めて用いたときには冷たくあしらわれたインターセクショナリティの語が、フランス語辞書『プティ・ロベール』二〇二二年版に立項されていることに希望をつないでいる。

2　フェミニズムがインターセクショナリティに躓くとき

フランスでは二〇〇〇年代にジェンダー・スタディーズの文脈でインターセクショナリティ概念が援用されはじめたが、アメリカではブラック・フェミニズムがこの概念の普及に寄与したのに対し、フランスではフェミニズムと反人種主義が有機的に噛み合って相乗効果を高める運動を生み出してきたわけではない（Fassin 2015）。むしろ反人種主義の主張が――それが女性によって唱えられるものであっても――普遍主義的フェミニズムと衝突する構図になっている。

ここで、フランスのフェミニズムには普遍主義対差異主義の緊張関係があること、そしてその争点が変化したことを抑えておく必要があるだろう。女性の市民権獲得を目指した一九世紀後半から二〇世紀前半にかけての第一派フェミニズムに続き、一九六〇年代から一九七〇年代にかけての第二波フェミニズムは社会的な男女間の差別の解消を目指した。その過程でフェミニズムは、男女同権の獲得を主張する普遍主義と、女性ならではの独自性を主張する差異主義とに分かれることになった。このときの普遍主義的フェミニストの代表格に、『母性という神話』の著者エリザベート・バダンテールと、ボーヴォワールの後継者とも言われた六八年五月の中心人物の一人クリスティーヌ・デルフィがいる。ところが、この二人はイスラームのヴェール問題をめぐっては対極的な態度を示した。

一九八九年、パリ郊外のクレイユで三人のマグレブ系の女子中学生がスカーフを被って登校したところ、校長がライシテの原則に反するからと外すように命じた。このときバダンテールは、教育大臣宛の文書「教師たちよ、妥協するな」に名を連ね、イスラームのヴェールは女性抑圧の象徴で、原理主義者に対する寛容は危険であると主張した。その後、二〇〇一年の九・一一を経て、二〇〇四年には公立校でのヴェール着用を禁じる法律が制定される。このときデルフィは、スカーフを被る自由を主張するムスリム女性もいることから、法律による禁止に反対を唱えた。バダンテールは普遍主義を堅持したとも言えるがその立場は硬直的であり、ムスリム女性の置かれている状況が一義的でないことに理解を示したデルフィはより差異主義的になったと言えよう。このように、ヴェール問題はフランスのフェミニズムにさらなる分裂をもたらすことになった。

改めて考えると、フランスで最初のスカーフ事件が発生した一九八九年はインターセクショナリティに関するクレンショーの論文が出た年であり、公立校でのヴェール着用が法律で禁じられた二〇〇四年はスルマ・ビルゲがフランスの学会で初めてインターセクショナリティという語を用いた年であった。だが、イスラームのヴェールは基本的にライシテの問題として語られてきたのであって、一九八九年の時点でも二〇〇四年の時点でも、インターセクショナリティという語を用いて問題化されることはなかった。

それでも、ヴェール着用をめぐるムスリム女性のあり方がインターセクショナリティの問題に接続することは明らかである。ここで興味深いのは、二〇〇四年のヴェール禁止法前後のフランス社会で一世を風靡した社会運動「売女でもなく、忍従の女でもなく」である。ムスリム女性は、ヴェールを被らなければイスラームの共同体から「売女」と罵られ、ヴェールを被ればフランス社会から「忍従の女」と指弾される。ここからは、女性かつムスリムというインターセクショナリティに基づく独特な差別の経験を窺うことができる。アルジェリア系移民の子どもとしてフランスで生まれ育ったファドゥラ・アマラが率いたこの運動は、当初はヴェール着用の有無、信仰実践の濃淡にかかわらず、郊外のムスリム女性をエンパワメントするものだった（アマラ 二〇〇六）。しかし、「イスラーム主義」を批判するこのフェミニズム運動はメディアにも政治家にも全般的に受けがよく、アマラがヴェール禁止法賛成に転じると権力側に回収されてしまった（伊達 二〇一八、一六四―一六九）。

男女平等の観点からヴェールへの反対を唱える普遍主義的フェミニズムは、性差別主義者《セクシスト》としての「アラブの少年」と抑圧される「ヴェールの少女」の二つの形象をセットで表象する（Fassin 2015）。現代フランスではこのようなフェミニズムが支配的で、「アラブ人男性を野蛮化するレイシズム」は「ムスリム移民を攻撃する武器」となって極右政党を利することに加担しており、そこには植民地主義の歴史への反省が欠けている（須納瀬 二〇二二、二三七）。インターセクショナリティの観点を取り入れてフランスの植民地主義を批判するフェミニストには、「フランスのフェミニズムは白い、白すぎる」と映る。白人女性のフェミニズムは、女性解放を唱えつつ、移民出自の非白人女性に対する社会的抑圧と共犯関係を結ぶ。非白人男性の性差別《セクシズム》が大きく可視化されるために、かえって白人男性による性差別が見過ごされている（*Le Monde*, 25 novembre 2016）。

二〇一〇年代以降、イスラーム過激主義者による度重なるテロ事件を経験してきた現代フランス社会では、ヴェール着用をインターセクショナリティに依拠して擁護することは猛烈な反発を招く。たとえば、フェミニストでライシテの闘士を任じるある論者は、「私たちは人権を普遍的なものと考えているが、フェミニストのなかには女性の権利は場所や状況に応じて分割可能で適応可能と考える者もいる」と述べ、インターセクショナルなフェミニズムを「パートタイムのフェミニズム」と呼ぶ。そして、この種のフェミニズムが交差点に差しかかると、いつでも「女性」が「エスニシティ」や「宗教」の利益に道を譲り、両性の平等のための闘いはオリエンタルな家父長制とイスラーム原理主義の尊重の前に屈してしまうと警鐘を鳴らす。さらに、インターセクショナルなフェミニストは寛容の意味を取り違えて批判精神を放棄しており、ヴェール着用が「自由な選択」で「解放」であると主張するのはフェミニズムではなく無知蒙昧主義だと批判している（Bestandji 2021）。

このように硬直化した普遍主義的なフェミニズムの立場からすると、インターセクショナリティを唱えるフェミニストたちはヴェール着用への反対は人種主義に相当するとの主張を繰り返し、普遍主義的なライシテの立場に立つフェミニストをイスラモフォビア（イスラーム嫌悪）の白人ブルジョワ呼ばわりして貶めているということになる。

このような言論が支配的な状況のなかでインターセクショナルなフェミニズムを主張することは難しいが、それでもアフリカ系女性たちによるアフロ・フェミニズムやムスリム女性たちによるイスラーム・フェミニズムが新たな展開を見せている。二〇一四年に設立されたアフロ・フェミニズム団体「ムワシ」（コンゴなどで使用されているリンガラ語で「女性」の意味）は、反人種主義と反植民地主義を掲げている。普遍主義の観点に立つ共和主義の「ミクシテ」（混合）が人種主義と植民地主義を見落としてきたとの問題意識から、二〇一七年に開催されたフェスティバルでは、差別を受けてきた当事者同志で経験を分かち合うことができるよう、黒人女性とトランス黒人女性のみを受け入れる「ノン・ミクシテ」（非混合）のエリア、男女混合だが黒人のみのエリア、すべての参加者に開かれたエリアを設けて区別した。この措置は「共同体主義」で「白人差別」であるとの反発を招いたが、ムワシ側は当事者が安心感を覚えることのできる場所で語り合うことは政治的に必要なことであると説明した。一方、二〇一六年に設立されたイスラーム・フェミニズム団体「ララブ」（アラビア語で「マダム」を意味する「ララ」と「実験室」を意味する「ラブ」を組み合わせた名前）は、反性差別主義、反人種主義、反イスラモフォビアを活動理念に掲げている。そして、こうしたインターセクショナルなフェミニズムは、差異に依拠した閉鎖的な共同体として主張を繰り広げているわけではなく、むしろ団体間の連帯を作り出している（ファヨル入江 二〇二二）。

3　階級を重視する左派がインターセクショナリティに躓くとき

社会的不平等の解消を目指して階級闘争を重視するマルクス主義の流れとインターセクショナリティの思想は相性がよいと思われるかもしれないが、実は必ずしもそうではない。

ジェラール・ノワリエルは押しも押されもせぬ移民史研究の大家である。比較的貧しい家庭の出身で、労働運動に関わるなかで移民の重要性を見出し、国民国家と移民の歴史を左派の観点から描き出してきた。一九八八年に原書の初版が出た『フランスという坩堝』は、フランスの移民研究において古典の地位を占めている（ノワリエル 二〇一五）。フランスの歴史と社会に移民が占めている場所を学問的に明らかにし、国立移民史博物館の設立にも尽力した。そして二〇〇七年に右派のサルコジ大統領が「移民・統合・ナショナル・アイデンティティ・共同発展省」を設置し移民の抑制を強化すると、それに抗議して同博物館の役職を辞任した経緯を持つ人物である。

二〇一八年の「黄色いベスト運動」（マクロン大統領による軽油・ガソリン税引き上げに抗議する人びとによる大規模な反政府デ

モ）の際には『フランス民衆史』を刊行し、人びとの怒りを、政治的・経済的・社会的支配を受けてきた民衆の歴史のなかに位置づけた。その「まえがき」でノワリエルは次のように記している。「敗者の視点から民衆史を書くプロジェクトは、（宗教的・人種的・性的）マイノリティの代弁者に占有されてきた。それでフェミニズム、多文化主義、ポスト植民地主義の歴史は勢いを増しているが、民衆階級の歴史は周辺化されてきた」（Noiriel 2018：8）。

同書の刊行からほどなくして、アメリカ・コロンビア大学の政治学者マーク・リラとフランスの社会学者エリック・ファッサンの対談「左派はマイノリティに関わりすぎなのか？」が『ル・モンド』紙に掲載された（*Le Monde*, 1er octobre 2018）。リラの『リベラルの過去と将来――アイデンティティ・ポリティクスのあとで』（*The Once and Future Liberal: After Identity Politics*, 2017）が『アイデンティティ左派――バラバラのアメリカ』（*La Gauche identitaire: l'Amérique en miette*, 2018）のタイトルで仏訳出版されたのに合わせての対談である。リラは、アメリカの左派が階級闘争を放棄し、さまざまなマイノリティの声が聞こえるようになっているが、そうした人びとはアイデンティティの公的承認を求めるだけで共通善に対する関心が薄いと論じている。これに対してファッサンは、マルクス主義的な階級闘争の観点から社会問題にアプローチすると、かえって自国の民衆階級と移民を敵対させるトランプやルペンのような極右を利することになるとの懸念を表明し、支配の論理の累積と複合に注目するインターセクショナリティは性と人種と階級の関係を考えることであって、分断を生み出すわけではないと主張している。

この対談を受けてノワリエルは、「「アイデンティティ左派」についての考察」と題する記事をブログに書いた。そこには次のようにある。

「科学的観点から言えば、主要な問題は「階級」と「マイノリティ」の同盟を促進するにはどうすればよいかではなく、人びとのアイデンティティおよび人びとが紡ぐ関係を形成しているさまざまな要因がいかに組み合わされているかを示すことにある。この社会的過程は、フィールド・ワークや史料研究など、長期的な経験的研究を行なわなければ理解できない。「インターセクショナリティ」の概念は、エリック・ファッサンによれば「性と人種と階級の関係を考える」ことを可能にするとのことだが、私の目には社会学の基本原則に照らして後退していると映る。実際、社会的現実の複雑性を説明するのに、三つの固定的実体を組み合わせるだけでは不十分なのである」（noiriel. ward-press. com, 29 octobre 2018）。

批判のポイントがわかりにくいかもしれないが、ノワリエルは性・人種・階級というカテゴリーを実体視して組み合わせてみても、（フランスの）社会的現実を把握できるとはかぎらず、そのためには辛抱強い研究が必要だと主張している。そのうえで、さまざまな要素のなかではやはり階級闘争が特に重要と示唆している様子が窺える。

ノワリエルのブログに反応して、左派系の雑誌『ムヴマン』は二〇一九年二月にインターセクショナリティ特集を組み、ジェンダーや人種を階級と排斥し合う競合関係に置くのは間違いだと主張した（*Mouvements*, 12 février 2019）。すると今度は雑誌のほうがネット上などで誹謗中傷にさらされた。インターセクショナリティにとって階級は重要な要素だが、人種を強調しているかのような印象が、右派のみならず階級闘争を重視する左派の反発も招いてしまうのである。

二〇二一年、ノワリエルは民衆階級の研究を専門とする社会学者ステファヌ・ボーと共著『人種と社会科学』を出版し、論争を再燃させた。著者たちによれば、一九世紀のフランスで「人種」は生物学的に定義され、階級闘争を人種闘争に置き換えようとする右派がおもに用いる概念だったが、一九八〇年代頃から文化の多様性を擁護する左派が政治闘争の中心にアイデンティティの問題を持ち込んだ。それは労働者の階級闘争が忘れ去られていくのと相関的だった。こうしてプロレタリアに代わって移民が前景化し、搾取ではなく差別が語られるようになった。このような変遷を描き出したうえで著者たちは、アメリカから導入されたアイデンティティ理論や批判的人種理論は、フランスの社会問題をとらえるのに適切ではないと主張する。そして社会科学においては「人種」概念を主軸に分析すべきではなく、人のアイデンティティを考えるにはやはり社会階級が決定的であるとの見方を示している（Beaud et Noiriel 2021）。

ここには、フランスではアメリカとは異なりそもそも「人種」概念がタブーであること、またフランスが人種的な偏見の比較的少ないカラーブラインドな社会として、たしかに人種によらない社会統合が一面ではある程度達成されてきたと言えると著者をはじめ多くの人びとが認識していることが暗示されている。もっとも、ボーとノワリエルにしても、実際にはフランスに人種主義が存在することを否定しているわけではない。

『ル・モンド』のジャーナリストは、ウォーキズムをめぐる議論を通じて明らかになったのは「人種主義」という言葉の意味が用い手によって異なることだと指摘する。一九世紀から二〇世紀前半にかけては「生物学的」な意味で使われていた「人種」という言葉は、二〇世紀後半以降はタブー用語となったが、実際には人種主義は文化を理由とするものに形を変えて存続してきた。そうした新たな「文化的」な人種主義は、基本的には一部の民族主義者のイデオロギーであったはずのもので、それに対する反対の声も挙げられてきたが、それにもかかわらず現在ではほとんど権力の構造的な問題として、警察や企業や学校での人種差別が常態化し、「体系的」な人種主義が一般化している。「ウォーキズムの闘士たち」は、奴隷貿易や植民地主義の遺産としての人種的ヒエラルキーが巧妙な形ながら現実のものとして残っていると主張する。一方、「ウォーキズムに反対の者たち」の目には、こうした反人種主義は「マイノリティの専制」や「逆向きの人種差別」に行きつきかねないと映る（*Le Monde*, 6 janvier 2022）。カラーブラインドを建前とするフランス社会に、カラーコンシャスな「人種」概念を持ち込めば、激しい反発を招くことは必定である。その事実を踏まえたとき、性・人種・階級の複合的な関係に注目するインターセクショナリティ概念のフランスでの定着の成否は、この「体系的人種主義」のメカニズムを「人種」の言葉で説得的に示せるかどうかにかかっていると思われる。

おわりに――普遍主義対差異主義を、抽象的普遍主義対具体的普遍主義に組み替える

ここまで見てきたように、フランスでは、インターセクショナリティの概念は共和国の普遍主義的な考え方とは基本的に折り合いが悪いと考えられている。ところで、この概念がフランスの学術領域や政治的議論において引き起こす忌避感には、多文化主義《マルチカルチュラリズム》やポスト植民地主義などの先例があり、一種の既視感がある。多文化主義は共和国の原則に反する共同体主義を助長するものと観念されてきたし、植民地主義批判は普遍主義的な人権の理念の担い手として人びとを解放してきたフランスには該当しないという考えが根強い。アメリカからの文化的輸入と見なされているインターセクショナリティが、同じような運命をたどる可能性は低くない。

フランスでは右派のみならず、左派であってもインターセクショナリティ概念を受け入れにくいことが、ひとつの特徴と言える。差異を持ち込む（ように見える）インターセクショナリティの発想が普遍主義とは相容れないと考えるのは、右派にも左派にも共通している。

ガボン系の女性政治家で左派政党「屈しないフランス」（LFI）のスポークス・パーソンであるダニエル・オボノは、たしかにラディカル左派は反資本主義、反性差別主義、反人種主義の立場に立ち、共闘していると主張するのだが、実際には優先順位がついているところがあるのが現実と述べている（Ly, Mazouz, Obono, 2020：128）。差別の重なり合いが特別な経験であるというインターセクショナリティの知見は、むしろ個別性と普遍性をつなぐ回路とすることができるはずなのに、その点が生かされず、階級・性・人種の区分のうちのいくつかの要素が強調されるという逆説が、ここには見られるように思われる。

カンボジア系中国人を両親に持つフェミニスト作家で映像も手がけるグラス・リは、アジア人に対する人種主義と闘っている。彼女は、マルグリット・デュラスの原作をジャン＝ジャック・アノー監督が映画化した『ラマン』について、デュラスが主人公の少女の相手である年上の男性を「中国人」と――それが彼の本名であるかのように――呼び続けていること、それにもかかわらずこの作品がフェミニストの解放の物語と喧伝されているのを聞くと、「自分はひどく傷つく」と述べている（Ibid., 130）。

ここには耳を傾けるべき見解が含まれているように思われる。しかしながら、この種の「傷つきました」を前面に掲げることは、カロリーヌ・フレストのような共和主義的なフェミニストの目には、「アイデンティティ至上主義」ないし「犠牲者至上主義」であって、ポリティカル・コレクトネスに訴えて表現の自由を窒息させる振る舞いに映る。フレストは、「傷つきました」の一言で議論を終了させてしまう「アイデンティティ至上主義の左派」が、特殊主義の立場からこのような検閲を行なうことによって、むしろ好き勝手な発言を繰り返す「アイデンティティ至上主義的な右派」を利する帰結をもたらしていると指摘する（フレスト 二〇二三）。

たしかに、インターセクショナリティが「傷つく」を前面に出しながら人権に訴えるものだとするならば、フランスでは、それはアイデンティティ政治であって一般意志を構成するだけの公共的な射程を持つものではないと判断されてしまう可能性が高い。差異に基づくレトリックで、普遍主義というフランス共和国において支配的な言論の壁を打ち破ることは、非常に難しい。

しかしながら、インターセクショナリティの視座は、普遍主義に到達するためには個人の属性や特殊性を括弧に入れる必要があると考えられがちなフランス共和国において、実際には見えていない差別があることを、ジェンダー、階級、人種の関係とダイナミクスの観点から指摘することを可能にする。見えていなかったものを見えるようにし、批判的思考と分析を加え、議論を通じて状況を改善に向けていくことは、学術的にも政治的にも意味があることである。

このように、フランス共和主義の盲点を突くインターセクショナリティの視座を、フランスにおいて実効性のあるものにするにはどうしたらよいのだろうか。

社会学者のエレオノール・レピナールとサラ・マズーズは、フランスの文脈を踏まえて、普遍主義に差異主義を対置するのではなく、普遍主義を抽象的なものから具体的なものにすることを提案している。彼女たちによれば、インターセクショナリティは、セクトの信者が唱えるような題目ではなく、社会科学の概念であり、社会関係を読み解くために、新しいもうひとつの問いを立てることを可能にするものである。個人の属性や特殊性を括弧に入れ、否定するような抽象的普遍主義は、往々にしてそれが唯一のものであるかような素振りをしているが、それもある時代と地域において生まれたもので、一定の偏りを持つ。インターセクショナリティが批判されれば批判されるほど、それは普遍主義を多様化することが急務であることを告げている。インターセクショナリティは、啓蒙主義とその遺産の価値を引き下げるものではなく、まさに啓蒙主義の批判的精神を発揮して、その影の部分をも明らかにすることを目指している。実際、フランス共和国は、普遍主義的な人権を唱えながら、黒人を奴隷化して非人間的な処遇をした過去を持つ。自由の権利から女性を排除してきた経験がある。植民地的な抑圧の過去を引きずり、真の意味で平等で包摂的な政治体制をいまだ築きえていない。そうした矛盾を突いて、抑圧を受けてきた者たちの連帯も見られるようになってきており、そこでは差異を打ち消す抽象化を経なくても共通のものが構築されている。こうしてインターセクショナリティは、「政体（corps politique）を構成する人びとの差異と特殊な歴史に体現された（*incarné*）具体的普遍主義を生み出す」ことを促すものである（Lépinard et Mazouz 2021, 65；強調原文）。

ここに使われているレトリックに注目したい。共通の政体＝政治的身体を構成している具体的な人びとに普遍主義的な精神が体現＝受肉されるという、キリスト教の歴史を背負いながら共和国になったフランスの歴史に適合するような形で、インターセクショナリティが語り直され、位置づけ直されているのである。そして、フランス的な普遍主義に異議を唱えるアメリカ的な差異という構図が避けられている。

インターセクショナリティのアプローチは、はたしてフランスに根づくのだろうか。少なくとも言えるのは、それが共和国の普遍主義に抗する差異主義と見なされているうちは、望みが薄いということである。インターセクショナリティの観点は共和国の原理を揺るがすようなものではなく、むしろその普遍主義を具体化することによって共和国の危機を救うものであるという議論が説得力を持つところまで行けるかどうか。その点に、フランスにおけるインターセクショナリティの行方がかかっていると思われる。

（1）論集『インターセクショナリティとは何か』の編者は、クレンショーの一九八九年の論文は、その論集のなかで初めてフランス語に訳されたと述べている（Crenshaw 2021 a）。

（2）なお、クレンショーの一九八九年と一九九一年の二編の論文をフランス語に訳した単行本が二〇二三年に出ている（Crenshaw 2023）。

（3）二〇二二年一月、ブランケ国民教育大臣はソルボンヌ大学で開催されたコロック「脱構築のあとで――科学と文化を再建する」において、アメリカ発のウォーキズムに反対しながら、ある意味でそのウイルスを広めてしまったのはフレンチ・セオリーであり、今度はそのワクチンを提供しなければならないと発言した。フーコー、ドゥルーズ、デリダらに代表されるフレンチ・セオリーがアメリカ経由でフランスにブーメランとなって戻ってきたというこのような見方に対してブロシュテインは、フランスの哲学者たちは理論的な分析によって近代的主体を問い直したのであって、自分自身を問い直すことなく犠牲者のアイデンティティを前面に掲げて政治的行動をしているウォーキズムとは異なると区別している（Braustein 2022, 18-24）。

参考文献

須納瀬淳（二〇二二）「フェミニズムを脱植民地化する――フランスにおける「インターセクショナリティ」の困難と必要性について」『現代思想』第五〇巻五号、二三一―二四六頁。

伊達聖伸（二〇一八）『ライシテから読む現代フランス――政治と宗教のいま』岩波新書。

アマラ、ファドゥラ（二〇〇六）『売女でもなく、忍従の女でもなく――混血のフランス共和国を求めて』堀田一陽訳、社会評論社。

ファヨル入江容子（二〇二二）「フランスにおけるインターセクショナリティ（交差性）の受容と新たな社会運動としての発展」『リミトロフ』一号、五九―七一頁。

フレスト、カロリーヌ（二〇二三）『「傷つきました」戦争：超過敏世代のデスロード』堀茂樹訳、中央公論新社。

ノワリエル、ジェラール（二〇一五）『フランスという坩堝――一九世紀から二〇世紀の移民史』大中一彌・川﨑亜紀子・太田悠介訳、法政大学出版局。

Beaud, Stéphane et Gérard Noiriel. 2021. *Race et sciences sociales: Essai sur les usages publics d'une catégorie*, Marseille, Agone.

Bestandji, Naëm. 2021. *Le linceul du féminisme: Caresser l'islamisme dans le sens du voile*, Seramis.

Bilge, Sirma. 2023. «Préface à l'édition française: Garder le cap de la justice sociale». In *Intersectionnalité: Une introduction*, traduit de l'anglaise par Julie Maistre, edited by Sirma Bilge et Patricia Hill Collins, 9–15. Paris, Éditions Amsterdam.

Braunstein, Jean-François. 2022. *La religion woke*, Paris, Grasset.

Crenshaw, Kimberlé W. 2005. «Cartographies des marges: intersectionnalité, politique de l'identité et violences contre les femmes de couleur», tr. par Oristelle Bonis, *Cahiers du genre*, 2005/2 n°39, 51–82.

Crenshaw, Kimberlé W.. 2021 a. «Démarginaliser l'intersection race / sexe: critique féministe de la doctrine antidiscriminatoire, de la théorie féministe et des politiques antiracistes», tr. par Emmanuelle Delanoë, in Myriam Boussahba, Emmanuelle Delanoë et Sandeep Bakshi dir., *Qu'est-ce que l'intersectionnalité? Dominations plurielles: Sexe, classe et race*, Paris, Payot & Rivages, 281–329.

Crenshaw, Kimberlé W. 2021 b. «Démarginaliser l'intersection de la race et du sexe: une critique féministe noire du droit antidiscriminatoire, de la théorie féministe et des politiques de l'antiracisme», tr. par Sophie Beaulieu, relu par Isabelle Aubert, Magali Bessone, *Droit et société*, n°108, 465–487.

Crenshaw, Kimberlé W. 2023. *Intersectionnalité*, tr. par Emmanuelle Delanoë, Paris, Payot & Rivages.

Dorlin, Elsa dir. 2008. *Black feminism: anthologie du féminisme africain-américain, 1975–2000*, Paris, L'Harmattan.

Dorlin, Elsa. 2009. *Sexe, race, classe, pour une épistémologie de la domination*, Paris, PUF.

Fassin, Éric. 2015. «D'un langage l'autre: l'intersectionnalité comme traduction», *Raisons politiques*, n°58, 9–24.

Lépinard, Éléonore et Sarah Mazouz. 2021. *Pour l'intersectionnalité*, Anamosa.

Ly, Grace, Sarah Mazouz, Danièle Obono. 2020. «Pourquoi l'intersectionnalité fait-elle si peur?», *La Déferlante*, n°3, 124–135.

Noiriel, Gérard. 2018. *Une histoire populaire de la France: De la guerre de Cent Ans à nos jours*, Marseille, Agone.

10　安心をもたらさないインターセクショナリティへ
——共生に向けた小さな覚書

清水晶子

（しみず　あきこ）
東京大学大学院総合文化研究科教授
専門はフェミニズム／クィア理論
著書に『フェミニズムってなんですか？』（文春新書）、『ポリティカル・コレクトネスからどこへ』（共著・勁草書房）などがある。

はじめに

インターセクショナリティという言葉は、いまや、日本においてもちょっとしたバズワードの様相を呈している——少なくとも社会運動界隈や、フェミニズム研究とかジェンダー研究といった特定の学術領域、そしてオンラインのポピュラー・フェミニズムにおいては。学術書の翻訳出版が続き（コリンズとビルゲ 二〇二一；シュラー 二〇二三）、思想誌からファッション誌まで幅広い媒体でこの言葉が特集されたり解説されたりするなど（下地 二〇二二；安心院 二〇二二）、「インターセクショナリティ」はここ数年で急激に注目を集めるようになってきた。目を英語圏に向ければ、ジェニファー・ナッシュ（二〇一八）が指摘するように、英語圏、とりわけ米国の大学においては、「インターセクショナリティ」概念は女性学やジェンダー研究、フェミニスト分析などに現代的な意義を与え続ける中心的な支柱としての役割を担っている、とさえ言える。

とはいえ、インターセクショナリティが女性学の「主要な知的、政治的な貢献であり、女性学という学問それ自体の重要性の証でさえある」という「見解の一致」が揺るぎなく存在している、とするナッシュの分析（Nash 2018, 16）は、日本にそのまま適用できるわけではない。女性学やジェンダー研究が学術領域として十分に制度化されてきたとは言えない日本では、インターセクシュアリティの概念は必ずしもそれらの領域の重要性を示す概念としては機能しないし、そもそもこれがもともとはフェミニズムの概念であるという認識がどこまで一般化されているのかも、かなり怪しいところがあるだろう。さらに言えば、インターセクショナリティの概念が女性学やジェンダー研究に呼び起こしてきたもう一方の、より不安に満ちた反応——

この概念が、フェミニズムの「もっとも重要な、ジェンダーという非常に単純化され、首尾一貫したカテゴリー」の喪失に繋がるのではという不安（Nash 2018, 15）——の方は、日本のフェミニズムにおいて、あるいは女性学やジェンダー研究においても、目にすることができる[1]。

そう考えれば、私たちはまだまだインターセクショナリティをただひたすら「推す」べきかもしれない。インターセクショナリティの概念がどのような歴史的背景においてなぜ必要とされてきたのか、その発想がどのような政治に繋がり、どういう生を可能にしてきたのか。それを論じることにこそ注力すべき段階に、私たちはまだあるのかもしれない。主流のフェミニズムや制度化された学術的なジェンダー研究がインターセクショナリティ概念を自らの存在の正当化の拠り所としてきたことを批判するナッシュですら、二〇一六年からのトランプ政権下にあって、「フェミニストの実践にとってインターセクショナリティの約束はより一層その重要を増している」（Nash 2018, 133）と述べる。だとすれば、この概念が孕むかもしれない不安要素やリスク、この概念が特定の使われ方をすることで起きうる問題について考えるのは、ましてやこの概念が導入されて日も浅く一般化されたかどうかもあやしい日本では、あまりにも時期尚早ではないだろうか？

この小論は、そのような疑念を払拭することを目指すものではない。むしろ、その疑念を抱え込んだまま、しかし、「インターセクショナリティ」がどのように理解され展開されることに対してフェミニストやクィアの政治が警戒をしなくてはいけないのか、に踏み込むのが、本章の目的である。言い換えれば、インターセクショナリティ概念が生み出しうるリスクを回避しつつ、しかもインターセクショナリティが「フェミニズムのために政治的に獲得したもの」（Nash 2018, 133）を捨て去ることなく、フェミニスト的な連帯を可能にするために、何が必要なのか。この小論はそれを考察するための、不可避的に暫定的な、覚書である。

1　カテゴリーの同一性への疑義

インターセクショナリティ概念のいわば「リスク」を検討するに先立って、まず、この概念が何をなそうとしたものだったのかを、簡単に振り返っておくべきだろう。

この概念を提示した一九八九年の論文で、ブラックフェミニストであり法学者であるキンバリー・クレンショーは、人種と性に関する差別をそれぞれ別の問題として扱うのではなく、互いに交錯し合うものとして考えるべきだ、と主張する。

ある特定の点を除けば条件を同じくする二者が、にもかかわらず異なる扱いを受けるときに、法はその点に基づく差別の存在を認識する。単純化すれば、能力も業績も勤続年数も性別も出身地も何もかも完全に同じであるような、黒人と白人の二人の労働者がいる。その二人のうち白人には昇進の機会が与えられるが黒人にはその機会は巡ってこないのであれば、それは人種差別だ、と考えるのだ。「黒人でさえなければ」、それ以外の資質においては自分とまったく同等である白人と同じ扱いを受けることができるはずである、として差別は認識される。けれどもクレンショーは、そのような「この一点さえなければ」という発想には限界がある、と説く。

ジェンダーだけで性差別を考え（「女性でさえなければ」）、人種だけで人種差別を考える（「黒人でさえなければ」）とき、そのように差別を経験するのは、それぞれの集団でより恵まれた人々である。白人女性の性差別経験が性差別を代表し、黒人男性の人種差別経験が人種差別を説明する中で、人種においても性別においても抑圧される黒人女性の経験は見落とされかねない。クレンショーは、このような黒人女性の被差別経験を「四方向全部に行き来があるような、交差点（インターセクション）での交通」になぞらえるのである。

ただしこの時、この経験を単に人種差別と性差別とが合わさったものと考えるべきでないことには、注意しなくてはならない。「インターセクショナルな経験は人種差別と性差別との合計を超える」（Crenshaw 1989, 140）のだ。

> 彼女たちはしばしば二重差別――人種に基づく差別的実践と性別に基づくそれとの複合的な効果――を経験する。そして時には黒人女性としての差別を経験することもある。つまり、人種差別と性差別の合計ではなく、黒人女性として差別される。（Crenshaw 1989, 149）

ここでクレンショーは、「黒人女性としての差別」を人種差別と性差別というそれぞれに独立した差別の合計として説明される「二重差別」とわざわざ区別して表記する。[2] インターセクショナルな経験は、むしろ、そのそれぞれの差別とは異なる性質を持つものとして、想像されているのだ。なぜなら、黒人男性と黒人女性とはいつも同じように黒人であることを経験するわけではなく、白人女性と黒人女性もいつも同じように女性であることを経験するわけではないからである。これはつまり、従来「黒人」の経験とみなされてきたものはすでにジェンダー化されており、同様に、従来「女性」の経験と考えられてきたものもまたすでに人種化されている、ということだ。だとすれば、インターセクショナリティという観点は、「女性であること」あるいは「黒人であること」がどのような同一性を持つとされているのか、に関わっている。黒人女性のインターセクショナルな経験に着目することは、男性中心主義的な〈黒人〉の同一性と白人中心主義的な〈女性〉のそれとを、どちらも批判的に問い直すことに他ならない。[3]

この点を念頭におくならば、インターセクショナリティを、専ら、より厳密に細分化された諸アイデンティティを掬い上げ承認する観点として理解することには、留保がつけられるべきだろう。インターセクショナリティの主眼は、たとえば黒人の中でもとりわけ黒人の女性、黒人レズビアン女性、さらに黒人レズビアン障害女性、という具合に（順番は文脈によってさまざまに変わるにせよ）、より厳密なアイデンティティとそれに伴う経験を持つ主体のより正確な表象へと焦点を絞り込み続けることにはないはずだ。言い換えるなら、より緻密な――最近インターセクショナリティをめぐる文脈でしばしば目にする表現を使えばより「解像度の高い」――表象／代表の政治への志向性を必然的に持つものとしてのみインターセクショナリティを捉える傾向があるならば、私たちはその前で一度立ち止まる必要がある。

2　差異の固定化

実際のところ、まさにそのような事態、すなわち、インターセクショナリティという観点がより一層精緻に定義されるアイデンティティの政治の追求へと収束していくことに対する懸念こそ、フェミニズムの内部からこの概念に向けられた留保や懸念の主要な一角を成してきた。

ウェンディ・ブラウンは、主体が「国籍や人種、セクシュアリティ、ジェンダー、カースト、階級、などの互いに連関することのない線に沿って構築されるわけではない以上、主体を形成するこれらの諸力を主体それ自体の中で分離することはできない」として、「これらの諸力はその形成において『インターセクショナル』ではない」（Brown 2005, 123）と述べる。主体形成のダイナミズムに注目するブラウンが懸念するのは、インターセクショナリティのような用語が主体形成の諸様態を、いわば「足し算」的なものとみなすことに繋がる可能性である。その結果として、主体がまさしくこれらの諸力への従属を通じて形成されるものであり、かつ、その形成は「分析上それぞれ別のものとされるアイデンティティ・カテゴリーを尊重するわけではない」ことが、見落とされてしまうのではないか、と。クレンショーの提唱するインターセクショナリティ概念は、黒人女性の法的言説への位置付けの困難を考えるにあたっては確かに有効であるが、それはあくまでも法のもとでの名付け／位置付けに関わる問題である、とブラウンは説明する。

ひとつの道がジェンダー、もうひとつが人種という名前で、女性の家はその二つの道が交差するところにあるのだが、住所が必要だということで、彼女はどちらの道に住んでいるのかを選ぶように言われる。そのどちらを選ぼうと、あるいは自分は交差点に住んでいますとあくまでも主張しようと〔……〕この女性は交差点ではないし、彼女自身がインターセクショナルなのでもない。そうではなくて、彼女は多くの人々と同様に、法における名付けのもとに生きているのである。（Brown 2005, 152）

ブラウンのこの論考自体は、女性学という領域の可能性と問題について論じたもので、インターセクショナリティの概念についての考察がそれ以上展開されるわけではない。しかし、ここでブラウンが提起した問いに通じる問題を、「現在インターセクショナルなアプローチとして一般に知られているものを忠実に支持してきた」（Puar 2012, 49）立場からより明確に論じたのが、ジャスビル・プアの論考『女神よりはサイボーグでありたい』(“I would rather be a cyborg than a goddess”)である。プアは、承認の枠組みから従来こぼれ落ちてきた多様な人々にとってその主体性の承認がいまだ切実に必要とされる課題であり、「インターセクショナルな批評《critique》」が「権利を保有する主体を固定するよう要求する法的、資本主義的な構造に介入してきた」ことを確認する。しかしその上で、それが同時に「まさに現在の主体を形成する規律的な要請を再生産してきた」ことを、指摘する(Puar 2012, 62)――インターセクショナリティがフェミニズムの規範的主体を脱中心化することを目指す概念だとして、だとすれば、「主体構築それ自体がすでに規範的であるという問題に、フェミニストはどう取り組むのか?」(Puar 2012, 63)。

これは、現実のフェミニズムの政治と切り離された純粋に理論的な(そのようなものが仮に存在するとして)問いではない。従来の白人中心主義的な性の政治と男性中心主義的な人種の政治との双方への介入を意図していたインターセクショナリティは、とりわけ前者、すなわちフェミニズムの政治や議論において主に取り上げられ、フェミニストの政治における白人性の脱中心化の試みを担うようになる。その結果、「性的差異こそが他の何よりも撹乱を必要とする、いわば基礎をなす差異として皮肉にも具体化することになった」(Puar 2012, 52)。人種的な差異は、いわば「変異種」を生み出す差異として基礎をなすとされる性的な差異に従属させられ、この基礎をなす性的差異の中心の位置にはあらためて白人女性が置かれる。つまり、このように用いられるインターセクショナリティは、〈有色の女性《Woman of Color》〉とという存在を常に「他者」として――しかも、現状に抵抗し、現状を撹乱する役割を負わされた他者として――固定化する効果を持つ。

> フェミニズムが何十年にもわたって差異の問題を理論化してきたにもかかわらず、差異は「~からの差異」、つまり「白人女性」からの差異にとどまっている。「~の間の差異」を重視する枠組みとは異なり、「~からの差異」は、絶え間なく続く分裂のプロセスとして差異を認識するのではない。差異は否定として作り出されるのだ。(Puar 2012, 53)

ここに生じるのは、差異が他者として絶え間なく作り出され同定され説明されていく一方で、基準となる側の中心性はいささかも揺るぐことのない体制である――特定の有色女性集団に関する研究のほとんどが有色女性によって担われる一方、白人のフェミニストたちは一般論としてのジェンダーについて、セクシュアリティについて、あるいは女性について、議論を続けられる、という知の体制が維持され、再生産されていくのだ(Puar 2012, 53, 63)[4]。

3　承認の政治と新自由主義

プアの論考は、インターセクショナリティのこのようなリスクを指摘しつつも、この概念を単に捨て去る（「そんなことが可能だとでも言うように」）のではなく、「遡及的にグリッドとその上の位置を作り出す」インターセクショナリティと、「グリッド以前の、あるいはグリッドを超えた、あるいはグリッドを通り過ぎる」ものとしてのアッサンブラージュ[5]というふたつの観点を、互いに対立するものとしてではなく補い合うものとして提示することを試みる（Puar 2012, 50）。インターセクショナリティは主体の「グリッド」上での位置付けを扱うが、そのような位置付けに回収され得ない身体性に着目し、主体形成それ自体に働く政治性をも問うべきだ、としたのである[6]。本章は、インターセクショナリティの概念が差異を作り出し、同定し、固定化する作用を持ちうることに対するプアの（あるいはそれに先立つブラウンの）懸念を共有するものの、それをインターセクショナリティ概念の中心的で避け難い作用とは考えない。むしろ本章が強調したいのは、第一節ですでに見たように、クレンショーの議論自体、より細分化された差異を同定し、表象され承認されるべき主体として固定化していこうとする動きとは、そもそも異なる方向性を持っていた、という点である。実際、ブラウンが懸念する「足し算」的な主体形成についてクレンショーは明確に否定していたし、カテゴリーの同一性を批判的に問い直す観点としてのインターセクショナリティは、より緻密に同定された諸カテゴリーの承認と正確な表象とへの志向に、滑らかに接続するものではない。

とはいえ残念ながら、ブラウンやプアの懸念がまったくの杞憂であった、とも言えないだろう。プアは、前節で述べたような既存の体制への抵抗や知の生産などにおける黒人女性、白人女性それぞれの主体位置の固定化の問題とは別に、排除される差異を無限に作り出して主体として同定した上でその包摂を推進する、という奇妙な機能をインターセクショナリティが帯び始めていることに言及している（Puar 2012, 55）。そのように作り出され、同定され、そして承認され包摂されていく主体の位置を具体的に占めるのが何であるのかは「文脈によって異なっているかもしれないが、それは何度も繰り返し、同じ形式で、出現する」（Puar 2012, 55）。問題は、こうして繰り返し出現する、より精緻に差異を表象し、より「インターセクショナル」に厳密に位置付けられたマイノリティ主体が、どのような政治的効果を持つのか、である。この点で、インターセクショナリティが排除された差異のより繊細で正確な同定から包摂へと向かうとき、その一連の流れが置かれた歴史的、政治的、そして経済的な背景は、考慮されなくてはならない――「新自由主義的な多元主義と吸収・併合、あらゆる種類の差異の抱き込みの時代において、インターセクショナルな批評《クリティーク》はどういう様相をしているのか、あるいはより適切な言い方をするのであれば、何をするのか？」（Puar 2012, 53）。

セクシュアリティの政治に関する考察は、そもそも従来から、一方でマイノリティの差異の表象／代表にもとづく承認の政治的必要性を了承しつつ、同時に他方で「アイデンティティ・カテゴリーは、抑圧的構造における標準化のカテゴリーとしてであれ、あるいはまさにその抑圧に対抗する解放の主張の結集点としてであれ、規制的な体制の道具となりやすい」(Butler 1993, 308) としてその要請自体に留保をつけてきた。けれどもとりわけ今世紀に入り、差異を抑圧、排除するよりむしろ包摂し管理することを好む新自由主義的な社会体制のもと、「LGBT＋」というマイノリティ集団の政治的・社会的承認がそのような利用可能な差異の提供と引き換えに獲得される傾向が強まったことは、繰り返し指摘されている (Duggan 2003; Puar 2006; 清水 二〇一三)。「『女神よりはサイボーグでありたい』」よりさらに五年前に発表された論考で、プアがインターセクショナリティを「リベラルな多文化主義のお題目」と同時に「ダイバーシティ・マネジメントのツール」であり、国家による管理統制の装置である、として批判しているのは (Puar 2007, 212)、この点で注目に値する。[7] 望むらくは有効利用に結びつくようにと期待しつつ差異の包摂と管理とに力をいれる新自由主義的な傾きは、インターセクショナリティを、サラ・アーメッドが「ダイバーシティのタイ料理屋台モデル」(Ahmed 2012, 69) と呼んだものに限りなく近づけてしまうのだ。

ダイバーシティのタイ料理屋台モデルとは、マジョリティの消費に刺激をもたらすことを目的とし、マジョリティが消化できる形でマイノリティの差異を提供することを指す。逆に言えば、ここでは差異は消化可能・消費可能な形で、管理され留めおかれなくてはならない。マジョリティの利益を最大化する目的で差異を動員するのが、タイ料理屋台モデルのダイバーシティなのだ。そして、「ダイバーシティが消化可能な差異であるならば、そうではない差異の形は消化不可能なものとなる」。消化不可能な差異、その差異を摂取した集団や組織に消化不良をもたらしかねない、危険な差異。ダイバーシティ・マネジメントとは、それぞれの差異を正確に見極め、同定し、利用することでもあるが、それと同時にあるいはそれより前に、差異のもたらすかもしれない危険をコントロールすること、すなわち、マジョリティが安心して享受できる状態に差異を保つことを、その重要な役割としている、と言える。そして、今世紀に入ってからの欧米各地におけるゲイ・タウンのジェントリフィケーションや観光地化と、それに伴う有色人種や移民、貧困層やセックスワーカーなどの「単にきわどいというよりも危険」(Rushbrook 2002, 195) とされたクィアたちの周縁化および排除とに典型的に見られるように、[8] 新自由主義体制下でのダイバーシティ・マネジメントは、実際のところ、リスクとみなされた差異を同定し排除した上で、「安全な」差異の包摂を保証してきた。

4　安心をもたらさないインターセクショナリティ

もちろん、ダイバーシティ・マネジメントが差し出す安全とは、実のところ「安心」の謂にすぎない。そして、クィア・スタディーズの出発点となった論考のひとつでゲイル・ルービンが論じたように、西洋近代の性の政治においては、特定の差異を社会に脅威をもたらす危険な逸脱者集団として固定化し、その集団に属する人々を激しく糾弾したり排除したりすることでマジョリティの安心を確保しようとする、いわゆるモラル・パニックが幾度となく繰り返されてきた（Rubin 1984）――七〇年代に性的指向を理由とする差別を禁ずるフロリダ州の条例への反対を契機に沸き起こった反同性愛運動は、男性同性愛者の性的暴力から子どもたちを守れと主張して社会の同性愛嫌悪を煽ったし、その影響がまだ色濃く残る八〇年代からのエイズ危機にあっては、死に繋がる病という報いを受けて当然の罪深い存在であり、同時に、罪なき「一般人」に病をもたらす存在として、非異性愛者への攻撃が激化したのである。だからこそ、ダイバーシティなりインターセクショナリティなりをお題目として利用するか否かにかかわらず、マジョリティの「安心」に対する警戒は、性の政治の文脈においては、あらためて呼び起こす必要もないほどに共有されてきたと言って良い。

しかしその反面で、インターセクショナリティ概念の持ちうる効果に対するブラウンやプアの懸念――この概念が、より緻密に同定された諸カテゴリーの正確な表象とそれに基づく承認・包摂との要請に収斂していく可能性に対する懸念――に立ち戻ってみるならば、そのような要請自体、繊細に腑分けされ固定化されたカテゴリーの同一性がもたらすはずのある種の「安心」への期待と、無関係であると言えるだろうか。その期待は、時には、押さえておくべき差異を掌握できている、というダイバーシティ・マネジメントに通じる安心と、関わっているだろう。人種、階級、ジェンダー、セクシュアリティ、と並べ上げる「インターセクショナリティの呪文が、インターセクショナルな分析それ自体に大部分とってかわって」（Puar 2012, 53）しまった、というプアの批判が示すように。あるいは、その善意の変種として、「インターセクショナリティを考えて、五人のスピーカーのうち、ふたりは女性、ひとりは同性愛者、それに人種的マイノリティもひとりお願いした」というような、まさしくインターセクショナリティを欠落させた差異の表象／代表に基づく包摂が、「配慮」として出てくることがあるように。また別の時にはその期待は、どのカテゴリーにおいても周縁化され取りこぼされてきたと感じる人々の、自らの存在が正確に承認される機会――グリッド上に自分の位置が「高い解像度」で表象される機会――にようやく巡り合える、という長く待ちわびられてきた安心と、関わるだろう。ハリウッド映画やオンライン配信サービスのドラマに、女性のヒーローの登場、レズビアン女性の、レズビアンで非白人の、レズビアンで非白人で障害のある、アロマンティックなトランスレズビアンで非白人で障害のあるヒーローの登場を心待ちにする人々のように。

もちろん、これらの「安心」の性質はそれぞれ大きく異なる。差異の同定と固定化を懸念するプアが、にもかかわらず、インターセクショナリティを単なる「古くさいアイデンティティ政治の遺物」とみなすことは、表象と承認の政治からはっきりと排除されてきた諸身体を黙殺することに他ならない、とも繰り返し強調していることは、念頭におくべきだろう（Puar 2012, 63）。奪われてきた承認の可能性をインターセクショナリティ概念に見出そうとする人々が（ある意味当然に）希求する安心の切実さは決して軽視されるべきではないし、あらかじめ並べ上げられた項目をチェックして自分たちが十分に「政治的に正しく」振る舞っていることを確認する人々の安心と同一視されるべきでもない。それでも、それを確認した上でなお、女性あるいは黒人を本来有しているはずの権利を奪われた主体として承認する作業の只中でそのそれぞれのカテゴリーの脱中心化を主張したインターセクショナリティの概念は、ここでもまた、カテゴリーの同一性がもたらす安心を突き崩さざるを得ない。

「私たちはここにいて《We're here,》、私たちはクィアだ《we're queer,》、それに慣れることだ《get used to it》」という、九〇年代クィア・アクティヴィズムの団体であるクィア・ネーションの有名なコールは、安心を約束する差異の同定とマネジメントに真っ向から冷や水を浴びせるものとして、聞くことができるだろう。子どもを狙う性犯罪者として、さらに社会をAIDSの恐怖に引きずりこむ脅威として、七〇年代から八〇年代、そして九〇年代に到っても同性愛者たちに向けられた不安に満ちた攻撃に対し、このコールは、まず第一に「（コールの宛先である）あなたたちを安心させるために私たちがここからいなくなることはないのだから、そちらが不安に慣れるしかないのだ」と主張する。しかしそれと同時に興味深いのは、そもそも私たちがこれまでもずっと「ここにいた」にもかかわらず、それをあなたたちは同定し損ねてきたのであり、だからこそあなたたちは現在も（おそらくこの後も）この差異を同定し管理して安心を得ることはできない――「私たち」にも安心の欠如にも「慣れる」しかない――というメッセージをここに読み取ることもまた可能だ、ということである[9]。つまりこのコールは、「クィア」という特定の同一性を持つ集団の自己表象と承認の要求の宣言と見えつつ、「私たち」と「あなたたち」の間の差異を同定して集団の同一性を「あなたたち」に差し出すことに対しての、抵抗でもあるのだ。

このような姿勢はマジョリティの不安を解消するものではない。けれども、当時の同性愛者たちがすでに異性愛社会から見殺しにされ、攻撃され、場合によってはヘイトクライムで直接的に殺されていたことを考えれば、自分たちを傷つけ、殺すことすら厭わないように見える人々との共存に関わる不安は、そもそもマイノリティの側にとっては日常だった。そのことは見落とされるべきではない。私が「私」との同一性を見出して安心することのできない存在、場合によっては「私」を傷つけさえするかもしれない存在が、コミュニティなり社会なり、あるいはシンプルに生活の場なりを私と共有している「私たち」の中には、必ずすでに紛れ込んでいる。マイノリティはしばしば「私たち」のもたらすその不安と共に生きてきたのであり、ここでクィア・ネーションが呼びかける相手に求めているのは、その不安の一端をそちら側も担ってくれ、ということに他ならない。

おわりに

ジュディス・バトラーは、人間はその根本において他者に依存しており、それゆえに根源的に可傷性を持つ、と論じる――「一般化された条件としての生のあやうさは、身体は継続的で持続可能な世界に根本的に依拠し条件づけられている、とする考えに基づいている」(Butler 2009, 34)。私は存在するために他者を必要とし、まさにそれゆえに他者は――必要なのがどの他者なのかを同定する力が私になければ、それだけ一層のこと――私を傷つけ、存在を脅かす力を持つ。けれども、そのことが呼び起こす不安を避けようとすれば、自らを傷つけるかもしれない他者を順繰りに同定して時に暴力的にでも排除し続けることになり、それは結果的には自らの存在の根本を脅かすことになる。「私たち」の同一性を脅かす差異、「私たち」によって表象／代表されることのないままに、その周縁部に常に存在していた他者である「私たち」と、私たちは共存していくしかない。バトラーはこれを「選びとられたわけではない近接性の諸様態において差異を超えて共に生きること」と表現する (Butler 2015, 27)。

私たちは自分が安心できる「私たち」だけで隣り合って生きていくわけではない。私の把握を超えた他者に「私たち」は最初から開かれており、そればかりか存在を依拠していること。その否応なしの隣接性を受け入れて生きていくしかないこと。このような前提のもとで、それでも共存し、そして場合によっては協働する必要と可能性について、バトラーは、バーニス・ジョンソン・リーゴンの次の言葉を引用する。

> ほとんどの時、あなたは芯から脅かされているように感じるし、そう感じないとしたらあなたは実際のところなんの連合もしていない……連合が好きだから連合に向かうわけではない。自分を殺すかもしれない人と組んでみようかとあなたが考える唯一の理由は、それ以外に生き延びる方法を思いつけないからだ。(Reagon 1983, 343)

他者に根源的に依存せざるを得ず、そのために根源的に脆弱な私たちが、それでも生きていくためには、「私たち」の同一性を脅かし続ける他者性の不安を解消不可能なままで抱えていかざるを得ないし、「安心」への傾倒を踏みとどまるその地点においてこそ、インターセクショナリティは主張されなくてはならない。

「私たち」というカテゴリーの中には常に私が認識せずにきた周縁部があり、私の知らない他者がいる。そのような「私たち」は私を不安にさせ、居心地悪くさせ、脅かし、実際に私を傷つけるかもしれない。それでも、そのような居心地の悪さや不安や脅威をもたらす存在を、「私たち」から排除したり、「安心」に回収したりしようと試みることなく、どのように共生していくのか。それこそが、「インターセクショナリティ」が今なお私たちに突きつけている課題である。

(1)「インターセクショナリティ」概念への留保や疑念は近年の日本においてはしばしばトランスジェンダー排除の文脈で提示される。これは、この概念が日本語圏で広く普及するようになったのが二〇一〇年代半ば以降で、トランスジェンダー排除の高まりと時期を同じくすることにも起因するだろうが、同時に、その両者がどちらも「単純化され、首尾一貫した」女性というカテゴリーを脅かすものとみなされていることも、大きな理由と考えられる。一貫した均質なカテゴリーとして想定される「女性」とトランス排除言説との関係については、別稿で論じているので参照されたい（清水 二〇二〇）。

(2)「インターセクショナリティ」という語こそ使わないもののクレンショーの概念に繋がる観点を示したブラック・フェミニズムの思想の代表的文書のひとつとして言及されることの多いコンバヒー・リバー・コレクティブ・ステートメントもまた同様に、「私たちは、単に人種的な抑圧でも、単に性的な抑圧でもない、人種―性的とでもいうべき抑圧があることを知っている」（Combahee River Collective 1977）と述べていることは、ここで思い出しておくべきだろう。

(3) この点についてもすでに別稿で論じているので参照されたい（清水 二〇二一）。

(4) インターセクショナリティは「有色女性に関する膨大な作業を生み出してきたが、同時に他方では白人のフェミニストたちをこの作業から免除し、ジェンダーとセックスとの差異を、基礎をなす原初の差異として中心に置き直してきた――実際、この知の拡充はある意味では有色女性を犠牲にしたものだ、とも言える」（Puar 2012, 63）。インターセクショナリティの概念が、有色女性のフェミニストたちの仕事を制限かつ収奪しつつフェミニズムを維持・発展させる形で機能するようになっていくことに対するプアのこの批判は、Nash（2018）に引き継がれている。

(5) アッサンブラージュ（assemblage）はドゥルーズとガタリによる「アジャンスマン agencement」の英訳である。プアはこの英訳が孕みうる問題点にも言及しつつ（Puar 2012, 57）、諸概念に先立ち、諸概念を構成する関係性や共鳴の様相などを前景化する視点として、assemblage を提案している。

(6) プアのインターセクショナリティ論への（主にブラック・フェミニストたちからの）反応と、そこに読み取れる問題点については、Nash（2018）を参照。

(7) ただし、本章第2節で確認したように、二〇一二年の論考でのプアは、批判自体は継続するものの、インターセクショナリティ概念を取り巻く政治性についてはより両儀的な立場を打ち出している。Nash（2018）も参照。

(8) ジェントリフィケーションとゲイ・タウンやクィアな地域使用の変遷については、Berlant and Warner（1998）も参照されたい。

(9) クィア・ネーションのこのコールについては、清水（二〇二〇）で詳しく論じている。

参考文献

安心院彩（二〇二二／六／四公開）「専門家が解説！「インターセクショナリティ」の視点が今必要な理由」『コスモポリタン』（https://www.cosmopolitan.com/jp/trends/society/a40068289/what-is-intersectionality/）。

パトリシア・ヒル・コリンズ、スルマ・ビルゲ（二〇二一）『インターセクショナリティ』（小原理乃訳、下地ローレンス吉孝訳・監修）、人文書院。

清水晶子（二〇一三）「ちゃんと正しい方向にむかってる――クィア・ポリティクスの現在」、三浦玲一ほか編『ジェンダーと〈自由〉――理論、リベラリズム、クィア』、彩流社。

――（二〇二〇）「埋没した棘――現れないかもしれない複数性のクィア・ポリティクスのために」、『思想』一一五一号、三五―五一頁。

――（二〇二一）「「同じ女性」ではないことの希望――フェミニズムとインターセクショナリティ」、岩渕功一編著『多様性との対話――ダイバーシティ推進が見えなくするもの』、青弓社、一四五―六四頁。

下地ローレンス吉孝ほか（二〇二二）『現代思想　特集＝インターセクショナリティ――複雑な〈生〉の現実をとらえる思想』第五〇巻五号、青土社。

カイル・シュラー（二〇二三）『ホワイト・フェミニズムを解体する――イン

ターセクショナル・フェミニズムによる対抗史』（飯野由里子監修、川副智子訳）、明石書店。

Ahmed, Sara. 2012. *On Being Included: Racism and Diversity in Institutional Life*. Durham: Duke University Press.

Berlant, Lauren, and Michael Warner. 1998. "Sex in Public." *Critical Inquiry* 24, no.2: 547-66.

Brown, Wendy. 2005. *Edgework: Critical Essays on Knowledge and Politics*. Princeton, N. J.: Princeton University Press.

Butler, Judith. 1993. "Imitation and gender insubordination." In *Lesbian and Gay Studies Reader*, edited by Henry Abelove, Michele Aina Barale, David M. Halperin, 307-20. New York: Routledge.

———. 2009. *Frames of War: When Is Life Grievable?*. London: Verso Books.

———. 2015. *Notes toward A Performative Theory of Assembly*. Cambridge, Mass.: Harvard University Press.

Combahee River Collective Statement. 1977. *Combahee River Collective Statement*.

Crenshaw, Kimberlé. 1989. "Demarginalizing the Intersection of Race and Sex: A Black Feminist Critique of Antidiscrimination Doctrine, Feminist Theory and Antiracist Politics." *University of Chicago Legal Forum* 1989, iss. 1, article 8: 139-67.

Duggan, Lisa. 2003. *The Twilight of Equality?: Neoliberalism, Cultural Politics, and the Attack on Democracy*. Boston: Beacon Press.

Nash, Jennifer C. 2018. *Black Feminism Reimagined: After Intersectionality*. Durham: Duke University Press.

Puar, Jasbir K. 2006. "Mapping US Homonormativities." *Gender, Place & Culture* 13, no. 1: 67-88.

———. 2007. *Terrorist Assemblages: Homonationalism in Queer Times*. Durham: Duke University Press.

———. 2012. ""I Would Rather Be A Cyborg than A Goddess": Becoming-intersectional in Assemblage Theory." *philoSOPHIA* 2, no.1: 49-66.

Reagon, Bernice Johnson. 1983. "Coalition Politics: Turning the Century." In *Home Girls: A Black Feminist Anthology*, edited by Barbara Smith, 343-55. New Brunswic, N. J.: Rutgers University Press.

Rubin, Gayle. 1984. "Thinking Sex: Notes for A Radical Theory of the Politics of Sexuality." In *Pleasure and Danger*, edited by Carole Vance,. New York: Routledge.

Rushbrook, Dereka. 2002. "Cities, Queer Space, and the Cosmopolitan Tourist." *GLQ: A Journal of Lesbian and Gay Studies* 8, no.1: 183-206.

あとがき

本書は、二〇二三年六月二四日に開催されたシンポジウム「インターセクショナリティ――新たな地域文化研究の可能性」（東京大学大学院総合文化研究科地域文化研究専攻主催）をもとに編纂されたものである。同専攻では、毎年一度、専攻に所属する教員が企画し、専攻に関わりのある教員・院生を登壇者とする公開シンポジウムを開催している。前年に引き続きオンラインで開催されたシンポジウムには、学内外から一三〇名ほどの参加があった。登壇者たちによる報告やコメントのあとには、視聴者から数多くの質問やコメントが寄せられ、活発な議論が展開された。

本書の編者二名は、二〇二二年秋から同シンポジウムの企画委員を務め、一一月ごろから次年度のシンポジウムについての話し合いを始めた。その時点までに、専攻シンポジウムはすでに三〇回にわたる開催実績をもち、そこでは専攻の特色を反映した多彩なテーマが取り上げられていた（詳細については、http://ask.c.u-tokyo.ac.jp/symposia.html を参照されたい）。これまでの軌跡を振り返りつつ、次のテーマを何にするかについて両名で話し合うなかで、編者のうちの一名（アメリカ現代史を専門とする）が「インターセクショナリティ」をテーマとすることを提案し、もう一名（南アジア近現代史を専門とする）がそれに賛同しつつも同概念へのいくつかの疑問を示し、それに対して前者が答えるという一連のやりとりがあった。これが今回のシンポジウム企画の出発点となっている。これらのやりとりを通じて両者は、異なる時代・地域を分析対象とする研究者たちに、インターセクショナリティという概念、分析枠組みを投げかけ、それぞれの立場から論じてもらったらおもしろいのではないか、との感触を得た。そこではこの概念の有効性や可能性について、どのような見解が示されるだろうか。また、それらの見解は、各研究者が分析対象としている時代・地域の状況とどのように関連しているのだろうか。これらの問いを念頭に、数名の専攻関係者に登壇者としての参加を打診したところ、いずれの方も快く引き受けてくださった。

シンポジウムの準備段階では、企画者・登壇者たちの間でインターセクショナリティに関する文献リストを共有し、各自がこれらに目を通し、オンライン・ミーティングやメールやりとりを通じて意見を交換しながら、同概念に対する認識・見解をそれぞれの立場から深め、それらをもとに事例研究を進めていくかたちをとった。シンポジウムのなかで参加者たちから寄せられた質問・コメントや、シンポジウム後にアンケートやコメントシートを通じて伝えられた内容も、企画者・登壇者たちにとって大きな刺激や励ましとなった。

このシンポジウムの成果を出版物として残す可能性は、準備段階から話し合われていたのだが、論集として出す際にはより広範な地域の視点を組み込みたいとの考えから、シンポジウム登壇者のほかに、さらに三名の研究者に執筆を依頼した。専攻シンポジウムをもとにした論集としては、すでに二年前に、同じくU.P. plusシリーズから、『「暴力」から読み解く現代世界』（伊達聖伸・藤岡俊博編、東京大学出版会、二〇二二年）が刊行されている。前例に倣い、今回もシンポジウムの終了から一年以内に刊行するというスケジュールを組んだために、執筆者の方々にはかなりのご無理をお願いすることとなった。編者たちからの依頼に快く応じてくださり、力のこもったご論稿をお寄せくださったみなさまに、心より謝意を表したい。

シンポジウムの準備・運営にあたっては、専攻執行部、及び専攻事務室の方々にもたいへんお世話になった。東京大学出版会の阿部俊一さんは、当初からこのテーマに関心を示してくださり、度重なる問い合わせにもいつも柔軟にご対応くださった。各段階で編者たちを助けてくださったみなさまに、改めてお礼を申し上げたい。

インターセクショナリティをめぐる議論・分析や、それらを踏まえた実践は、多様な分野で展開されており、また、時とともに刻々と変化している。異なる地域の視点からこの概念を検討することを目的とした本書においては、分野を超える広がりや、現時点までの議論や実践の変化などに関して、まだ掘り下げきれていない部分も少なからずあるだろう。それらの点も含め、本書がインターセクショナリティという概念をさらに多角的に議論するための何らかのきっかけになればと願っている。

二〇二四年二月

編者

編者略歴

土屋和代

東京大学大学院総合文化研究科地域文化研究専攻教授。

カリフォルニア大学サンディエゴ校大学院博士課程修了。博士(歴史学)。専門はアメリカ現代史、人種・エスニシティ研究、ジェンダー研究。

著書に *Reinventing Citizenship: Black Los Angeles, Korean Kawasaki, and Community Participation*（University. of Minnesota Press, 2014）、共著に『私たちが声を上げるとき――アメリカを変えた10の問い』（集英社新書、2022年）、共訳書に『アメリカ黒人女性史――再解釈のアメリカ史・1』（勁草書房、2022年）など。

井坂理穂

東京大学大学院総合文化研究科地域文化研究専攻教授。

ケンブリッジ大学大学院博士課程修了。博士（歴史学）。専門は南アジア近代史。

著書に *Language, Identity, and Power in Modern India: Gujarat, c. 1850-1960*（Routledge, 2022）、共編著に『食から描くインド――近現代の社会変容とアイデンティティ』（春風社、2019年）、訳書にアミタヴ・ゴーシュ『シャドウ・ラインズ――語られなかったインド』（而立書房、2004年）など。

インターセクショナリティ
――現代世界を織りなす力学

U.P.plus

2024年6月21日　初　版

［検印廃止］

編　者　土《つち》屋《や》和《かず》代《よ》・井《い》坂《さか》理《り》穂《ほ》

発行所　一般財団法人　東京大学出版会

代 表 者　吉見俊哉

153-0041 東京都目黒区駒場 4-5-29

https://www.utp.or.jp/

電話 03-6407-1069　Fax 03-6407-1991

振替 00160-6-59964

印刷・製本　大日本法令印刷株式会社

ISBN 978-4-13-013160-5　Printed in Japan

UP plus 創刊にあたって

現代社会は、二〇世紀末の情報革命とグローバル資本主義の深化によって大きく変貌を遂げてきました。情報革命はライフスタイルに大きな変革を及ぼし、わたしたちの生活に多大な影響を与え続け、いまなお変化の途中にあります。また、グローバル資本主義の進展もワークスタイルに大きな変革を及ぼし、世界の一体化を促進させてきました。しかし、同時に様々な次元で格差を生じさせ、分断を深めています。

しかし、二〇二〇年の初頭に発生したCOVID-19（新型コロナウイルス感染症）のパンデミックによって、より快適に、より便利に、より早く、ということを追求してきた現代社会は大きな影響を受けたのです。この出来事はわたしたちに大きな警鐘を与えるとともに、わたしたちが生きている社会のあり方、そして世界のあり方にも再考をうながしているのです。

このような状況下で、いま一度「知」というものを改めて考え直す時代が訪れているのではないでしょうか。いまの危機を乗り越え、格差や分断を乗り越えるには、人類が積み重ねてきた「知」の集積をたよりにして、あたらしい地平を開くことこそが求められているのではないかと考えられるのです。まだ見ぬ世界への道しるべとして、「知」はやはりかけがえのないものなのです。

このたび、東京大学出版会は、「UP plus」と題し、「知」の集積地である、大学からひろく社会と共有する「知」を目指して、複雑化する時代の見取り図としての「知」、そして、未来を開く道しるべとしての「知」をコンセプトとしたシリーズを刊行いたします。

「UP plus」の一冊一冊が、読者の皆様にとって、「知」への導きの書となり、また、これまでの世界への認識を揺さぶるものになるでしょう。そうした刺激的な書物を生み出し続けること、それが大学出版の役割だと考えています。

一般財団法人　東京大学出版会

UP plus　好評既刊書（9冊）

東大社研現代中国研究拠点編

コロナ以後の東アジア——変動の力学

A5判・二〇八頁・一七〇〇円

二〇二〇年、世界は新型コロナウィルス感染症（COVID-19）のパンデミックによって大きく変化した。新型コロナウィルス感染症がいち早く発見された中国はどのように感染症に対応したのだろうか？　中国、台湾、香港、韓国、そして東南アジアがどのような状況にあるのかをそれぞれの第一線の研究者が分析する。

川島　真・森　聡編

アフターコロナ時代の米中関係と世界秩序

A5判・二六四頁・一七〇〇円

アフターコロナ時代に突入した世界はどのような時代になりうるのか。いまやG2と呼ばれるようになった中国とアメリカを中心に世界秩序の力学がどのように変化するのかを現在の世界状況を踏まえ、多角的な視点から気鋭の研究者がまとめる。

ここに表示された価格は本体価格です。御購入の際には消費税が加算されますので御了承下さい。

川島　真・池内　恵編

新興国から見るアフターコロナの時代

――米中対立の間に広がる世界

A5判・一九二頁・一五〇〇円

新型コロナウイルス感染症によって、世界秩序は大きく変化した。その影響は米中といった超大国だけではなく、地域大国（BRICS）にも及んだ。本書は、大きく変化する国際関係を地域大国といわれる国々を中心に多角的な視点から分析し、最新の動向を踏まえ展望する。

佐橋　亮・鈴木一人編

バイデンのアメリカ

――その世界観と外交

A5判・二四二頁・二五〇〇円

トランプ前アメリカ大統領を僅差で破り、二〇二一年一月に就任したバイデン大統領。就任以降、バイデン政権は内政・外交ともになにを目指すのか？　超大国アメリカの実像を気鋭の研究者が読み解く、アメリカ研究の最前線。